基层行政争议
典型案例精解

唐国雄　编著

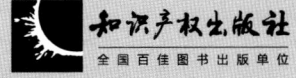

知识产权出版社
全国百佳图书出版单位

图书在版编目（CIP）数据

基层行政争议典型案例精解／唐国雄编著．—北京：知识产权出版社，2019.6
（2020.12 重印）

ISBN 978 - 7 - 5130 - 6311 - 1

Ⅰ.①基… Ⅱ.①唐… Ⅲ.①行政执法—案例—中国 Ⅳ.①D922.115

中国版本图书馆 CIP 数据核字（2019）第 117421 号

责任编辑：齐梓伊　叶　雪　　　　　　责任校对：潘凤越

封面设计：张　悦　　　　　　　　　　责任印制：刘译文

基层行政争议典型案例精解

唐国雄　编著

出版发行：	知识产权出版社 有限责任公司	网　址：	http：//www.ipph.cn
社　址：	北京市海淀区气象路 50 号院	邮　编：	100081
责编电话：	010 - 82000860 转 8176	责编邮箱：	qiziyi2004@qq.com
发行电话：	010 - 82000860 转 8101/8102	发行传真：	010 - 82000893/82005070/82000270
印　刷：	北京九州迅驰传媒文化有限公司	经　销：	各大网上书店、新华书店及相关专业书店
开　本：	720mm×1000mm　1/16	印　张：	16.5
版　次：	2019 年 6 月第 1 版	印　次：	2020 年 12 月第 2 次印刷
字　数：	260 千字	定　价：	68.00 元

ISBN 978 - 7 - 5130 - 6311 - 1

作者简介

　　唐国雄，先后毕业于吉林大学和暨南大学，本科为国际经济法专业，先后获法学学士学位和高级工商管理硕士学位，现为广东国融律师事务所主任律师、创始合伙人。唐国雄律师于1999年开始执业，2006年创办广东国融律师事务所，该所现为广东省优秀律师事务所，广东青年"五四"奖章集体。唐国雄律师荣获首届"全国律师行业党委优秀律师"等个人荣誉。

　　唐国雄律师曾先后担任广东省律师协会行政法律专业委员会副主任、民事法律专业委员会副主任，现任全国律协企业合规法律服务专项工作组成员、广东省律师协会村（社区）法律顾问工作委员会副主任、广东省民营企业律师服务团秘书长、中山市律正法律研究院负责人等行业职务；并担任广东省中山市政协委员、中国广州仲裁委员会仲裁员、广东法院诉讼服务窗口监督员、广东省预防青少年犯罪研究会副会长、广东省地方立法学研究会理事等社会职务。

　　专业领域方面，唐国雄律师长期专注于党委政府法律顾问、投融资、基础设施建设、企业合规、征地拆迁以及教育法务等业务领域，多篇论文在国家、省市级律师刊物发表或有关学术年会征文获奖，担任多个法治类课题主持人，在基层行政争议及行政与民事交叉争议领域具有丰富的实践能力和较强的理论素养。

目　录
Contents

一、涉农行政案例

1. 以未婚生育子女为由拒绝为村民发放股份分红是否合法
　　——廖某申请某市某办事处行政处理决定案 ……………………… 3

2. 村民是否因违反计划生育而不能享有政府收储土地补偿
　　——廖某等9人申请某市某办事处行政处理决定案 ……………… 7

3. 持有股权证的农民户口取得方式是否影响集体成员资格认定
　　——某经济合作社诉某镇政府、某市政府行政处理决定案 ………… 10

4. 村民补报往年出生入户是否影响集体成员资格的取得
　　——杨某申请某镇政府行政处理决定案 ………………………… 17

5. 征地补偿款被基层自治组织截留时农业部门是否有处理职责
　　——某镇某村某小组诉某市农业局、某省农业厅不履行法定职责、
　　行政复议纠纷案 ………………………………………………… 21

6. 因公共利益需要而收回宅基地使用权的是否需村民民主决定
　　——冯某、卢某诉某市政府行政批复案 ………………………… 28

7. 不同意征地的村民在政府落实按原面积安排农用地之前是否有权
　　获得误耕补偿款
　　——梁某、林某等人诉某镇政府补偿协议纠纷案 ……………… 33

二、教育行政案例

8. 办学场地规划为居住用地但现状为工业用地是否符合法定办学条件
　　——曾某诉某市教育和体育局行政许可案 …………………… 41

9. 开发商能否以教育学位分配协议为由要求教育部门履行职责
　　——某房地产公司诉某市教育和体育局行政协议纠纷案 …………… 45

10. 外来务工人员子女义务教育受教育权的行政职责认定
　　——周某诉某市教育和体育局履行法定职责纠纷案 …………… 49

11. 教育部门能否应法院协助执行通知变更民办教育举办者
　　——某市某学校举办者变更事宜法律咨询服务案 …………… 54

12. 同一办学地址能否同时设立两个办学许可证
　　——某市某学校筹设事宜法律咨询服务案 …………… 63

三、人力社保行政案例

13. 员工履行工作职责受到暴力伤害的情形如何认定
　　——邱某诉某市人力资源和社会保障局人力社保行政确认案 ……… 71

14. 劳动者下班到单位食堂就餐途中受到伤害是否认定为工伤
　　——谭某诉某市人力资源和社会保障局人力社保行政确认案 …… 74

15. 无用工主体资格的承包方所雇用的人员受伤能否认定工伤
　　——肖某诉某市人力资源和社会保障局人力社保行政确认案 ……… 77

16. 发包方能否以受伤员工系承包方聘请为由请求撤销工伤认定
　　——某家具厂诉某市人力资源和社会保障局人力社保行政确认案…… 80

17. 职工冒用他人证件参加社会保险后能否要求修改社保信息
　　——符某诉某市社会保险基金管理局社保基金行政行为案 ……… 84

18. 住宿工厂兼负安保职责的员工病假期间死亡应否认定为工伤
　　——李某与某市人力资源与社会保障局人力社保行政确认纠纷案······ 91

19. 员工受伤次日单位缴纳社会保险费能否享受工伤保险待遇
　　——某工艺厂诉某市社会保险基金管理局社保基金行政决定案 ······ 98

20. 用人单位对员工劳动能力鉴定结论不服能否提起行政诉讼
　　——某塑胶公司诉某市人力资源和社会保障局人力社保行政

行为案 ·· 103

四、城乡规划管理行政案例

21. 政府对实施控制性详细规划修编的批复行为是否具有可诉性
　　——周某强、周某良诉某市政府、某镇政府规划行政批复

纠纷案 ··· 109

22. 乡镇控制性详细规划编制内容及程序的司法审查规则
　　——周某柱诉某市政府、某镇政府规划管理行政纠纷案 ·········· 115

23. 对未办理工程规划报建和施工许可而擅自建设房屋行为的行政
查处职责是否依法履行的认定
　　——黄某福诉某市住房和城乡建设局、某市城市管理行政执法局
不依法履行法定职责纠纷案 ························· 124

五、行政强制案例

24. 违法建筑业主承诺自愿拆除后政府实施强拆是否违法
　　——梁某华、梁某康诉某市开发区管理委员会行政强制纠纷案 ······ 133

25. 政府代替国有建设用地使用权人强行填土是否合法
　　——陈某坤诉某镇政府行政强制纠纷案 ···················· 141

26. 与行政行为具有利害关系应如何认定

　　——何某友诉某镇政府行政强制纠纷案 ……………… 146

27. 要求确认行政强制行为违法时如何认定是否超过起诉期限

　　——黄某不服某镇政府行政强制及要求行政赔偿纠纷案 ………… 151

28. 对危险房屋强制排危的职权主体及程序合法性认定

　　——梁某诉某镇政府排危拆除及要求行政赔偿纠纷案 ………… 158

六、行政赔偿案例

29. 行政机关强拆时因未清点和登记财产而承担不利举证责任

　　——萧某诉某镇政府行政赔偿纠纷案 ……………… 169

30. 对信访人实施规劝跟控是否属行政行为

　　——黄某发诉某市公安局某分局行政赔偿纠纷案 ……………… 179

31. 因政府原因导致行政相对人无法举证时经济损失如何认定

　　——周某诉某镇政府行政赔偿纠纷案 ……………… 182

32. 行政赔偿案件中期待利益与直接损失的界分

　　——陈某坤等人诉某镇政府行政赔偿纠纷系列案 ……………… 190

33. 地方性规范性文件能否作为渔业船舶不予行政登记的依据

　　——冼某诉某市海洋与渔业局、某市政府海洋渔业行政登记及

　　　行政赔偿纠纷案 ……………… 196

七、其他行政案例

34. 厂房承租人能否对发展和改革部门道路建设项目核准意见提起诉讼

　　——李某虎诉某省发展和改革委员会、某市交通发展集团

　　　有限公司其他行政纠纷案 ……………… 209

35. 土地行政征收无效起诉期限的认定
　　——某镇某经济合作社诉某镇政府行政征收行为无效纠纷案 …… 214

36. 对政府信访处理结果不服是否属于行政诉讼受案范围
　　——袁某仔等人诉某镇政府履行信访处理职责纠纷案 ………… 219

37. 行政行为对相对人合法权益不产生实际影响的司法认定
　　——梁某光等人诉某市水务局税务行政纠纷案 ……………… 223

38. 居民小组组长与乡镇政府是否有劳动法意义上的管理关系
　　——苏某球诉某镇政府追索劳动报酬纠纷案 ………………… 227

39. 将商品标识仅作为装潢使用而缺乏作为商标使用意图的是否构成
　　商标侵权
　　——某商会诉某市工商行政管理局工商行政处罚及行政赔偿案 …… 232

40. 职业打假人就行政机关未对其投诉举报事项作出处理的诉讼
　　是否具有原告主体资格
　　——张某与某市食品药品监督管理局、广东省食品药品监督
　　管理局食药行政答复纠纷案 ………………………………… 246

'01

涉农行政案例

1. 以未婚生育子女为由拒绝为村民发放股份分红是否合法

2. 村民是否因违反计划生育而不能享有政府收储土地补偿

3. 持有股权证的农民户口取得方式是否影响集体成员资格认定

4. 村民补报往年出生入户是否影响集体成员资格的取得

5. 征地补偿款被基层自治组织截留时农业部门是否有处理职责

6. 因公共利益需要而收回宅基地使用权的是否需村民民主决定

7. 不同意征地的村民在政府落实按原面积安排农用地之前是否有权获得误耕补偿款

1. 以未婚生育子女为由拒绝为村民发放股份分红是否合法

——廖某申请某市某办事处行政处理决定案*

[当事人信息]

　　申请人：廖某，女，某市某股份合作经济联合社股东

　　被申请人：某市某股份合作经济联合社

[裁决机关]

　　某市政府某办事处

[基本案情]

　　廖某系某市某股份合作经济联合社（以下简称某经联社）股东，2003年10月28日，某经联社向廖某发放了股权证，2003年至2005年连续向廖某发放了3927元分红款。2006年，廖某在未达到法定结婚年龄、未办理结婚登记证的情况下生育一孩，随后也未办理结婚登记。某经联社依据《某市某股份合作经济联合社章程》第9条第8项关于"属于本村户口而违反计划生育政策超生的夫妇，处罚期15年内不予股红分配"的规定，自2006年未再向廖某发放股份分红款。2016年1月8日，廖某向某市政府某办事处申请行政决定，请求撤销某经联社关于15年内不予分配股红的决定并返还其2006年至2015年分红款共计11万余元。

　　某经联社答辩认为，廖某在未达到法定结婚年龄、未领取结婚证情况下生育一孩，违反了《广东省人口与计划生育条例》，属于章程规定的违反计划生育不予股红分配的情形。

---

　　* 作者：唐丽斌，广东国融律师事务所律师。

[争议焦点]

1. 未婚生育是否等同于超生行为；

2. 补发股份分红的请求能否支持。

[律师意见]

承办律师经向双方当事人调查，查阅相关章程材料，向行政机关出具了法律分析报告，主要意见包括以下三个方面。

一、未婚生育与超生属不同概念

未婚生育与超生均不符合国家计生规定，属于违规生育，但二者的法律责任不同。根据《广东省人口与计划生育条例》相关规定，未办理结婚登记生育第一胎子女，法律责任通常为被责令补办结婚登记。该条例规定，超生是指不符合法律、法规规定多生育子女，由此产生的法律责任是对超生人员处以 7 年以上 14 年以下不得享受农村股份合作制分红。本案中，某经联社依据章程中关于违反计划生育政策超生的夫妇处罚期 15 年内不予股红分配的规定，自 2006 年对廖某不再分配股红，实际上是混淆了未婚生育与超生。实际上，未办理结婚登记生育子女的违法程度小于超生，计划生育政策目的在于控制人口，并未限制未婚人员在法定生育指标内生育的权利，而且 2018 年新修订的《广东省人口与计划生育条例》对未办理结婚登记生育子女的违法行为并未规定征收社会抚养费。某经联社对于未婚生育子女的廖某按超生人员政策给予同等处罚，显失公平。

二、章程中关于超生人员处罚期的规定违法

经联社章程第 9 条第 8 项关于"属于本村户口而违反计划生育政策超生的夫妇，处罚期 15 年内不予股红分配"的规定与 2015 年修订的《广东省人口与计划生育条例》第 40 条第 2 款关于"七年以上十四年以下不得享受农村股份合作制分红及其他集体福利"的规定相冲突，[①] 建议行政机关责令改正。同时考虑到该地区各个经联社章程基本相同，为保障同时修改的执法效

---

① 2018 年 5 月 31 日广东省第十三届人民代表大会常务委员会第三次会议通过《关于修改〈广东省人口与计划生育条例〉的决定》，将第 40 条修改为："按照法律、法规规定缴纳社会抚养费的人员，是国家工作人员的，还应当依法给予行政处分；其他人员还应当由其所在单位或者组织给予纪律处分。"

果，建议行政机关组织各经联社根据新修订的《广东省人口与计划生育条例》对章程中关于计划生育政策的条款自查自纠，作出相应调整。

三、补发股份分红请求不予支持

关于廖某申请责令某经联社补发 2006 年至 2015 年股份分红款共计 11 万余元的请求。在现行行政法律法规未有规定的情况下，不同地区政府对此政策的执行有较大差异，有些地区以"尊重历史，不翻旧案"为原则，对行政决定之前已作分配的不再处理；有些地区参照民事法律诉讼时效的规定予以处理。不过参照民事诉讼时效的规定，实践中会存在分红档案无法查询的情形，也会出现同案不同处理的情形，易引发其他股民不满，影响社会稳定。

[行政决定]

2016 年 12 月 7 日，某市政府某办事处作出《责令限期改正违法行为通知书》，认为某经联社以"廖某未办理结婚登记生育一子属于《某股份合作经济联合社章程》第 9 条第 8 项规定，决定 15 年内不予股份分红"的行为违反了 2015 年修订的《广东省人口与计划生育条例》，侵害了农村集体经济组织成员的合法权益，属违法行为。申请人廖某未办理结婚登记生育一子的行为不属于超生行为，章程规定的 15 年内不予股红分配的处罚对象是超生夫妇，因此，廖某应享受与股民同等福利待遇。另外，章程关于超生夫妇 15 年内不予分红的规定突破了 2015 年修订的《广东省人口与计划生育条例》第 40 条第 2 款关于"七年以上十四年以下不得享受农村股份合作制分红及其他集体福利"的限制，应予纠正。

[案件评析]

本案是一起农村集体经济组织成员权益纠纷。随着我国农村城镇发展进程，涉及农村集体经济组织成员权益纠纷的案件逐渐增多，与其他涉农纠纷相比，此类纠纷直接与农村土地及集体资产经营收益挂钩，涉及当事村民的根本利益，具有历史性、地域性、难化解等特点。2016 年，中共中央、国务院专门发文《关于稳步推进农村集体产权制度改革的意见》，就确认农村集体经济组织成员身份、保障农民集体资产股份权利等作出规定，足见党中央对该类问题的重视。

实行计划生育是国家的基本国策，如未婚生育一孩，不属于超生对象。

本案中，因知识文化程度所限，集体经济组织将未办理结婚登记生育子女情形与超生情形同等对待，对廖某暂停股红分配长达十年之久。律师在办理案件中，通过调查询问廖某以及某经联社，查阅相关章程资料，为行政机关正确裁决提供了详细的法律分析意见。本案的焦点问题是未办理结婚登记生育与超生均属于违规生育，但法律责任是否因此相同。当前法律规定，未婚生育的应补办婚姻登记，而超生夫妇会面临一定期限内不得享受农村股份合作制分红及其他集体福利的处罚。要厘清二者的差异，就要对我国计划生育政策法规进行目的解释，国家推行计划生育，目的在于使人口的增长同经济和社会发展计划相适应，减缓人口对资源、环境的压力，实质上是对人口数量进行一定的限制。未办理结婚登记的生育并未超出生育指标，因此不应适用超生夫妇的处罚规定。对于未婚生育没有区分是否超生而一律适用不享受分红的处罚，缺乏法律依据，侵害了公民的合法权益。需要特别指出的是，2018年5月31日新修订的《广东省人口与计划生育条例》取消了原有关于"超生人员七年以上十四年以下不得享受农村股份合作制分红及其他集体福利"的规定，对于按照原规定尚在处罚期内而不能享受分红的成员，是否因新法的修改而有权主张处罚豁免，按照从旧兼从轻的法律适用原则，相关人员有权主张享受农村股份合作制分红及其他集体福利。

（点评人：唐国雄　广东国融律师事务所主任）

2. 村民是否因违反计划生育而不能享有政府收储土地补偿

——廖某等9人申请某市某办事处行政处理决定案[*]

[当事人信息]

申请人：廖某良，男；廖某才，男；赖某琼，女；黄某金，男；廖某英，女；廖某芬，女；廖某平，女；陈某芳，女；廖某雄，男。上述申请人均为某市某股份合作经济联合社股东

被申请人：某市某股份合作经济联合社

[裁决机关]

某市某办事处

[基本案情]

某市某股份合作经济联合社（以下简称某经联社）是实施农村股份制改革后成立的，具有独立的法人资格，按股权固化确认的股民份额分配为核算分配原则。申请人廖某良等9人系某市某股份合作经济联合社村民，并于2003年10月28日取得《股权证》。申请人廖某良等9人分别于2013年、2015年违反计划生育政策，存在超生情况。2016年11月20日，某经联社将集体所有的4宗商业住宅用地统一由某市政府收储，收到上述土地补偿价款后，于2017年1月10日进行了发放。某经联社以廖某良等9人违反计划生育政策超生，根据《某经联社章程》第9条第9项规定："本着尊重历史、实事求是的原则，对在册本村户口中个人合作股的股东，符合下列情况之一，给予个人合作股……8.属于本村户口而违反计划生育政策超生的夫妇，但处

---

* 作者：唐丽斌，广东国融律师事务所律师。

罚期 15 年内不予股红分配……"取消申请人廖某良等 9 人的上述土地收储所得。

廖某良等 9 人请求某市政府某办事处责令某经联社发还土地收储所得共计 113 万余元。

[争议焦点]

因政府收储土地所得补偿款是否属于股份分红款。

[律师意见]

承办律师经向双方当事人调查，查阅相关章程材料，向行政机关出具了法律分析报告，主要意见如下：某经联社于 2016 年被收储 4 宗土地获得的土地补偿款实为对失地村民的永久补偿，与征地发生的土地补偿款类似，目的是保证农民能够保持原有的生活水平，使被征地农民的长远生计有保障。根据《最高人民法院关于审理涉及农村土地承包纠纷案件适用法律问题的解释》第 24 条规定，征地补偿方案确定时已具有本集体经济组织成员资格的人，有权请求相应份额。土地系集体经济组织的原始资产，属于股本性质，对于申请人而言，失去土地即永远失去基于该土地产生的所有分红，即剥夺了处罚期以外的股红分配权。因此，建议某市政府某办事处依法裁决，支持廖某良等 9 人请求。

[行政决定]

某市政府某办事处作出《行政处理决定书》认为：（1）"2016 年卖地款"具有土地补偿性质，具有集体经济组织成员资格的人应当具有征地补偿款分配资格。政府收储土地是为实现调控土地市场、促进土地资源合理利用的目标，依法取得土地，进行前期开发、储存以备供应土地的行为，具有一定的行政干预、公共利益性质、收储补偿标准较市场水平较低等特点，会导致原所有权人失去土地所有权。某经联社 2016 年被收储 4 宗土地获得的收储补偿实为对失地村民的永久性补偿，性质类似于征地补偿款。（2）某经联社发放的"2016 年卖地款"性质为股本，不属于章程规定的不予分配的股红。某经联社的共有制度经济主要以固定资产和土地的资本联合为基础，某经联社的股红分配主要来源于对固定资产、土地出租的租金，以土地经济为主体。对于廖某良等申请人而言，失去土地即失去了基于该土地产生的所有分红，即剥夺了其处罚期以外的股红分配权。综上所述，责令某经联社自收到决定之日起 30 日内向申请人发放共计 113 万余元补偿款。

[**案件评析**]

本案系侵害农村集体经济组织成员权益纠纷案。廖某良等 9 人系某经联社村民，理应享受某经联社村民的正常待遇，本案争议焦点是政府土地收储补偿款是否为集体资产经营收益即股份分红。一般而言，农村集体资源指村集体拥有的林地、园地、滩涂、荒地、耕地、水面等资源地上物，以及土地使用权、商标权、专利权等无形资源。征地补偿费主要是指土地补偿费、安置补助费以及地上附着物和青苗的补偿费，是对被征地农民和农村集体经济组织失地的补偿。根据法律规定，农村集体经济组织成员享有集体资产产权以及获得集体资产经营收益的权利。本案中，政府土地收储补偿款，即"2016 年卖地款"实际是作为某经联社集体所有的土地资源不动产权益转化而来的财产性权益，仍然属于某经联社包括廖某良等 9 人在内的集体成员集体所有，为此，廖某良等人可依法对该款项享有收益、处分的权利。廖某良等人虽违反计划生育的相关规定，根据自治章程应不予发放股份分红，但股份分红作为集体资产经营收益，其与集体资产产权转化而来的财产性权益相比，二者有本质上的区别。该案件十分典型，表明实践中存在乡规民约、自治章程内容虽然合法，但集体组织会有"张冠李戴"错误适用的问题，本案就是错误地将政府收储土地补偿款等同于股份分红。承办律师建议行政机关责令某经联社补发涉案款项，实际上起到了基层政府对基层自治组织的行政指导作用，避免辖区内出现同类问题，实现了办案效果和社会效果的统一。

（点评人：唐国雄　广东国融律师事务所主任）

3. 持有股权证的农民户口取得方式是否影响集体成员资格认定

——某经济合作社诉某镇政府、某市政府行政处理决定案*

[当事人信息]

原告：某镇某经济合作社

被告：某镇政府、某市政府

第三人：林某娣

[审理法院]

广东省中山市中级人民法院

广东省中山市第一人民法院

[基本案情]

林某娣属农业户口，常住人口登记卡显示，其户口无迁移记录。2005年8月30日，某镇某社区居民委员会向林某娣颁发了股权证，股份额为1份。林某娣领取股权证后，某经济合作社一直未向其发放股份分红款，直至2010年，某经济合作社向林某娣发放了当年的股份分红款。2014年1月23日，林某娣向某镇政府提交行政处理申请书，申请：（1）纠正某经联社、某经济合作社不向其发放股份分红的违法行为；（2）确认林某娣从2013年1月1日起享受某经济合作社股民同等分配待遇。

2015年4月15日，某镇政府查明以下事实：（1）某经联社实行自主经营管理、独立核算，与某经济合作社的经济收益支配权无从属关系，某经济合作社2014年股份分红为3800元/股，2015年股份分红为3800元/股，上述

---

* 作者：林文娟、唐丽斌，广东国融律师事务所律师。

10

分红款均未扣除社保等相关费用；（2）林某娣户籍性质为农业户口，经向公安部门查询，林某娣的户口无迁移记录；（3）《某市某西街社区居民委员会农村股份合作制章程》（以下简称《章程》）第10条规定："下列情况者，不予配置股权：……原不属本村（社区）管辖非农业的居民及因某种原因迁入村（社区）的非农业户口居民（征地后农转非、读大、中专农转非除外）……不是原村（社区）村民，因某些原因借户口迁入到本村（社区）的'迁入户'"。据此，某镇政府认为无法确认林某娣的情况是否属于《章程》中不予配置股权的情形。综上，某镇政府作出行政处理决定，具体如下：（1）责令某经济合作社向林某娣补发2014年的股份分红3800元、2015年的股份分红3800元，并自下次股份分红起与其他股民同等向林某娣发放股份分红。（2）驳回申请人的其他申请请求。某经济合作社自收到决定之日起30日内应当恢复林某娣的股份及股份分配。某经济合作社不服，向某市政府申请复议，某市政府于2015年8月3日作出行政复议决定，维持行政处理决定。某经济合作社仍不服，遂诉至法院，请求：（1）撤销行政处理决定；（2）撤销行政复议决定。某经济合作社2013年的股份分红于2013年1月28日发放给股民，林某娣提起本案行政处理申请时，某经济合作社尚未向股民发放2014年的股份分红。

[争议焦点]

户口取得方式是否影响集体成员资格认定。

[律师意见]

原告起诉认为，林某娣原为中山市某公社居民，现住中山市某西大街180号，林某娣与某居民登记结婚，婚后生育了5个子女，当时的中山市某公社为方便某公社的居民能买到议价口粮，在1975年，由当时的中山市某公社出面斡旋，将林某娣及其配偶、子女共7人的户口挂靠迁入了经济合作社，在1980年，当时的中山县市公社全面进行农村农田包产到户制，分配责任田给每户进行承包经营时，林某娣提出其一家7口的户口是挂靠迁入经济合作社的，不是经济合作社的社员，不接受生产队分责任田给其户进行承包耕种。林某娣一家7人从未履行过生产队分责任田进行承包经营的义务，之后林某娣的配偶、子女户口陆续迁出，截至2005年6月30日，只有林某娣的户口未迁出，一直保留在经济合作社。2005 年，某市某镇范围内推行农村股份制改革时，某西街社区居民委员会制定了《章程》，依照《章程》第 10 条的规定，林某娣属于不予配置股权的人，但原告以前的队长由于审查不严格，错误地认为林某娣为其股民，向其发放了股权证，但一直到 2009 年，原告均未向林某娣发放分红分配款，2010 年，原告现任的队长林某某按照之前的股东名册向股民进行股份分红分配，当时也分给了林某娣，但原告的全体社员对此产生了重大意见，至此原告确认，林某娣不享有原告股权。被告某政府受理了林某娣的行政处理申请后，并未就相关事实进行彻底调查，就错误地作出了中港行字（2014）1 号行政处理决定，某市政府也未进行深入调查，错误地作出了中府行复（2015）289 号行政复议决定，维持了上述行政处理决定。

承办律师作为被告某镇政府的代理律师，全面审查了行政决定的合法性，代理意见要点如下。

（1）林某娣户口登记在某经济合作社处，为农业户口，没有户口迁移记录。依据《广东省农村集体经济组织管理规定》第 15 条第 1 款的规定，林某娣是某经济合作社成员，依法应当与其他成员享有同等的权益。

（2）认定林某娣股权的行政处理决定符合《章程》规定。首先，《章程》合法有效，应作为本案认定股权的依据。《广东省农村集体经济组织管理规定》第 15 条规定："原人民公社、生产大队、生产队的成员，户口保留在农村集体经济组织所在地，履行法律法规和组织章程规定义务的，属于农村集体经济组织的成员。实行以家庭承包经营为基础、统分结合的双层经营体制时起，集体经济组织成员所生的子女，户口在集体经济组织所在地，并履行法律法规和组织章程规定义务的，属于农村集体经济组织的成员。"某市政府《关于推行农村股份合作制改革的实施办法（试行）》第 2 条第 2 款规定："股东资格应按照'依据法律、尊重历史、实事求是'的原则，以村民的户籍、承包责任田、履行义务等实际情况为基本依据，以原参加集体分配的村民为基础进行界定。"《章程》第四章第 9 条规定："本着'依据历史、尊重历史、实事求是'的原则，对在辖区在册管辖农业人口和非农业人口中符合下列条件之一的，界定个人股份为全股，但对不同情况、股权、分红等作出说明。……按本村（社区）农业户口管辖的原村（居）民为一般分配股权对象……"同时在第 10 条中作了例外规定："下列情况者不予配置股权……不是原村（社区）村民，因某些原因借户口迁入到本村（社区）的'迁入户'。"以上章程规定不违反法律规定，合法有效，应作为本案认定的依据。其次，根据《章程》规定，除了例外情况外，享有农业户口的原村民一般应认定其享有股权。再次，某第四经济合作社认为林某娣属于不予配置股权的情形，但其不能提供充分的证据进行证明。因年代久远，林某娣与某经济合作社均无法提供充分证据证明林某娣是否参加大集体劳动。同时，某经济合作社认为林某娣迁户口用以购买议价粮食，但对此事实也不能提供相关资料证明。经向公安部门查询，并无林某娣的户口迁移记录。最后，林某娣曾于 2005 年获得《股权证》，证明某经济合作社曾确认其股权，无充分证据足以推翻之前，该证仍有效。现某经济合作社认为该证发放属于错发，则应提供充分的证据证明。

（3）政府责令某经济合作社发放分红依据充分。在调查中各方均确认某经济合作社只向林某娣发放了较早之前的一次分红，之后没有向林某娣发放分红。根据《市府常务会议决定事项通知》（〔2011〕2 号）的规定中"尊重历史，不翻旧案"的原则，政府对于林某娣 2014 年 1 月申请之后的股权分红应当予以支持，分配的数额以 2014 年、2015 年的分配表为依据。

[裁判结果]

　　一审法院认为，本案是涉及农村妇女集体收益分配权益的行政处理纠纷。对于某镇政府作出的中港行字（2014）1 号行政处理决定书的合法性，应从其职权依据、事实认定、处理程序及处理结果上予以审查。首先，在职权依据上，中共广东省委办公厅、广东省人民政府办公厅于 2006 年 12 月 13 日以粤委办（2006）142 号文件明确了基层政府有对集体收益分配纠纷作出处理决定的职能，故某镇政府受理林某娣的申请，并作出处理决定，其职权依据充分。其次，在事实认定及处理结果上，根据《章程》第 10 条的规定，某经济合作社以林某娣为并非其原村村民，是迁入户，而且林某娣并未履行承包责任田的义务为由不给林某娣分配股份分红。对于林某娣是否为迁入户的问题，某镇政府调查的林某娣的常住人口登记卡显示，林某娣的户口并无迁移记录，某经济合作社在行政处理程序中亦未提供证据证实林某娣的情况符合《章程》第 10 条规定的不予配置股权的情况，因此，某镇政府对某经济合作社提出的林某娣为迁入户，故不予配置股权的主张不予采纳正确，一审法院予以维持；对于某经济合作社提出的林某娣未履行义务，故未予配置股权的主张，一审法院认为《章程》并未将履行义务作为配置股权的前置性条件，故某经济合作社将此作为不给林某娣配置股权的理由亦不合理，某镇政府对某经济合作社的该项主张未予采纳正确，一审法院亦予以维持。综上，林某娣已于 2005 年领取了某经济合作社的股权证，则某经济合作社应当为林某娣发放股份分红，由于林某娣提出行政处理申请时，2013 年的股份分红已经分配完毕，某镇政府要求某经济合作社向林某娣发放 2014 年之后的股份分红已属合理，一审法院予以维持。在处理程序上，某镇政府在受理林某娣的行政处理申请后，已向某经济合作社送达，并对村委会负责人员进行了调查，调取了涉及该村集体经济股民身份认定和收益分配的章程、分配情况等证据，并在作出处理决定后向林某娣与某经济合作社双方进行送达。该处理程序尊重了事实以及利害关系人的陈述、申辩权利，应予认定程序合法。某市政府作出中府行复（2015）××号行政复议决定，维持上述行政处理决定，亦无不当。依照《中华人民共和国行政诉讼法》第 69 条的规定，法院判决驳回某经济合作社的诉讼请求。案件受理费 50 元，由某经济合作社负担。

某经济合作社不服一审判决，上诉至中山市中级人民法院。

某经济合作社上诉认为：（1）林某娣没有履行相关义务，不是本社社员。原中山市某公社为方便某公社的居民能买到议价口粮，在 1975 年，由原中山市某公社出面斡旋，将林某娣及其配偶、子女共 7 人的户口挂靠迁入了某经济合作社，1980 年，当时的中山市某公社全面进行农村农田包产到户制，分配责任田给每户进行承包经营时，林某娣提出其一家 7 口的户口是挂靠迁入某经济合作社的，自己及家人不是某经济合作社的社员，不接受生产队分责任田给其户进行承包耕种，从此林某娣一家 7 人从未履行过生产队分责任田进行承包经营的义务，之后林某娣的配偶、子女户口陆续迁出，至 2005 年 6 月 30 日止，只有林某娣的户口未迁出，一直保留在某经济合作社，在其行政处理申请书中对"没有承包责任田的事实"林某娣有明确自认；（2）依照本社章程，林某娣不应配置股权，2005 年，中山市在全镇范围内推行农村股份制改革时，某西街社区居民委员会制定了《章程》，依照《章程》的第 10 条规定，林某娣是属于不予配置股权的人，但某经济合作社以前的队长由于审查不严格，错误地认为林某娣为其股民，向其发放了股权证，但一直到 2009 年，某经济合作社均未向林某娣发放分红分配款，2010 年，某经济合作社现任的队长林某某按照以前的股东名册（含林某娣）向股民进行股份分红分配，其中也分给了林某娣，但某经济合作社的全体社员对此大有意见，至此某经济合作社确认，林某娣不享有原告股权。被告某政府受理了林某娣的行政处理申请后，并未就相关事实进行彻底调查，就错误地作出了中港行字〔2014〕1 号行政处理决定，某市政府也未进行深入调查，错误作出了中府行复〔2015〕289 号行政复议决定。故请求人民法院：①依法撤销〔2015〕中一法行初字第 329 号行政判决；②撤销某政府作出的中港行字〔2014〕1 号行政处理决定；③撤销某市政府作出的中府行复〔2015〕289 号行政复议决定；④请求查清事实后依法改判；⑤某政府、某市政府承担本案的诉讼费用。

承办律师作为被上诉人某镇政府代理人，向二审法院提交以下答辩意见：（1）林某娣户口登记在某经济合作社处，为农业户口，没有户口迁移记录，依据《广东省农村集体经济组织管理规定》第 15 条第 1 款的规定，林某娣是某经济合作社的成员，依法应当与其他成员享有同等的权益；（2）某政府根据《章程》作出认定林某娣股权的行政处理决定，依据充分，根据《章程》规定，除了例外情况外，享有农业户口的原村民一般应认定其享有股权，林某娣早于 2005 年获得股权证，证明某经济合作社曾确认其股权，且原告没有证据足以推翻该证据，因此该证据有效；（3）在调查中各方均确认某经济合作社只发放了林某娣较早之前的一次分红，之后没有发放林某娣分红。根据《市府常务会议决定事项通知》（〔2011〕2 号）的规定"尊重历史，不翻旧案"的原则，某政府对于林某娣 2014 年 1 月申请之后的股权分红予以支持，分配的数额以 2014 年、2015 年的分配表为依据。综上所述，某政府作出的中港行字〔2014〕1 号行政处理决定书以及某市政府作出的中府行复〔2015〕289 号行政复议决定书均认定事实清楚，证据确实充分，程序合法，应予维持。

[案件评析]

　　本案是涉及农村妇女集体收益分配权益的行政裁决纠纷，本案典型之处在于集体经济组织抗辩称农村妇女系迁入户且未履行承包责任田的义务。对于如何确认农村集体经济组织成员身份，《广东省农村集体经济组织管理规定》作出了明确规定。此外，2016年，中共中央国务院下发《关于稳步推进农村集体产权制度改革的意见》（中发〔2016〕37号），指出依据有关法律法规，按照"尊重历史、兼顾现实、程序规范、群众认可"的原则，统筹考虑户籍关系、农村土地承包关系、对集体积累的贡献等因素，协调平衡各方利益，做好农村集体经济组织成员身份确认工作，解决成员边界不清的问题。成员身份的确认既要得到多数人认可，又要防止多数人侵犯少数人权益，切实保护妇女合法权益。农村集体经济组织成员资格的判定标准为"户口在集体经济组织所在地＋履行法定及约定义务"，因此本案关键在于林某娣户口及履行义务的认定。该组织章程虽约定了"因某些原因借户口迁入到本村的'迁入户'不予配置股权"，但该组织却无法证实林某娣属于该迁入户，而承办律师代理政府查明林某娣户口并无迁移记录，且章程亦未将履行义务作为配置股权的前置性条件，因此本案行政裁决得到了法院支持。从本案判决可以看出，当前法院对行政行为合法性的司法审查更加全面化、细节化，即其职权依据、事实认定、处理程序及处理结果上予以审查。在全面加快基层法治政府建设的今天，基层政府更重视律师法律顾问在行政决策、行政执法中的参谋和助手作用，本案中，承办律师紧紧围绕法院审查重点，在代理政府答辩时就围绕职权合法、程序正当及实体正确展开，并全面展示了政府在处理农村股权纠纷中受理申请、告知送达、调取证据、送达决定等所有程序，保障了行政决定经受司法审查考验的能力，取得很好的代理效果。

（点评人：唐国雄　广东国融律师事务所主任）

4. 村民补报往年出生入户是否影响集体成员资格的取得

——杨某申请某镇政府行政处理决定案*

[当事人信息]

申请人：杨某，女，某市某股份合作经济联合社村民

被申请人：某市某股份合作经济联合社

[裁决机关]

某市某镇政府

[基本案情]

申请人杨某于 2001 年 8 月 28 日出生，父亲杨某华，母亲李某霞。杨某华为农业户口，属被申请人村民，持有某市股份合作经济联合社（以下简称某经联社）股权证。李某霞为非农业户口，并非被申请人村民。2007 年 12 月 4 日，杨某补报往年出生，入户被申请人当地，为农业家庭户口。被申请人某市某股份合作经济联合社不确认杨某股民身份，未向其颁发股权证。杨某向某市某镇政府申请行政决定，请求确认其为某市某经联社的股民，并补发 2013 年度至 2017 年度的股份分配款，并自 2018 年起享有与其他股民同等分配待遇。

某经联社答辩认为，2005 年该社股权已固化，实行"生不增、死不减"，个人合作股的股份不再随人口的增减而变化，新生和迁入的农业人口不再配置股份，并以此为由不同意向杨某配股。

---

* 作者：林文娟，广东国融律师事务所律师。

[争议焦点]

杨某补报往年出生入户时间迟于股权固化时间,是否能够享有股民身份。

[律师意见]

承办律师经向双方当事人调查,查阅相关章程材料,向行政机关出具了法律分析报告,主要意见如下。

确定农村集体经济组织成员的资格,应以在该集体经济组织户籍和对该组织土地享有权利、承担义务等为基本原则。《广东省农村集体经济组织管理规定》第15条规定:"原人民公社、生产大队、生产队的成员,户口保留在农村集体经济组织所在地,履行法律法规和组织章程规定义务的,属于农村集体经济组织的成员。实行以家庭承包经营为基础、统分结合的双层经营体制时起,集体经济组织成员所生的子女,户口在集体经济组织所在地,并履行法律法规和组织章程规定义务的,属于农村集体经济组织的成员。实行以家庭承包经营为基础、统分结合的双层经营体制时起,户口迁入、迁出集体经济组织所在地的公民,按照组织章程规定,经社委会或者理事会审查和成员大会表决确定其成员资格;法律、法规、规章和县级以上人民政府另有规定的,从其规定。农村集体经济组织成员户口注销的,其成员资格随之取消;法律、法规、规章和组织章程另有规定的,从其规定。"某市政府发布的《关于推行农村股份合作制改革的实施办法(试行)》(中府〔2002〕54号)第2条第2款规定:"股东资格应按照'依据法律、尊重历史、实事求是'的原则,以村民的户籍、承包责任田、履行义务等实际情况为基本依据,以原参加集体分配的村民为基础进行界定。"

被申请人享有对本组织集体资产的自主经营管理权,对其成员(股东)资格和集体收益分配可以自行确定。实行股权固化,必须先对股东资格进行确定,然后核定股本(资产)总值并对股东进行配股,再进行集体收益分配。因此,股权固化后,股东人数、股权份额直接影响着每一个股东的收益分配。集体经济组织成员所生的子女属于农村集体经济组织成员的条件之一是其户口在集体经济组织所在地。申请人杨某出生时间为2001年8月28日,户籍登记地址在某经合社(农业户口),但其于2007年12月4日才补报往年入户,该经合社相关章程第11条规定:"全社区(或村)统一自然股截止时间为 2005 年 6 月 30 日。"即申请人入户迟于股权固化时间。该经合社相关章程第 12 条规定："从 2005 年 7 月 1 日零时起，合作股的股权实行一刀切断的方式，凝固合作股股数，股权固化后实行'生不增，死不减'，个人合作的股份不再随年龄的增长而变化，新生和迁入的农业人口不再配置股权。"股权固化后实行'生不增，死不减'，申请人杨某是否应该享有股民资格及相应待遇的问题，按照村民自治的规定，应该听取被申请人村民意见，尊重村民民主议定，但其并未经被申请人民主表决确定其成员资格。因此，申请人杨某不符合农村集体经济组织成员的认定条件。

[行政决定]

某市某镇政府作出《行政处理决定书》，认为杨某虽为被申请人某经联社的农业户口，出生时间在该社股权固化之前，但在股权固化之后才补报往年出生入户。根据相关规定，集体经济组织成员所生的子女，户口在集体经济组织所在地，并履行法律法规和组织章程规定义务的，属于农村集体经济组织的成员。农村集体经济组织的股权固化后实行"生不增，死不减"，申请人杨某是否应该享有股民资格及相应待遇的问题，按照村民自治的规定，应该听取被申请人村民意见，尊重村民民主议定，但其并未经被申请人民主表决确定其成员资格。

[案件评析]

本案是一起因补报往年出生入户引起的农村集体经济组织成员权益纠纷，具有典型性。实践中，农村集体经济组织成员可能因为各种原因，如超生、未婚生育、未予重视户籍等未能及时办理子女入户，致使已出生的子女因补报往年出生入户时间迟于集体经济组织股权固化时间而引发争议，影响社会基层稳定。根据《广东省农村集体经济组织管理规定》第 15 条规定，实行以家庭承包经营为基础、统分结合的双层经营体制时起，集体经济组织成员所生的子女，户口在集体经济组织所在地，并履行法律法规和组织章程规定义务的，属于农村集体经济组织的成员。因此，是否取得集体经济组织成员身份，需满足三个条件：（1）为成员所生子女；（2）为当地农业户口；（3）履行相应义务。至于户口在集体经济组织所在地是否有时间节点要求尚有不同认识。有观点认为，只要成员所生子女在股权固化之前出生，无论是否取得该组织农业户口，均应取得股民身份，理由为农村社会保障体系仍为该子女的主要生存、发展的基础。也有不同的观点，甚至在地方规范性文件也有所体现，即应以某一时间点作为股东资格界定的截止时间，统计符合条件的在册人口，实行股权彻底固化，因此，成员子女若享受集体收益分配须在股份固化以前加入当地农业户口。本案中，相关章程已明确约定股权固化后实行"生不增，死不减"，个人合作的股份不再随年龄的增长而变化，新生和迁入的农业人口不再配置股权。因成员子女补报往年出生属于新迁入的农业人口，该村规民约并未违反法律规定，具有约束力。

此外，农村集体经济组织享有对本组织集体资产的自主经营管理权，对其成员（股东）资格和集体收益分配可以自行确定，股权固化后，股东人数、股权份额直接影响着每一个股东的收益分配。如经本农村集体经济组织民主表决通过，同意成员子女有配股资格的人员可取得股民身份，应对村民自治予以尊重。

（点评人：唐国雄　广东国融律师事务所主任）

5. 征地补偿款被基层自治组织截留时农业部门是否有处理职责

——某镇某村某小组诉某市农业局、某省农业厅不履行法定职责、行政复议纠纷案*

[当事人信息]

原告：某村某小组（代表人：梁某南）

被告：某市农业局（法定代表人：李某建，局长）；某省农业厅（法定代表人：郑某仪，厅长）

[审理法院]

广东省中山市第一人民法院

[基本案情]

2017年1月15日，某村某小组成员梁某南代表该小组向市农业局提交〔2017〕148号《举报书》，要求某市农业局对某村居委会及某村股份经济合作社截留该小组征地补偿款（某线高速公路部分）的行为作出处理决定，并责令某村居委会、某村股份经济合作社将截留该小组的征地补偿款（某高速公路部分）891 412.81元及自1994年9月29日至2016年9月29日的利息1 961 108.18元，合计2 852 520.99元退还该小组。某市农业局核查后，于2017年1月17日出具某农函〔2017〕6号《关于转送群众信访材料的通知》，将上述举报书转送某镇政府处理，并发送了内容为："你来信市农业局反应征地补偿款问题，市农业局已以某农函〔2017〕6号文交由某镇人民政府办理，请你向某镇人民政府了解情况"的短信给梁某南。某市农业和农村

---

* 作者：林文娟，广东国融律师事务所律师。

21

工作局于 2017 年 1 月 25 日作出《信访事项受理告知书》，并于同年 2 月 10 日送达梁某南，该工作局后于 2017 年 3 月 2 日出具《信访事项处理意见书》并依法送达梁某南，该意见书载明："……因建设某线高速公路需要，1994 年共征某社土地 46.981 亩，征地补偿按每亩 10 000 元计算，其中村提留 15% 用于发展集体经济，余下款项已全部划拨给某社。某社某线高速公路征地过程中涉及的青苗补偿费、其他附着物补偿费均已根据'谁种谁收益'的原则进行了补偿。"某村某小组不服，向某省农业厅申请行政复议。某省农业厅经审查，于 2017 年 6 月 15 日作出《驳回行政复议申请决定书》，决定驳回某村某小组的行政复议申请。

某村某小组仍不服，诉至法院，诉讼请求如下：（1）撤销某省农业厅作出的《驳回行政复议申请决定书》；（2）确认某市农业局未依法对某村某小组提交的举报书所举报事项作出处理决定的行为违法；（3）判令某市农业局在一定期限内对某村某小组提交的举报书所举报事项作出处理决定。

[争议焦点]

基层自治组织社截留征地补偿款的不法行为，市农业局是否具有履行法定职责予以处理的义务。

[律师意见]

某村某小组起诉认为，2017 年 1 月 15 日，我小组向被告某市农业局提交居安三〔2017〕148 号《举报书》，要求某市农业局对截留我小组征地补偿款〔（某线高速公路部分）265 527.22 元及自 1994 年 9 月 29 日至 2016 年 9 月 29 日的利息 584 159.88，合计 849 687.10 元〕事宜进行处理。但某市农业局自 2017 年 1 月 16 日收到我小组举报后一直未作出处理决定。2017 年 3 月 30 日，我小组向某省农业厅提交居安三〔2017〕3302 号《行政复议申请书》，要求某省农业厅对某市农业局的不作为作出处理决定。2017 年 6 月 15 日，某省农业厅作出粤农行复〔2017〕9 号行政复议决定，驳回我小组的行政复议申请。某村某小组认为，根据《中华人民共和国农业法》第 7 条、第 71 条的规定，某市农业局对截留、挪用我小组征地补偿费用的行为有权作出处理决定，并有权依据《中华人民共和国农业法》第 92 条规定责令限期归还被截留、挪用的征地补偿款。某市农业局的行为亦不符合最高人民法院指导案例 77 号案的裁判要点。

承办律师接受某市农业局委托，提出以下答辩意见。

（1）原告某村某小组的信访事项不属于市农业局的职权范围，应由属地镇政府负责处理。某市农业局于 2017 年 1 月 16 日收到原告反映某市某村居委会、某市某村股份合作经济联合社截留某线高速公路征地补偿款的举报书，根据国务院《信访条例》第 14 条及《中华人民共和国村民委员会组织法》第 5 条、第 36 条第 2 款的规定，该举报书属于群众信访材料，应由属地乡镇政府进行处理，不属于市农业局的职权范围。

（2）市农业局收到原告的举报书后，于 2017 年 1 月 17 日作出《关于转送群众信访材料的通知》，将举报书转送某镇政府处理，并通过电话、手机短信方式告知原告。

（3）某镇政府在收到市农业局转送材料后，指令其职能部门某镇农业和农村工作局依法进行处理，某镇农业和农村工作局于 2017 年 1 月 25 日正式受理，并于同年 3 月 2 日作出信访事项处理意见书，对原告的信访事项作出回复。

（4）信访处理行为对信访人不具有强制力，对信访人的实体权利义务不产生实质影响，不具有可诉性，法院应不予受理。《最高人民法院关于适用〈中华人民共和国行政诉讼法〉的解释》第 1 条第 2 款规定："下列行为不属于人民法院行政诉讼的受案范围……（九）行政机关针对信访事项作出的登记、受理、交办、转送、复查、复核意见等行为……"以及 2005 年 12 月 12 日，最高人民法院立案庭对湖北省高级人民法院《关于不服县级以上人民政府信访行政管理部门、负责受理信访事项的行政管理机关以及镇（乡）人民政府作出的处理意见或者不再受理决定而提起的行政诉讼人民法院是否受理的请示》作出答复〔（2005）行立他字第 4 号〕，意见如下：信访工作机构是各级人民政府或政府工作部门授权负责信访工作的专门机构，其依据《信访条例》作出的登记、受理、交办、转送、承办、协调处理、督促检查、指导信访事项等行为，对信访人不具有强制力，对信访人的实体权利义务不产生实质影响。信访人对信访工作机构依据《信访条例》处理信访事项的行为或者不履行《信访条例》规定的职责不服"提起行政诉讼的，人民法院不予受理"，原告的信访事项不属于人民法院的受案范围，理应驳回其起诉。

被告省农业厅辩称：（1）我厅作出的行政复议决定认定事实清楚，证据确凿，适用法律正确。经我厅查明核实，某市农业局已将原告举报的某村委会截留（某线高速公路部分）事项转送某镇政府，并告知了原告，不存在行政不作为。我厅还查明吴某某并非原告某村某围某小组的组长，吴某某以原告某村某小组名义提出行政复议申请缺乏法律依据。据此，我厅根据《中华人民共和国行政复议法实施条例》第48条第1款第1项、第2项的规定，依法驳回原告的行政复议申请。（2）我厅收到原告的行政复议申请后，核查了相关证据并听取了某市农业局和吴某某的意见，于2017年6月15日作出涉案《驳回行政复议申请决定书》，并依法送达吴某某及某市农业局。我厅作出的复议决定程序合法。综上，我厅作出的涉案《驳回行政复议申请决定书》认定事实清楚，适用法律正确，程序合法，原告某村某小组的诉讼请求没有事实和法律依据，请法院依法予以驳回。

[裁判结果]

一审法院认为，某村某小组主张，本案涉案征地补偿款被某村居委会、某村股份经济联合社截留的非法行为，应当属于市农业局的职责职权范围管辖，其法律依据是《中华人民共和国农业法》第7条、71条及92条的规定，以及《广东省农村集体资产管理条例》第4条的规定。《中华人民共和国农业法》第7条规定："国家保护农民和农业生产经营组织的财产及其他合法权益不受侵犯。各级人民政府及其有关部门应当采取措施增加农民收入，切实减轻农民负担。"第71条规定："国家依法征收农民集体所有的土地，应当保护农民和农村集体经济组织的合法权益，依法给予农民和农村集体经济组织征地补偿，任何单位和个人不得截留、挪用征地补偿费用。"第92条规定："有下列行为之一的，由上级主管机关责令限期归还被截留、挪用的资金，没收非法所得，并由上级主管机关或者所在单位给予直接负责的主管人员和其他直接责任人员行政处分；构成犯罪的，依法追究刑事责任：（一）违反本法第三十三条第三款规定，截留、挪用粮食收购资金的；（二）违反本法第三十九条第二款规定，截留、挪用用于农业的财政资金和信贷资金的；（三）违反本法第八十六条第三款规定，截留、挪用扶贫资金的。"《广东省农村集体资产管理条例》第4条规定："县级以上人民政府农业行政主管部门、乡镇人民政府、街道办事处负责指导农村集体资产管理工作，并依照本条例的规定对农村集体资产实施监督。县级以上人民政府其他有关部门和单位按照各自职责对农村集体资产管理工作进行指导和监督。"同时，依据某村某小组在《举报书》所引用的《广东省农村集体经济组织管理规定》第23条规定："集体经济组织管理人员滥用职权、玩忽职守、徇私舞弊，以及有其他损害组织及其成员合法权益行为的，由县级以上人民政府农业行政主管部门、乡（镇）人民政府或者有关部门给予警告或者建议罢免职务，造成损失的，依法承担赔偿责任；构成犯罪的，依法追究刑事责任。"

某市农业局则主张，关于本案涉案征地补偿款被村委截留的事项，不属于其职责职权范围管辖，其法律依据是《中华人民共和国村民委员会组织法》第36条第2款规定："村民委员会不依照法律、法规的规定履行法定义务的，由乡、民族乡、镇的人民政府责令改正。"某市农业局认为，本案中某村某小组诉称的某村居委会、某村股份经济联合社截留征地补偿款的非法行为，是属于村委会不依法履行义务的情形，依法应当由某镇政府责令改正。不属于某市农业局的职责。

首先，从法律位阶上看，《中华人民共和国村民委员会组织法》是全国人大常委会于2010年10月28日通过修订并实施的法律，《中华人民共和国农业法》是由全国人大常委会于2012年12月28日修正并实施的法律。而《广东省农村集体资产管理条例》是广东省人大常委会于2016年5月25日修订通过的地方性规章，《广东省农村集体经济组织管理规定》是广东省人民政府于2013年5月31日修订后颁布的规章。《中华人民共和国村民委员会组织法》《中华人民共和国农业法》比《广东省农村集体资产管理条例》《广东省农村集体经济组织管理规定》阶位高，在适用上，应当优先适用高阶位的法律。但某村某小组诉称所依据和引用的《中华人民共和国农业法》的相关条款，并未界定某市农业局和某镇政府的职责范围。因此，对某村某小组诉称的征地补偿款被某村居委会、某村股份经济联合社截留的不法行为，应当优先适用《中华人民共和国村民委员会组织法》。故对于本案原告某村某小组诉称的村委会截留征地补偿款的行为，应由某镇政府依法处理。

其次，根据《广东省农村集体资产管理条例》第4条规定，以及《广东省农村集体经济组织管理规定》第23条规定，县级以上人民政府农业行政主管部门、乡镇人民政府、街道办事处对农村集体资产管理工作，负责指导、实施监督。集体经济组织管理人员的非法行为，由县级以上人民政府农业行政主管部门、乡（镇）人民政府或者有关部门给予警告或者建议罢免职务。也就是说，县级以上人民政府农业行政主管部门和乡（镇）人民政府同时对农村集体资产管理负指导监督义务；对集体经济组织管理人员的非法行为，同时具有给予警告或建议罢免职务的职责。依据以上规范性法律文件，对于本案中某村某小组诉称的某村居委会、某村股份经济联合社的不法行为，某市农业局和某镇政府同时具有给予警告或建议罢免职务的职责。某村某小组提请某市农业局处理，某市农业局移送某镇政府，而该政府予以接收并予以处理，因此某市农业局和某镇政府在履行法定职责方面并无不妥。

最后，在程序方面，某村某小组在本案中向市农业局提交《举报书》，反映某村居委会、某村股份合作经济社截留属于该小组的某线高速公路征地补偿款的行为。某市农业局收到举报书后，依照《中华人民共和国村民委员会组织法》第36条第2款的规定，将该举报书移送至某镇政府，并以短信方式告知了某村某小组的代表人梁某南。某镇政府收到某市农业局移送的举报书后，指派其职能机构中山市农业和农村工作局对某村某小组的举报事项作出《信访事项处理意见书》，并依法送达给梁某南。某村某小组向省农业厅提出行政复方申请后，某省农业厅依据《中华人民共和国行政复议法实施条例》第48条第1款规定作出《驳回行政复议申请决定书》，并依法送达给梁某南。某省农业厅作出涉案决定适用法律正确，程序合法。

综上所述，某村某小组要求撤销省农业厅作出《驳回行政复议申请决定书》，并要求确认某市农业局未依法对其提交的涉案《举报书》所举报事项作出处理决定的行为违法及判令某市农业局在一定期限内对其举报事项作出处理决定的诉讼请求，理据不充分。法院判决驳回原告某村某小组的诉讼请求。

[案件评析]

本案涉及法律位阶效力判断，如何正确适用法律是本案厘清焦点争议的关键。法院判决对讼争双方所主张适用的法律、地方性法规、地方政府规章的效力进行了详细分析，并对如何适用作出了释明。《中华人民共和国立法法》第 88 条规定："法律的效力高于行政法规、地方性法规、规章。行政法规的效力高于地方性法规、规章。"这是不同位阶的法效力位置和等级的明确规定，对于同一机关制定的法律文件，即属于同一个法律位阶时，则遵循特别规定与一般规定不一致的，适用特别规定；新的规定与旧的规定不一致的，适用新的规定的准则。实践中，村委会、村小组等"截留"村民征地补偿款等损害组织及成员合法权益的现象确实存在，究其原因是一方面有些集体组织管理人员滥用职权、玩忽职守等；另一方面是基层社会治理信息公开缺位导致部分村民对补偿政策不熟悉、有误解。本案争议焦点并非基层集体组织有无真实截留补偿款，而是某市农业局有无履行法定职责予以处理的义务。本案所涉地方性法规和地方政府规章虽规定了县级上农业部门及乡镇级政府均对于涉案争议的查处职责，但作为法律效力位阶更高的《中华人民共和国村民委员会组织法》，仅规定了乡镇级政府进行依法处理。在判断如何适用法律方面，根据前述法的适用规则，上位法优先适用于下位法，同一机关制定的特别规定优先适用于一般规定。本案中，某市农业局与乡镇政府对某村某小组诉称的违法行为均有查处职责，某市农业局将案件移送某镇政府，某镇政府予以接收并进行了处理，某镇政府履行了村民委员会组织法规定的职责。因此，法院判定市农业局和某镇政府在履行法定职责方面并无不妥。

此外，对于信访事项不服而申请行政复议或提起行政诉讼，按照最高人民法院相关复函以及《最高人民法院关于执行〈中华人民共和国行政诉讼法〉若干问题的解释》第 1 条第 2 款第 5 项规定，驳回当事人对行政行为提起申诉的重复处理行为，不属于行政诉讼的受案范围。但实践中，当事人为规避上述规定，有时会将对信访结果的不服转变为要求行政机关履行法定职责，并就行政机关"不作为"申请复议或诉讼，其实质仍是对信访结果不服，法院应不予受理或驳回起诉，不宜作出实体判决。

（点评人：唐国雄　广东国融律师事务所主任）

6. 因公共利益需要而收回宅基地使用权的是否需村民集体民主决定

——冯某、卢某诉某市政府行政批复案[*]

[当事人信息]

    原告：冯某、卢某

    被告：某市政府、某市某区某居委会

[审理法院]

    广东省中山市中级人民法院

    广东省中山市第一人民法院

[基本案情]

    冯某、卢某系某市某区办事处某居委会村民。2010年12月29日，某居委会与某市政府某区办事处（以下简称某区办事处）共同向市政府递交了关于收回冯某、卢某宅基地使用权的请示，该请示的内容为：某区某社区因某公路建设需要，拆迁本社区村民冯某、卢某夫妻位于某区某社区3队［土地证号：中府集建（1993）字第144230**号，用地面积433平方米］的宅基地使用权，但就补偿事项多次协商均不能达成共识，为保障公益事业的发展及广大群众的利益，实施房屋强制拆迁，根据相关法律的规定，本社区居民委员会申请收回冯某、卢某位于某区某社区3队的宅基地使用权，并对其另行安排宅基地。市政府于2011年1月20日作出1号批复，内容为："一、同意某居委会收回冯某、卢某位于某区某社区3队的宅基地使用权，土地证号为中府集建（1993）字第144230**号，用地面积433平方米。二、请某居

---

    * 作者：唐国雄、刘小燕，广东国融律师事务所律师。

委会根据相关法律、法规依法作出收回土地使用权的决定，并依法给予原土地使用权人相应补偿。三、某居委会要在作出收回集体土地使用权决定后 7 个工作日内报市政府备案。"某居委会在获得上述批复后，因无法就收回宅基地问题与冯某、卢某达成协议，遂以冯某、卢某为被告向广东省中山市第一人民法院提起宅基地使用权纠纷诉讼。

[争议焦点]

因公共利益需要而收回宅基地使用权的行政批复是否合法。

[律师意见]

原告起诉认为，其系某市某区某村村民，因某公路改建工程需占用原告的宅基地，第三人作出了《关于执行某市人民政府"关于同意收回冯某等人集体土地使用权的批复"的决定》，决定收回原告的宅基地使用权，原告方得知被告作出的《关于同意收回冯某等人宅基地使用权的批复》的具体行政行为，原告认为被告作出的上述行政行为适用法律错误，侵害了原告的合法权益，依法予以撤销。理由如下：第一，被告作出涉案具体行政行为的法律依据为《中华人民共和国土地管理法》第 15 条的规定，而上述条款的立法目的是规定只有乡镇村的公益事业建设使用土地的，才可以依法回集体土地使用权，并非所有的公益事业建设，均可收回集体土地使用权；第二，涉案工程项目属国家级建设项目，依据《中华人民共和国土地管理法》第 43 条的规定，应依法按照法定程序征收，将集体土地征为国有后，再进行相关的建设。即使将原告的土地使用权收回，该土地的性质仍为集体所有，项目占用属于违法占地。综上，被告作出的具体行政行为，侵犯了原告的合法权益，故请求判令撤销被告作出的《关于同意收回冯某等人集体土地使用权的批复》、并由被告承担木案诉讼费用。

承办律师作为本案被告某市政府一审、二审的诉讼代理人，向法院提出以下答辩意见。

（1）某市政府行政批复认定事实清楚，适用法律正确，程序合法，依法应予以维持。公路改建项目建设属于交通基础设施建设，需要占用涉案宅基地，作为集体土地所有权人的某居委会向某市政府报请收回冯某、卢某的集体土地使用权。某市政府对某居委会的请示及相关材料进行审核后，认为某居委会因省道建设需要收回冯某、卢某的宅基地符合《中华人民共和国土地管理法》的有关规定。根据《中华人民共和国土地管理法》第65条第1款第1项规定，该条文对公益事业建设只作了原则性的规定，并没有明确其具体范围，其他法律、行政法规也没有对此作出明确的界定，因而其范围并不仅指乡（镇）村自身的公益事业建设。改建公路符合社会公众需求，方便包括冯某、卢某在内的群众出行，也符合包括冯某、卢某所在社区、行政区域的广大群众利益；对于促进当地经济发展具有重要意义。某公路属于公益事业建设，符合前述法律规定的收回土地的情形。

（2）某居委会收回冯某、卢某宅基地的同时，给予冯某、卢某安置及充分补偿，且该安置及补偿已经到位。就某居委会收回冯某、卢某宅基地事宜已经经过法院判决。某居委会收回冯某、卢某宅基地的同时，已做好对冯某、卢某的安置工作，相关部门也同意为冯某、卢某办理土地证及报建手续，免收办理土地证及报建手续的费用。

[裁判结果]

一审法院认为，涉案土地为宅基地，根据《中华人民共和国土地管理法》第65条的规定，某市政府作为原批准用地的人民政府，对是否收回农民集体所有土地使用权有审批的职权与职责。本案中，收回涉案宅基地是用于省道某市某路段的改建工程项目，属于城市交通基础设施，修建有利于某村交通出行、居住环境改善、招商引资及总体发展，属于公共设施及公益事业的建设，符合《中华人民共和国土地管理法》第65条第1款第1项中"为乡（镇）村公共设施和公益事业建设，需要使用土地的"情形。因此，某市政府根据某居委会的申请及相关材料，认为其符合上述法律规定，作出同意收回涉案宅基使用权的行政批复，依据充分，程序合法，故驳回冯某、卢某要求撤销行政批复的诉讼请求。

二审法院认为，由于我国实行村民自治，某市政府在审查某居委会申请的事实依据时，应当审查某居委会关于公路建设项目是否符合《中华人民共和国村民委员会组织法》关于村民自治的相关规定。根据该法第24条第1款关于"涉及村民利益的下列事项，经村民会议讨论决定方可办理……（三）本村公益事业的兴办和筹资筹劳方案及建设承包方案"的规定，公路改建工程项目是否属于《中华人民共和国土地管理法》第 65 条规定的"乡（镇）村公共设施和公益事业建设"的范畴，应经村民会议讨论决定方可办理。某市政府应当审查某居委会认为公路改建项目属于乡（镇）村公共设施和公益事业建设的意见已获得村民会议讨论通过的依据。在适用法律法规方面，相关法律法规已对市政府审查某居委会申请的审查范围有所规定，《中华人民共和国土地管理法》是某市政府审查应予适用的法律法规，基于涉案宅基地及收回事由属于农村村民自治范畴，《中华人民共和国村民委员会组织法》也是某市政府履行审查职责时应予适用的法律。某市政府的批复属涉及农村集体土地权益的行政决定，其应当在作出批复之前依法向冯某、卢某履行告知义务，并听取意见，在作出批复后应将该批复送达相对人，因此本案行政程序不当。因公路改建工程项目已实施，项目涉及的土地征收征用行为已完成，冯某、卢某已获相应安置补偿，且公路项目影响省交通基础设施及市路网建设的公共利益项目，如撤销市政府批复，将对公共利益造成重大损失。因某居委会已对收回涉案宅基地作出安置补偿，某市政府批复虽违法，但鉴于冯某、卢某损失已获得补偿，无须再责令某市政府对宅基地被收回采取补救措施及作出赔偿。综上，二审法院判决撤销一审判决，确认某市政府批复违法但不予撤销。

[案件评析]

　　本案争议焦点是农村宅基地使用权收回主体及程序的法律问题。二审虽实质上维持了一审的实体处理，但对于二审裁判思路及观点应予以重视，案后承办律师结合诉讼经历及理论调研进行了思考和总结。《中华人民共和国土地管理法》第 65 条规定了因乡（镇）村公共设施和公益事业建设的需要，村集体经济组织经政府批准后可以收回村民使用的宅基地。一审及二审裁判结果主要差异在于，前者仅审查政府有无批准职权，后者还审查了宅基地收回有无获得村民会议讨论通过的依据。鉴于本案宅基地使用权收回系因集体公共利益需要，根据《中华人民共和国村民委员会组织法》关于村民自治的规定，公益事业的兴办因涉及村民利益，须经村民会议讨论决定方可办理。涉案宅基地作为农村集体产权，现被征收用于满足市政道路项目建设需要，其修建有利于该村集体交通出行、居民环境改善及总体发展，属于涉及村民利益的公益事业兴办，根据村民自治的原则，依法应由村民会议讨论决定。

此外，二审裁判着重审查行政批复的作出程序，是否充分保障了行政相对人的陈述答辩权利，某市政府未履行告知、听取意见以及送达义务，与行政程序正当原则相悖。可见，二审法官更加着重审查了收回宅基地的民主程序以及行政批复作出的程序，并由此得出行政行为违法的裁判结论。随着我国法治进程的不断推进，"重实体轻程序"的裁判观念得到很大改善，司法实践中审判人员更加注重行政行为是否符合法定程序，正如"公平正义不仅要实现，而且要以人们看得见的方式实现。"本案判决无疑会引起行政机关对程序价值的思考与重视，对法治政府建设有较大裨益。

最后，本案引发的进一步思考是，根据《中华人民共和国土地管理法》第65条规定，农村宅基地收回主体是农村集体经济组织而非政府，原来批准用地的政府（如颁发宅基地使用权证的县级人民政府）通过批准收回的方式对收回行为行使监督权，防止村集体经济组织违法收回侵害集体成员的合法权益。因此，在当前城市更新进程中涉及旧农村改造时，政府不能以某个或某些村民为行政相对人，以政府名义直接决定收回村民宅基地，即使旧农村改造有利于改善该村居民生活环境、改善村容村貌、推动产业转型，符合绝大多数城中村居民的利益，具有社会公共利益属性，但不能因此强行收回，否则亦有被法院确认行政行为违法的法律风险。

（点评人：唐国雄　广东国融律师事务所主任）

7. 不同意征地的村民在政府落实按原面积安排农用地之前是否有权获得误耕补偿款

——梁某、林某等人诉某镇政府补偿协议纠纷案*

[当事人信息]

原告：梁某等 5 人

被告：某镇政府

第三人：某市某镇某股份合作经济联合社

[审理法院]

广东省中山市第一人民法院

[基本案情]

2010 年 5 月 21 日，某镇政府作出《关于某镇某六组苏某等人信访事项的回复》，处理意见为："在你们不同意征地的情况下，政府会保障你们相应土地面积的收益，按你们所在片土地发包价的平均值计回租金给你们，直至某社区实行村级核算股份制之日时再做调整。"苏某等人不服，向某市政府申请复查上述回复，某市政府作出中信复（2010）31 号《信访事项复查意见书》，答复称，对不同意征地的村民，某社区已承诺按原耕作面积安排农用地，在未落实前，将给予等量租金补偿。2010 年 11 月 5 日，某居委会、某市某镇某股份合作经济联合社（以下简称某经联社）受某镇政府的委托与梁某等 8 人签订误耕补偿协议，协议约定：某六队共有股份 174 股，2009 年被征地面积 137.5882 亩，每股分得 0.7907 亩，另外 10% 的提留地 13.75 亩，每股分得 0.7909 亩，但未同意征地的 8 户社员共 41 份股份，2010 年每亩按

---

* 作者：刘小燕，广东国融律师事务所律师。

1500 元支付误耕补偿，其中梁某的 5.2182 亩土地的误耕补偿款为 7827.3 元，林某的 0.8697 亩土地的误耕补偿款为 1304.5 元，苏某的 5.2182 亩土地的误耕补偿款为 7827.3 元，苏某某的 3.4788 亩土地的误耕补偿款为 5218.2 元，周某的 4.3485 亩土地的误耕补偿款为 6522.7 元。梁某等 5 人认为某镇政府应当以 2010 年签订的误耕补偿协议为标准支付 2011 年至今的误耕补偿费，但某镇政府一直未向其支付，故梁某等 5 人诉至该院，提出前述诉讼请求。

庭审中，某镇政府确认 2009 年征收某六队土地的土地补偿款以 43 000 元/亩的价格进行支付，同时还确认未给梁某等人按原耕作面积安排农用地，某社区也未实行村级核算股份制。

梁某等 5 人提起本案诉讼，请求如下：判令某镇政府及某经联社连带向某支付 2011 年 11 月至 2014 年 11 月的误耕补偿款分别为：向梁某支付的款项为 31 309.2 元（5.2182 亩 × 1500 元/亩 × 4 年），向林某支付的款项为 5218.2 元（0.8697 亩 × 1500 元/亩 × 4 年），向苏某支付的款项为 31 309.2 元（5.2182 亩 × 1500 元/亩 × 4 年），向苏某某支付的款项为 20 872.8 元（3.4788 亩 × 1500 元/亩 × 4 年），向周某支付的款项为 26 091 元（4.3485 亩 × 1500 元/亩 × 4 年）。

[争议焦点]

政府在落实按原耕作面积安排农用地之前应否向未同意征地的村民给予补偿款。

[律师意见]

梁某等 5 人诉称，2010 年 11 月 25 日，某镇政府及某经联社共同与梁某等 5 人签订误耕补偿协议书，约定梁某等 5 人每年可按耕地面积 1500 元/亩的标准享受误耕补偿。协议签订后，某镇政府及某经联社向梁某等 5 人支付了当年的误耕补偿款，之后均未向梁某等 5 人支付自 2011 年 11 月至 2014 年 11 月 4 年的误耕补偿款，某镇政府及某经联社应向梁某等 5 人发放如前所述的误耕补偿。梁某等 5 人认为某镇政府及某经联社的行为明显违约，属不履行政府补偿协议，故诉至法院。

承办律师作为某镇政府代理人，向法院提交以下答辩意见：（1）原告提交的误耕补偿协议仅约定了 2010 年的补偿款项问题，某镇政府已经履行完毕，由于某镇政府未与梁某等 5 人约定以后每年均进行补偿，因此梁某等 5 人无权要求 2010 年之后的补偿款；（2）上述协议中的误耕补偿并非某镇政府的法定义务，梁某等 5 人不同意征收的土地早已在 2009 年由村民表决同意征收，征地补偿款已发放，但梁某等 5 人不愿领取；（3）梁某等 5 人就征收土地的问题已向法院提起诉讼，法院已对梁某等 5 人的起诉予以驳回；（4）给予梁某等 5 人误耕补偿是出于维稳考虑，并非某镇政府的法定义务；（5）梁某等 5 人的起诉已超过两年的起诉期限，依法应当驳回起诉。

[裁判结果]

一审法院认为，根据《中华人民共和国地方各级人民代表大会和地方各级人民政府组织法》第 61 条第 3 项的规定，某镇政府具有保护其辖区内公民合法权益的职责和职权。本案中，某镇政府在《关于某镇某六组苏某等人信访事项的回复》中确认"在你们不同意征地的情况下，政府会保障你们相应土地面积的收益，按你们所在片土地发包价的平均值计回租金给你们，直至某社区实行村级核算股份制之日时再做调整"，同时，某市政府在中信复（2010）31 号《信访事项复查意见书》中答复称，对不同意征地的村民，某社区已承诺按原耕作面积安排农用地，在未落实前，将给予等量租金补偿。据此，故法院认为，在落实按原耕作面积安排农用地或某社区实行村级核算股份之日之前均应向未同意征地的村民给予租金，而本案中，某镇政府委托某居委会和某经联社与梁某等人签订误耕补偿协议，并按照 1500 元/亩的价格发放误耕补偿款，应视为每年依据此标准向梁某等人发放误耕补偿款。而某镇政府仅委托某居委会、某经联社向梁某等人发放了 2010 年的误耕补偿款，明显不当，故对于梁某等 5 人提出的某镇政府向其发放 2011 年至今的误耕补偿款的主张予以支持。

对于某居委会、某经联社是否应承担连带责任的问题，法院认为，某居委会、某经联社受某镇政府委托与梁某等人签订误耕补偿协议，应承担给付义务的主体应为某镇政府，并非某居委会和某经联社，故对于梁某等人要求某居委会、某经联社承担连带给付义务的请求，法院予以驳回。综上，梁某等 5 人要求某镇政府向其支付 2011 年至 2014 年的误耕补偿款理据充分，法院予以支持；某居委会、某经联社对上述误耕补偿款承担连带给付义务的请求理据不充分，法院予以驳回。依照《中华人民共和国行政诉讼法》第73条的规定，判决如下：（1）被告某镇政府于本判决发生法律效力之日起15日内向原告梁某、林某、苏某、苏某某、周某支付2011年11月至2014年11月的误耕补偿款，其中向梁某支付的款项为31 309.2元（5.2182亩×1500元/亩×4年），向林某支付的款项为5218.2元（0.8697亩×1500元/亩×4年），向苏某支付的款项为31 309.2元（5.2182亩×1500元/亩×4年），向苏某某支付的款项为20 872.8元（3.4788亩×1500元/亩×4年），向周某支付的款项为26 091元（4.3485亩×1500元/亩×4年）；（2）驳回原告梁某、林某、苏某、苏某某、周某的其他诉讼请求。

[案件评析]

本案涉及的农村农用地征收（以租代征）并非《中华人民共和国土地管理法》第44条、第55条所规定的土地征收，后者是指政府征收农用地的应办理农用地转用审批、征地审批并由县级以上政府予以公告和组织实施。本案中，某经联社的某组土地由该经联社统一收回并对外发包，并不发生土地所有权转移及土地性质变更的法律效果。因梁某等人并不同意征地，某经联社接受政府委托签订了无法耕作被征土地的误耕补偿协议，协议虽仅约定了2010年补偿事项，但某镇政府在梁某等人上访事项答复中明确了政府会保障不同意征地农民的相应土地面积权益，直至某社区实行村级核算股份制或按原耕作面积安排农用地的意思表示，因此，应视为某镇政府每年按协议标准发放误耕补偿款。

自国家取消农业税，实施一系列惠农政策以来，农村原有利益格局被打破，农村土地尤其是城市周边承包地的潜在价值开始显现，农村土地纷争日益增多。根据《中华人民共和国农村土地承包法》的规定，非法定事由承包方无权收回承包期内的承包地，且不得强迫承包方进行土地承包经营权流转，不得假借少数服从多数，强迫承包方放弃承包经营权后收回承包地进行招标承包，毕竟农民通过家庭承包方式依法取得的土地承包经营权是其安身立命的根本，其权利性质属于物权。但我们也需认识到，随着我国城镇化和农业现代化的不断推进，土地收入已不是农民的唯一来源，农民不再仅依靠土地经营来维持生计，土地也不再是唯一的生存就业保障，农民对土地的依附性大大降低，弱化了承包土地的社会功能。基层政府、居（村）委会为发展现代农业需要，将农民手中承包经营权收回后进行土地规模化、集约化经营，原耕作土地在地理形态上已无法区分，大片土地可能已成为生态园区、水产养殖区，等等，如判令返还给农民，势必引起连环诉讼，影响农村社会整体稳定。因此，笔者认为在涉及农村大面积重新调整或群体利益重新分配的农村土地纠纷，需由有关政府先行处理并以金钱补偿方式为主。在政府"以租代征"实施前，（居）村委会可与农民签订收回承包地协议，由农民承诺自愿交回承包地，（居）村委会则同时承诺在国家正式征用土地前，农民享有该地收益（租金），在国家正式征用土地后有权获得征地补偿款，政府应严守协议约定及时、足额支付租金或误耕补偿款。

（点评人：唐国雄　广东国融律师事务所主任）

'02

教育行政案例

8. 办学场地规划为居住用地但现状为工业用地是否符合法定办学条件

9. 开发商能否以教育学位分配协议为由要求教育部门履行职责

10. 外来务工人员子女义务教育受教育权的行政职责认定

11. 教育部门能否应法院协助执行通知变更民办教育举办者

12. 同一办学地址能否同时设立两个办学许可证

8. 办学场地规划为居住用地但现状为工业用地是否符合法定办学条件

——曾某诉某市教育和体育局行政许可案*

[当事人信息]

原告：曾某，系某市某教育有限公司的法定代表人

被告：某市教育和体育局

[审理法院]

广东省中山市第一人民法院

[基本案情]

曾某于 2015 年 11 月 26 日通过广东省网上办事大厅某分厅网站向某市教育和体育局提出正式设立"某市南区某幼儿园"，曾某提交的《某市某区城建档案资料证明》显示其拟正式设立的某幼儿园的土地性质为"工业"用途，办学场地原为厂房，自建成之后一直作为厂房做工业用途使用，未办理土地房屋产权属证明，亦未重新报建作其他用途。但现行的《某市某区中心片区控制性详细规划调整》已将某幼儿园的办学场地规划为 R2 类居住用地。某市教育和体育局认为，工业用地不可作为幼儿园用地，作出《不予行政许可决定书》。曾某不服，于 2017 年 3 月 13 日向广东省中山市第一人民法院提起行政诉讼。

[争议焦点]

办学场地是否为工业用途及是否因此而不符合法定办学要求。

---

* 作者：林文娟，广东国融律师事务所律师。

[律师意见]

承办律师作为某市教育和体育局代理人，向法院提交答辩意见，答辩要点如下。

（1）某市教育和体育局具有作出涉案《不予行政许可决定书》的法定行政职权。根据《中华人民共和国民办教育促进法》第8条有关"县级以上地方各级人民政府教育行政部门主管本行政区域内的民办教育工作"的规定，某市教育和体育局作为某市教育行政主管部门，负责本行政区域内的民办教育工作，故某市教育和体育局作出《不予行政许可决定书》属于其职责行为，具有法定的行政职权。

（2）某市教育和体育局作出涉案《不予行政许可决定书》程序合法。曾某提交的《某市某区城建档案资料证明》显示其拟正式设立的某幼儿园的土地性质为"工业"用途，根据《城市用地分类与规划建设用地标准（GB50137－2011）》的规定，幼儿园用地包括三类：R22类公共服务设施用地、满足设计规范和服务半径要求的R类居住用地和B9类其他服务设施用地。同时对照《某市教育和体育局民办幼儿园正式设立审批办事指南》，工业用地不可作为幼儿园用地。某市教育和体育局在法定审批期限内作出涉案的处理决定，后于2016年1月12日短信通知曾某，告知其申请件业务已办结，可登录网上办事大厅某分厅查询办结结果。后某市教育和体育局于2016年4月8日将书面的《不予行政许可决定书》送达给曾某。

（3）答辩人作出涉案的《不予行政许可决定书》实体处理正确。根据曾某提交的城建档案资料证明显示，其拟申请正式设立的某幼儿园的办学场地使用性质为厂房，自建成之后一直作为厂房做工业用途使用，未办理土地房屋产权属证明，亦未重新报建作其他用途。《广东省城乡规划条例》第43条规定："建设单位或者个人应当按照建设工程规划许可的内容进行建设，不得擅自变更；需要变更的，应当经原许可机关批准。涉及需变更建设用地规划许可的，应当先申请变更建设用地规划许可。"以及第47条规定："房屋使用人应当按照建设工程规划许可证或者房地产权证书载明的用途使用房屋。确需变更房屋用途的，应当向城市、县人民政府城乡规划主管部门申请办理变更手续。"虽现行的《某市某区中心片区控制性详细规划调整》已将某幼儿园的办学场地规划为 R2 类居住用地，但曾某并未依前述规定办理变更建设用地规划许可证。因此，某幼儿园在未申请变更建设用地规划许可以及办理变更房屋用途手续之前，该建筑物仍应按此前报建的工业性质进行使用。

[裁判结果]

一审法院认为，原告曾某提出撤诉申请，属其在法律规定的范围内处分自身诉讼权利的行为，符合法律规定，应予准许。依照《中华人民共和国行政诉讼法》第 62 条、《最高人民法院关于执行〈中华人民共和国行政诉讼法〉若干问题的解释》第 63 条第 1 款第 10 项的规定，裁定准许原告曾某撤回起诉。

[案件评析]

本案是一起申请民办幼儿园中因办学场地性质引发的教育行政许可纠纷，案件典型之处在于办学场地规划用途与现状用途不符时该如何认定的问题。根据法律规定，幼儿园用地包括公共服务设施用地、满足特定条件的居住用地和其他服务设施用地三类。但本案中，办学场地在控制性详细规划中显示为居住用地，城建档案资料显示为工业用地，且地上房屋一直是作为厂房使用。面对规划与现状的不同，如何应对原告诉请。承办律师准确援引《广东省城乡规划条例》相关规定，以办学场地在未申请变更建设用地规划许可及房屋用途之前，仍应按工业用途使用的规定为依据，有效解决了规划用途与现状用途不符的困境。实际上，曾某将一直以来作为工业用地及工业厂房的场地作为民办幼儿园场地，势必要按照幼儿园标准实施相关建设，在建设规划许可变更前根本无法实施此建设。

1997 年批准通过的《社会力量办学条例》，以及 2002 年通过的《中华人民共和国民办教育促进法》，均允许国家机构以外的社会组织或个人，利用非国家财政性经费，面向社会举办学校及其他教育机构的活动，并明确国家对民办教育实行积极鼓励、大力支持。随着社会经济发展和人口不断增长，公立学前教育资源紧缺，民办教育需求较大，但民办学校多由社会力量举办，具有自发性、滞后性、盲目性等缺陷，有时租用民房、工业厂房作为教室校舍，埋下严重安全隐患的同时极大削弱了合法办园者的积极性，造成行业恶性竞争。为保障办学条件，教育行政部门应坚持依法行政许可，对于不符合法定办学条件的要依法不予许可，从而保障办学场地及场所合法合规。

但本案也引发了其他思考，修订后的《中华人民共和国民办教育促进法》第51条明确规定，新建、扩建非营利性民办学校，人民政府应当按照与公办学校同等原则，以划拨等方式给予用地优惠。新建、扩建营利性民办学校，人民政府应当按照国家规定供给土地。教育实践中，民办学校举办者常常面临拿地困难的问题，义务教育阶段的民办学校若以市场价买地建学校，办学成本很大，这导致很多优秀的民办学校因办学用地紧张，只能临时租用工业用地或厂房办学。因此，教育行政部门有必要适时出台并制定民办学校（具体再分营利性和非营利性）如何申请办学用地的相关规范性文件，切实支持和鼓励民办教育事业发展。

（点评人：唐国雄　广东国融律师事务所主任）

9. 开发商能否以教育学位分配协议为由要求教育部门履行职责

——某房地产公司诉某市教育和体育局行政协议纠纷案*

[当事人信息]

原告：某花园房地产开发有限公司

被告：某市教育和体育局

[审理法院]

广东省中山市中级人民法院

广东省中山市第一人民法院

[基本案情]

某花园房地产开发有限公司（以下简称某房地产公司）与某市公用集团公司 2006 年 5 月 8 日签订《协议书》，主要约定某房地产公司提供其开发项目某商住小区的公建用地和建筑面积作为省一级幼儿园机关某幼新址使用，机关某幼按照政府统一规划的要求及有关规定设立，同时满足某商住小区常住人口的入读名额，某房地产公司对外销售宣传上可以在"市机关某幼"名称下注明项目名称。某房地产公司认为某市教育和体育局（以下简称某市教体局）作为机关某幼学位的行政管理机关，虽未直接在协议中签字确认，但其委托某市公用集团公司参与签订行政协议，故某市教体局是当然的行政方。在本案诉讼期间，机关某幼秋季招生工作尚未开始。

[争议焦点]

某房地产开发商能否以教育学位分配协议为依据要求教育部门履行学位

---

* 作者：王林波，广东国融律师事务所律师。

分配职责。

[律师意见]

承办律师作为某市教体局的委托代理人，向审理法院提交了答辩意见如下。

（1）某市教体局非本案适格的被告。本案《协议书》属于某市公用集团与某房地产公司所签订，是两个商事主体之间所签订，不属于行政协议。在《协议书》中既无某市教体局的签章，协议内容也无某市教体局的权利和义务，该协议对某市教体局没有约束力。某市教体局也不具有履行该协议的法定职责。因此，某市教体局非本案适格的被告。

（2）某房地产公司的诉讼请求没有依据。某市教体局非本案《协议书》的当事人，某房地产公司诉请某市教体局继续履行其与第三人某市公用集团之间所签《协议书》没有依据。

[裁判结果]

二审法院认为，本案某房地产公司以其与某公用集团签订的《协议书》为据，起诉要求某市教体局提供某住宅小区常住人口入读机关某幼的学位。根据《中华人民共和国教育法》第15条第2款规定："县级以上地方各级人民政府教育行政部门主管本行政区域内的教育工作"第17条规定："国家实行学前教育、初等教育、中等教育、高等教育的学校教育制度。国家建立科学的学制系统。学制系统内的学校和其他教育机构的设置、教育形式、修业年限、招生对象、培养目标等，由国务院或者由国务院授权教育行政部门规定。"第18条第2款规定："各级人民政府应当采取措施，为适龄儿童接受学前教育提供条件和支持。"某市教体局作为某市政府的教育行政部门，对于机关某幼这样的公立学前教育学校的招生等教育工作，具有行政管理职责。故无论某市教体局是否为涉案房地产公司与公用集团之间协议的合同主体，只要涉及机关某幼的学位分配管理事务，均属于市教体局的行政职责范畴。要求某市教体局履行教育行政管理职责提起的诉讼，当然属于行政案件的受案范围，一审法院以某市教体局并非上述协议的合同主体为由驳回某房地产公司起诉，理据不充分。

教育学位分配行政行为属于可诉的行政行为，但是对于某房地产公司的起诉是否应该立案受理，仍应以《中华人民共和国行政诉讼法》第49条关于行政诉讼起诉条件的规定为依据。从原告主体资格看，某市教体局有关机关某幼的教育学位分配行政行为，影响的是学前教育者的受教育权。某房地产公司并非学前教育的受教育者，故某房地产公司并不是机关某幼教育学位分配的直接行政相对人。从某房地产公司与某公用集团签订的《协议书》内容看，某房地产公司提供其开发某商住小区的公建用地和建筑面积给某公用集团作为机关某幼搬迁使用，该协议性质实质为一份公建用地使用合同，虽然其内容与机关某幼学位安排有关，但是基于教育行政管理权的不可让与性，对于某房地产公司而言，该协议书的履行影响的是某房地产公司的商业利益，而非教育行政利益。故某房地产公司对于某市教体局的教育学位管理职权而言，亦非教育行政事务的利害关系人，由此，某房地产公司并非本案适格原告。

同时，根据《中华人民共和国行政诉讼法》第2条第1款规定："公民、法人或者其他组织认为行政机关和行政机关工作人员的行政行为侵犯其合法权益，有权依照本法向人民法院提起诉讼。"行政诉讼的原告提起行政诉讼的前提是被诉行政机关有侵犯其合法权益的行为发生，需要人民法院通过行政审判司法审查对该行政行为的合法性进行事后评判及对原告进行救济。鉴于机关某幼2018年度的秋季招生工作尚未开始，即某市教体局尚未就机关某幼招生工作作出行政行为，不能认为某市教体局已经实施了影响某位学前教育受教育者及其利害关系人的合法权益的行为。在机关某幼2018年招生工作尚未开始或者某市教体局的相关学前教育管理行为尚未作出之前，基于司法谦抑原则，不宜由人民法院通过行政案件预判教育行政管理机构的教育行政管理事务。综上所述，二审法院裁定驳回上诉，维持原判。

[案件评析]

本案为房地产开发公司提起的教育学位分配纠纷行政诉讼，一审、二审法院虽理由不同但均驳回了房地产公司的起诉，因此，房地产公司是否具有本案教育学位分配纠纷的原告主体资格是关键点。房地产公司起诉的主要依据系其与某公用集团公司签署的有关幼儿园满足商住小区常住人口入读名额的协议。该协议是否属于行政协议也值得商榷，2015年《中华人民共和国行政诉讼法》修改时首次将行政协议纳入行政诉讼受案范围，按照相关司法解释规定，行政机关为实现公共利益或者行政管理目标，在法定职责范围内与公民、法人或者其他组织协商订立的具有行政法上权利义务内容的协议如政府特许经营协议、土地、房屋等征收征用补偿协议等。房地产公司与某公用集团公司签订的协议明显为平等民事主体之间订立的契约，教育部门并非一方主体，而且协议内容也不具有行政法上的权利义务内容，因此，以教育部门不依法履行教育学位分配行政协议为由起诉，不属于行政诉讼受理范围。但法院判决指出，以要求教育部门履行教育行政管理职责为由提起的诉讼应依法受理，只是该行政行为影响的是学前教育者的受教育权，房地产公司并非学前教育的受教育者，其不具有教育行政利益，亦非教育行政事务的利害关系人，因此不具有原告主体资格。鉴于教育部门尚未就幼儿园招生工作作出行政行为，也即潜在的学前教育者受教育权尚未受到影响，法院自然无法对尚未作出的行政行为合法性进行司法审查，这体现了司法权对行政权的谦抑性。

当前教育资源尤其优质资源的短缺，房地产公司为吸引更多消费者高价购买商品房，往往以优质教育学位为宣传亮点，教育部门为解决公立学校校址问题也会存在与房地产公司约定提供学位等问题，但小区常住人口入读名额能否兑现具有不确定性，容易引发纠纷。房地产公司仅对教育学位分配享有商业利益，对教育行政事务不具有行政利益，无法作为原告提起诉讼要求履行行政职责。购买商品房的业主子女作为该区域学前教育的受教育者与教育部门分配学位的行政行为有行政利益，但满足入读名额的约定也只能作为房地产公司与业主之间购房约定内容，不能成为要求教育部门履行行政职责的法定依据。

（点评人：唐国雄　广东国融律师事务所主任）

10. 外来务工人员子女义务教育受教育权的行政职责认定

——周某诉某市教育和体育局履行法定职责纠纷案*

[当事人信息]

原告：周某

被告：某市教育和体育局

[审理法院]

广东省中山市中级人民法院

广东省中山市第一人民法院

[基本案情]

周某起诉称其符合法定入学年龄，其从 2010 年 3 月开始随父母居住在某市，在某市某幼儿园就读，并办理了某市居住证儿童随行卡，父母在某市有自购住房和固定工作，并办理了社保及居住证。根据《中华人民共和国义务教育法》《中华人民共和国未成年人保护法》和中华人民共和国国务院令第663 号《居住证暂行条例》的规定，应依法享有平等的义务教育的权利。其于 2016 年 4 月在某市教育和体育局（以下简称某市教体局）的官方网站上预登记了小学一年级的入学报名，而该局的所有下属部门拒绝安排其就近入读学位。同年 6 月 2 日，其经面试被民办学校（某学校）判定不合格，其父亲投诉至某市某区文体中心，该中心表示，由于限制民办学校招生名额，才会择优录取。后其父亲又根据以上事实向市教体局进行信访，至今没有结果。因此，周某认为，某市教体局行政不作为，剥夺了其依法享有的平等的义务

---

* 作者：王林波，广东国融律师事务所律师。

教育的权利。

周某向法院起诉,请求判令:(1)某市教体局公平就近安排其义务教育阶段的学习学位并免除学杂费;(2)市教体局对其小学一年级入学报名过程中受到的不公正待遇公开赔礼道歉。

[争议焦点]

某市教体局对周某义务教育受教育是否负有法定职责。

[律师意见]

承办律师作为某市教体局委托代理人,向审理法院提交了答辩意见如下。

(1)某市教体局不是本案的适格被告,应该驳回周某的起诉。《中华人民共和国地方各级人民代表大会和地方各级人民政府组织法》第61条规定:"乡、民族乡、镇的人民政府行使下列职权……(二)执行本行政区域内的经济和社会发展计划、预算,管理本行政区域内的经济、教育、科学、文化、卫生、体育事业和财政、民政、公安、司法行政、计划生育等行政工作……"此法明确规定了镇政府承担本行政区域内教育等职权。结合周某的诉求可知,保障周某义务教育阶段学位及相应学杂费的责任主体应该是某区办事处,故本案的诉讼适格主体应为某区办事处,某市教体局不应列为本案的被告。

(2)某市教体局已履行法定职责,督促并落实周某在我市享受义务教育的实体权利。首先,某市教体局已经发布《某市教育和体育局关于2016学年义务教育阶段学校招生工作安排的通知》,组织安排各镇区文体教育局(教育事务指导中心)对2016年义务教育招生工作,审核并督促各镇区文体教育局(教育事务指导中心)按时制定招生通告并给予发布。其次,某市教体局依据职权制定并报经由市政府审定积分入学指标数,保障流动人口在我市接受义务教育时公平接受义务教育。最后,某市教体局与某市财政局2014年联合下发《关于进一步明晰我市免费义务教育有关问题的通知》,在我市无论入读公办还是合法办学的民办学校,均实施统一标准的免费义务教育公用经费补助,且入读的民办学校的费用与就读该民办学校的本地户籍学生的费用不允许存在收费差异,达到了公平性。

(3)周某参加了积分入读公办学校,享受了流动人员子女公平受教育权。关于流动人员子女入学问题，第一，应该考虑在其户籍所在地入学，本地的教育资源应当首先满足当地户籍的适龄儿童、少年的入学需要。为解决外来务工人员子女的入学问题，在不影响当地正常的教育秩序的前提下，合理利用当地的教育资源，某市实施流动人员积分制管理保障了包括原告在内某市外来务工人员子女公平的享受入读公办学校的权利。第二，某市教体局作为本地区教育行政主管部门组织并实施了义务教育招生工作，已经依法履行了《中华人民共和国义务教育法》等法律法规赋予其的相关职责，组织督促相关流动人口的适龄儿童入读公办学校。周某参加了积分入读公办学校的排名，也充分享受了流动人员子女公平受教育权。

（4）周某持有的"某市十六周岁以下暂住儿童随行卡"并非"居住证"，其要求该卡具有《居住证暂行条例》中"居住证"的相关功能和待遇没有法律依据。"随行卡"与"居住证"并非同一概念，故其要求享有居住证持有人享有的包括义务教育权利在内的基本公共服务并无法律依据。

（5）周某诉称的在入学报名过程中受到不公正待遇这项诉求与某市教体局没有任何的关联性；且周某未提供相关证据，故此该项请求应予驳回。

综上所述，周某将某市教体局作为行政诉讼的被告是不适格的，某市教体局已经履行了法定职责，不存在侵害周某受教育权的事实；对于赔礼道歉的诉请既没有证据和事实依据，也不是某市教体局所为，故请求一并驳回周某的诉请。

[裁判结果]

一审法院认为，《中华人民共和国地方各级人民代表大会和地方各级人民政府组织法》第61条规定："乡、民族乡、镇的人民政府行使下列职权……（二）执行本行政区域内的经济和社会发展计划、预算，管理本行政区域内的经济、教育、科学、文化、卫生、体育事业和财政、民政、公安、司法行政、计划生育等行政工作……"明确规定了镇政府承担本行政区域内教育等职权。且根据《中华人民共和国义务教育法》第12条、《广东省普及九年制义务教育实施办法》第9条以及某市政府《关于印发〈某市政府部门和镇区权责清单等目录〉的通知》的规定，保障周某义务教育阶段学位及相应学杂费的责任主体是接受义务教育者所在的乡、镇政府，本案责任主体应是某市某区办事处，某市教体局不是适格被告。为此法院依据法律规定向周某释明，但其拒绝变更被告。因周某不符合法定条件，应予驳回。故裁定驳回周某的起诉。

周某不服一审判决，上诉至某市中级人民法院。

二审法院认为，根据《中华人民共和国地方各级人民代表大会和地方各级人民政府组织法》第61条、《中华人民共和国义务教育法》第12条、《广东省普及九年制义务教育实施办法》第9条的规定，乡镇人民政府具有执行本地区小学阶段义务教育的行政管理职责。结合周某与其父母的工作及居住地为某市某区，以及某市政府《关于印发〈某市政府部门和镇区权责清单等目录〉的通知》的规定，保障周某义务教育阶段学位及相应学杂费的行政主体是某市某区办事处，而非某市教体局。周某主张某市教体局未履行保障其小学阶段教育学位的法定职责错列被告。在一审法院依法向其释明后，其仍拒绝变更被告，一审法院驳回其起诉并无不当。对其上诉请求不予支持，裁定驳回上诉，维持原判。

[案件评析]

本案涉及外来务工人员子女小学阶段义务教育学位的行政主体认定，案件纠纷折射出外来务工人员子女受教育权保护的时代问题，具有典型性。外来务工人员子女能否在其父母工作地或居住地平等接受义务教育，一直是社会关注的热点，现在已成为城市民生问题。根据我国关于义务教育的法律规定，适龄儿童、少年有权在户籍所在地学校就近入学，如父母或其法定监护人在非户籍地工作或居住，当地政府负有提供平等受教育的条件。但如何认定"当地政府"是否为外来适龄儿童、少年提供平等受教育的条件，在教育实践中缺乏统一认定标准，周某认为某市教体局未履行法定职责保护其义务教育权正是因此而引发。伴随着城镇化进程，大量外来务工人员涌入城市，导致优质公共教育资源更显紧张，为解决外来务工人员子女入学问题，公平合理利用当地教育资源，各地政府均因地制宜颁布了相关政策，例如，本案的某市教体局制定并报市政府审定积分入学指标，保障外人务工人员子女接受该地的义务教育，只是因为周某父母积分排名问题未能入读公办小学，但其仍有权就读民办小学，政府有责任保障入读的民办学校的费用与就读该民办学校的本地户籍学生的费用不允许存在收费差异。

　　本案中，周某诉请被法院驳回的原因在于错列行政被告，根据《广东省普及九年制义务教育实施办法》第9条规定，普及义务教育实行地方各级人民政府分级管理，其中县（市、市辖区）人民政府负责完成本地区普及九年制义务教育任务，县（市、市辖区）教育主管部门负责制定本地区普及义务教育的具体规划和组组织实施，乡（镇）人民政府负责管理本地区的小学和初级中学，因此本案适格被告应为乡镇政府，法院释明后，原告周某拒绝变更而被法院驳回。实际上，周某错列被告也反映出实践中行政部门权责不清问题。各地区政府都在推进行政权力清单制度体系建设，在公示公开的同时，也需注重社会公众的参与度，使公众真正了解清单并及时使用清单，有利于明确被诉行政主体，节约司法资源，减少诉累。

　　　　　　　　　　　（点评人：唐国雄　广东国融律师事务所主任）

11. 教育部门能否应法院协助执行通知变更民办教育举办者

——某市某学校举办者变更事宜法律咨询服务案*

[当事人信息]

咨询人：某市教育和体育局

[基本案情]

2011 年 6 月 30 日，蒋某华、罗某国通过签订《联合创办某某学校合伙协议》创办某市某学校。2013 年 7 月 9 日，罗某国与胡某柏签订《股权转让合同》，罗某国将其持有的某市某学校总股权的 45% 的股份转让给胡某柏，且于同日，罗某国、蒋某华、胡某柏形成股东会决议，一致同意股东罗某国将其前述股份转让给胡某柏，并撤销罗某国法定代表人身份，由蒋某华出任该校新法定代表人。后因罗某国未按照约定协助胡某柏办理股权转让手续，胡某柏向某市第二人民法院提起诉讼。2013 年 11 月 6 日，某市第二人民法院作判决，判令罗某国于判决生效之日起 10 日内协助胡某柏办理股份变更登记，并向胡某柏支付违约金。罗某国不服该判决，向某市中级人民法院上诉。2015 年 1 月 28 日，某市中级人民法院作出终审判决，维持罗某国协助胡某柏办理股份变更登记的判决，撤销罗某国向胡某柏支付违约金的判决。据此，2015 年 4 月 23 日，某市第二人民法院向某市教育和体育局（以下简称某市教体局）发出《协助执行通知书》，请某市教体局协助执行前述股权变更事项。然而由于在此之前，某市教体局根据江西省上饶市人民法院向其发出的《协助执行通知书》，协助上饶市查封冻结了某市某学校的股份，因此某市教

---

* 作者：王林波，广东国融律师事务所律师。

体局回复某市第二人民法院，告知某市教体局无法协助某市第二人民法院对罗某国的股权进行变更。此后，上饶市人民法院于2015年11月20日向某市教体局作出了解除查封的《协助执行通知书》，请某市教体局解除对某市某学校股权的查封。2015年12月8日，某市第一人民法院向市教体局发出《协助执行通知书》，请某市教体局查封罗某国名下持有的某市某学校45%的股权。根据前述，某市教体局在此之前已收到了某市第二人民法院请求某市教体局协助变更罗某国所持股份至胡某柏名下的通知，且某市教体局已向某市第一人民法院作出回复，告知其无法协助某市第一人民法院进行查封。2015年12月10日，蒋某华向某市教体局发出通知，其认为根据最高人民法院的司法解释，某市第二人民法院要求某市教体局协助执行的内容并不包括民办学校的股权变更登记、办学许可证变更登记手续，所以，某市教体局不得协助某市第二人民法院将罗某国持有的股份变更到胡某柏名下。

[争议焦点]

教育行政部门如何协助法院执行民办教育股份变更登记。

[律师意见]

承办律师作为某市教体局委托代理人，提出以下法律咨询意见。

（1）某市教体局不宜依据法院《协助执行通知书》径行变更举办者。

根据《中华人民共和国民办教育促进法》第18条、第54条的规定，审核民办教育机构举办者变更是某市教体局的行政职责。但如果是基于法院的《协助执行裁定书》协助进行举办者变更，某市教体局是否应当依职责进行实体审查？我们认为，即使人民法院提出协助要求，行政机关仍需要对变更的适法性问题进行实体审查，而不是径行变更。首先，教育局对民办教育机构变更的核准是行政许可行为，即人民法院生效裁判文书及协助执行通知书不能作为教体局变更民办机构举办者的依据，即使人民法院提出协助要求，教体局仍需要对举办者变更的适法性问题进行实体审查，而不是径行变更。其次，依据《中华人民共和国物权法》第68条第2款规定："企业法人以外的法人，对其不动产和动产的权利，适用有关法律、行政法规以及章程的规定。"某市某学校作为在民政部门登记的法人，属于"企业法人以外的法人"，相关的变更应依照《中华人民共和国民办教育促进法》等相关法律进行，不适宜径行变更。最后，《最高人民法院关于适用〈中华人民共和国民事诉讼法〉的解释》第502条规定："人民法院在执行中需要办理房产证、土地证、林权证、专利证书、商标证书、车船执照等有关财产权证照转移手续的，可以依照民事诉讼法第二百五十一条规定办理。"从该条列举的财产证照来看，所列的证照不涉及需要进行行政许可的证照。本案要求的股权变更，不仅涉及财产，还涉及举办者身份等权利问题，不宜径行变更。此外，执行程序未经财务清算程序不得要求行政审批机关协助办理变更登记手续。《中华人民共和国民办教育促进法》第54条规定，学校举办者变更，须经举办者提出、财务清算并由理事会同意后报批，条件较为严格。

第一，径行变更违反行政许可法定原则。举办者变更属行政许可事项，行政机关必须严格遵循法定职权和程序进行。在《中华人民共和国民办教育促进法》明文规定且无任何法律甚至司法解释授权情况下，行政机关不得越权。最高人民法院法释（2004）6号《关于行政机关根据法院的协助执行通知书实施的行政行为是否属于人民法院行政诉讼受案范围的批复》规定："……如果当事人认为行政机关在协助执行时扩大了范围或违法采取措施造成其损害，提起行政诉讼的，人民法院应当受理。"行政机关越权办理会直接引发行政诉讼，导致矛盾复杂化。

第二，径行变更违背立法宗旨。从《中华人民共和国民办教育促进法》体例安排和条文设置看，第五章"学校资产与财务管理"、第九章"法律责任"中共有7个条文用以规制举办者抽逃资金、挪用办学经费等违法违规问题，足见立法关注之力度、立法宗旨之鲜明。法律规定举办者变更必须进行财务清算，正是贯彻这一立法精神，切实防止假借举办者变更之名行抽逃资金或躲避债务之实。

第三，举办者变更登记与财产权证照转移内涵不同、性质各异、法律依据不同。民办学校作为公益性教育机构，事关国计民生，举办者在民办学校设立、运营中具有十分重要的地位和作用，因此法律为此设定了严格的行政审批程序。相反，变更举办者在法律上并不涉及举办者本人的财产利益，所以该行为在性质、内涵上并非私法行为，更非简单的财产权转移，而是典型的行政审批行为，其中深刻融入了国家意志且在该过程中起决定作用，这也正是"举办者变更"不能通过民事诉讼，更不存在通过民事执行方式解决的根本原因。而房产、股权等财产权证照的转移则并不涉及社会公益和国家利益，虽有备案、登记程序，但行政法学界认为，此种行政登记的主要功能在于促成私法效果，民事行为在其中起决定性、基础性作用，行政行为只起辅助作用，故人民法院可以通过民事审判、执行方式对民事基础法律关系、法律事实予以确认、变更、执行。这也正是《中华人民共和国民事诉讼法》只对"财产性"权照而未对有关行政审批权证设定执行措施的根本法理依据所在。如果人民法院在学校没有进行财务清算的情况下，依照《中华人民共和国民事诉讼法》第251条、第252条之规定要求审批机关予以变更显然属于适用法律错误。

（2）民办学校变更事项中合伙人之间股权变更性质及其与举办权的转移关系及《协助执行通知书》作用。

民办学校的"举办者"是指以出资、筹资等方式，发起、倡议并具体负责创办民办学校的社会组织或者公民个人。举办者不仅在学校设立阶段，负有筹措办学资金、提供办学条件、建立学校的组织机构及章程等一系列职责，而且在学校成立后，可以通过学校的理事会、董事会或者其他形式决策机构直接决定、影响学校的重大事务，并对学校经费来源的稳定负有重要的责任。依据《中华人民共和国民办教育促进法》规定，举办者的确认变更属于行政机关的行政许可事项，依法由行政机关核准登记。按照《中华人民共和国民办教育促进法实施条例》第5条第1款规定："民办学校的举办者可以用资金、实物、土地使用权、知识产权以及其他财产作为办学出资。"该条明确了举办者可用于出资财产的形式，对举办者是否应出资的问题，由于法律未明确，有的学者认为，社会组织和个人既可以以向学校出资的方式成为举办者，也可以不向学校出资，而以知识产权、智力因素、管理能力等其他因素，成为学校的举办者。对于出资了是否就必须是举办者的问题，从《中华人民共和国民办教育促进法》第9条可看出，成为举办者是有门槛的。对于举办权的转让与变更，《广东省实施〈中华人民共和国民办教育促进法〉办法》第27条规定了举办者之间可以相互转让和其他共同举办者有优先受让权，但对于如何变更没有明确规定。参照《教育部关于鼓励和引导民间资金进入教育领域促进民办教育健康发展的实施意见》（2012年6月18日）中"（十九）建立民办学校退出机制"，要求转让举办者权益或者内部治理结构发生重大变更的，应事先公告，按规定程序变更后报学校审批机关依法核准或者备案的规定，我们的意见是倾向于程序上主要按照《中华人民共和国民办教育促进法》第54条规定办理，对新举办者的确认主要按《中华人民共和国民办教育促进法》第9条规定办理。

所谓民办学校举办者的变更，是指举办者人员的增、减或更替，主要是指出资人的变更，也就是说有的出资人将自己在学校中的资产份额出让给其他的出资人。《关于协助某市某学校变更举办者有关事项的复函》中提及的"民办非企业单位举办者的股份转让即举办者发生变动，须办理举办者变更手续"存在一定的法理基础。具体到本案，某市某学校变更事项中合伙人之间股权变更，某市某学校原股东罗某国转让全部股权后，若罗某国不再参与学校管理，本所倾向性认为已经丧失共同办学的条件，继续保留举办者身份没有基础，依据《教育部关于鼓励和引导民间资金进入教育领域促进民办教育健康发展的实施意见》所规定的民办学校举办者退出举办、转让举办者权益或者内部治理结构发生重大变更的，应事先公告，按规定程序变更后报学校审批机关依法核准或者备案。法院在认定了作为原举办者的出资人罗某国将自己在学校中的资产份额全部出让给新的出资人胡某柏，并作出了生效判决，在原举办者罗某国怠为提出变更申请的情况下，从维护司法权威和诚实信用和保护交易的角度来看，本所倾向性认为某市第二人民法院（2015）中二法执字第××号《协助执行通知书》在一定程度上可视为在罗某国怠为履行其作为原举办者提出申请行为的义务时，交易相对方胡某柏采取的一种救济措施。

（3）本案多份《协助执行通知书》的关系、本案中变更申请的材料中存在的问题、行政许可时效问题倾向性处理方式。

第一，多份《协助执行通知书》间的协调与选择。某市教体局先后收到上饶县人民法院、某市第二人民法院、某市第一人民法院的《协助执行裁定书》，其该如何协助执行？我所倾向性认为协助某市第二人民法院执行为宜。首先，从各份《协助执行裁定书》的生效情况来看。按时间顺序，第一份是湖南省衡阳市石鼓区人民法院于2013年9月6日裁定执行查封，第二份来自江西省上饶县人民法院，第三份是某市第二人民法院（2015）中二法执字第××号《协助执行通知书》，第四份某市第一人民法院《协助执行通知书》。

在假设上述查封合法有效的前提下，参照《最高人民法院关于人民法院民事执行中查封、扣押、冻结财产的规定》第 28 条第 1 款规定："对已被人民法院查封、扣押、冻结的财产，其他人民法院可以进行轮候查封、扣押、冻结。查封、扣押、冻结解除的，登记在先的轮候查封、扣押、冻结即自动生效。"第一次查封是湖南省衡阳市石鼓区人民法院，上饶县人民法院、某市第二人民法院和某市第一人民法院属于依次轮候查封。现湖南省衡阳市石鼓区人民法院超两年无续封，属于到期自动解封，江西省上饶县人民法院的裁定生效，但是在 2015 年 11 月 20 日其作出了解除查封的（2014）饶执字第 377 号《协助执行通知书》。2015 年 4 月 23 日某市第二人民法院出具的《协助执行通知书》自解除之日起自动生效。如某市第二人民法院的《协助执行通知书》得到执行，依据《关于查封法院全部处分标的物后轮候查封的效力问题的批复》规定："人民法院对已查封、扣押、冻结的全部财产进行处分后，该财产上的轮候查封自始未产生查封、扣押、冻结的效力。"某市第一人民法院的《协助执行通知书》将不产生查封、扣押、冻结的效力。其次，《最高人民法院关于人民法院执行工作若干问题的规定（试行）》第 88 条第 1 款规定，各债权人对执行标的物均无担保物权的，按照执行法院采取执行措施的先后顺序受偿。根据这一规定，在无权利质押情形下，对于某市第二人民法院依据已经发生法律效力的裁判文书要求某市教体局协助办理变更等手续，应优于某市第一人民法院对同一学校以查封财产的名义再行执行措施，参考《最高人民法院关于对注册商标专用权进行财产保全和执行等问题的复函》，我所倾向于某市教体局协助某市第二人民法院执行，并将协助执行的情况告知在后采取措施的某市第一人民法院。

第二，本案中变更申请的材料中存在的问题倾向性意见。某市教体局提出本案原举办者为罗卫国和蒋某华两人，现仅由其中一名举办者蒋某华提出变更举办者申请，是否符合法律规定。由于全国人大的法律层面，没有明确到是必须由举办者共同提出，还是仅需要其中部分原举办者提出亦可，甚至在原举办者怠于提出申请时新的举办者是否可以提出申请。因此，行政机关对于"举办者提出申请"有一定的自由裁量权。在本案中举办者提出申请问题上，本所倾向性认为，在原举办者之一蒋某华提出，另一个原举办者将自己在学校中的资产份额全部出让给他人后怠于提出申请的情形下，又有某市第二人民法院（2015）中二法执字第 1941-1 号《协助执行通知书》的前提下，上述变更申请材料被认定为不合法的风险较小。

第三，2015 年 7 月 6 日的委托书无法核实是否为罗某国本人签名问题。根据《中华人民共和国行政许可法》第 31 条的规定，申请人申请行政许可，应当如实向行政机关提交有关材料和反映真实情况，并对其申请材料实质内容的真实性负责。相关法律规定更多地要求行政机关依照法定程序、在法定职责范围内审查材料是否齐全并符合法定形式，目前尚未见具体法律规定需要对其实质内容进行核实，但审查中某市教体局仍需尽审慎的形式审查义务，即根据常识进行判断与处理。具体操作中可通过核对当事人以往的签字，从直观与字面上对申请材料的语言文字、文件数量等作出判断，除非法律法规特别要求，对于行政许可中提交的申请材料的签名一般不需通过调查、鉴定、勘验等特别方法和手段进行。

第四，对于某市某学校已提交的理事会记录中，会议内容并不包含举办者的变更，该会议记录能否作为举办者变更的依据的问题。《中华人民共和国民办教育促进法》第 54 条规定，变更举办者须经以下四个法定程序：一是举办者提出；二是举办者提出后，必须财务清算；三是在进行财务清算后，经学校理事会或者董事会同意；四是报审批机关核准。本所倾向性认为学校理事会同意举办者的变更的材料作为举办者变更的必需材料，应补齐。

对于该如何处理本案，律师提出如下倾向性建议：在本案中，在解除了查封在前的查封后，由原举办者之一提出申请，结合法院《协助执行通知书》，某市教体局在要求报送者补齐资料后，对某市某学校举办者变更可以依据申请者申请、依据市教体局职权、在法定时间内作出变更核准，并同时告知各个要求协助执行的相关法院。对于后续涉及民办学校举办者变更问题，在目前现有法律情况下，特别是在《中华人民共和国民办教育促进法》未再次修订的情形下，对于经教育部门审批成立的民办学校，某市教体局依职权监管和审批。对于出资者诉至法院要求确认股权，律师建议：市教体局可告知转让民办学校的出资涉及举办者变更的属于行政许可范畴，某市教体局将需要根据申请依法核准。对于后续类似法院要求查封、扣押，在目前现有法律情况下，特别是《中华人民共和国民办教育促进法》未再次修订前，律师建议某市教体局可告知出资者财产在学校存续期间，其出资财产属于学校所有，出资权的转让涉及举办者变更属于行政许可范围，办学结余中按一定比例取得回报由章程约定。告知《中华人民共和国民办教育促进法实施条例》第47条受限情况，请法院明确查封扣押范围。如章程已规定从办学结余中按一定比例取得回报情况下，要对该部分回报的查封，最好提请法院变更协助主体为学校。

[案件评析]

本案涉及教育部门如何办理法院协助执行民办教育举办者变更的问题，案情较为复杂和疑难，且相关法律并无规定。民办学校股权变更登记与一般财产权利转移有无本质差异，理论及实践中均存在不同见解，本案律师结合法律规定及相关学理向教育部门给予专业的倾向性意见，从而帮助教育部门如何处理该类型化问题，起到了很好的法律效果。法院裁定某市某学校股东股份变更登记至他人名下，根据《中华人民共和国民办教育促进法》相关规定，教育部门对民办学校举办者变更承担审核义务，因此，本案难点在于教育部门能否依据司法执行通知径行进行变更。根据《中华人民共和国民事诉讼法》第251条规定，在执行中，需要办理有关财产权证照转移手续的，人民法院可以向有关单位发出协助执行通知书，有关单位必须办理。可见，执行法院需办理有关财产权证照转移手续的，有关单位负有必须办理的义务，财产权证照主要表现为房产证、土地证、林权证、专利证书、商标证书，以及车船执照等。行政机关根据法院协助执行通知书作出的执行行为，属于履行法律规定的协助义务，性质上属于人民法院司法行为的延伸和实现，不具有行政行为的性质。

然而，民办学校股权登记变更的实质效果是举办者的更换。根据《中华人民共和国民办教育促进法》规定，民办学校举办者的变更须满足以下条件：一是举办者提出；二是财务清算；三是经学校理事会或董事会同意；四是报审批机关核准。由此可见，民办学校举办者变更明显不同于房产证等财产权照的变更登记，后者属于财产性权利通过政府登记以实现公示公信，属于行政确认，但作为公益性教育机构的民办学校举办者变更，并非简单的财产性权利转移，而需要严格法定程序并经审批机关核准，因此具有行政许可的管理色彩。基于以上分析，办案律师建议教育部门在收到法院协助执行通知文书后，应要求涉案民办学校举办者提出变更申请后依据法定程序进行办理，并及时告知执行法院。

此外，审判实践中关于民办学校举办者变更协议的效力认定也具有一定特殊性，不同于一般合同。根据《中华人民共和国民办教育促进法》第54条规定，举办者变更须报审批机关核准，因此有审判观点认为举办者变更协议属于应经教育行政部门批准后方生效的合同，属于《中华人民共和国合同法》第44条第2款规定的依法办理批准、登记手续后生效的合同，而非一般由双方当事人签字即生效的合同，因此，在教育行政部门批准之前，举办者变更协议仅成立而非发生法律效力。

（点评人：唐国雄　广东国融律师事务所主任）

12. 同一办学地址能否同时设立两个办学许可证

——某市某学校筹设事宜法律咨询服务案*

[当事人信息]

咨询人：某市教育和体育局

[基本案情]

2016 年 1 月 29 日，某市某镇财政结算中心授权委托某镇资产管理中心将原出租给某市港某学校（以下简称港某学校）的相关物业以招投标的方式对外出租。最终，某市华某学校（以下简称华某学校）竞得上述物业的承租权，并于 2016 年 6 月 24 日与某市某镇资产管理中心签订《租赁合同》，该合同约定上述租赁物用于开办民办学校。合同约定租赁期限为 20 年，从 2016 年 8 月 1 日起，至 2036 年 7 月 31 日止，租赁合同还约定了其他事项。而已在此办学 10 年的港某学校因未取得原物业的承租权，失去了原有的办学场地，同时也造成其办学许可证无法续期。2016 年 9 月 14 日，港某学校提交了《关于办学许可证问题的情况汇报》。2016 年 9 月 30 日，华某学校向某市教育和体育局（以下简称某市教体局）提交了《关于租赁某镇某村地块创办民办学校的可行性报告》，拟筹设"某市某镇伟某学校"。港某学校由于没有办学场地，在办学许可证到期的情况下无法进行延续，现新的承租人华某学校要求在原港某学校的地址上申请新的学校筹设，导致某市教体局对同一地址上是否能设立两个办学许可证产生困惑。同时，由于港某学校提交了《关于办学许可证问题的情况汇报》，明确告知了该租赁场地问题已经向第二人

---

* 作者：王林波，广东国融律师事务所律师。

民法院提起民事诉讼的情况下，如果新的承租人申请筹设审批是否需要等法院的判决后才能做审批，但又将远超审批的时限。对于港某学校，目前没有办学场所而无法延续，在该校办学许可证到期后没及时延续是否须立即注销等一系列的问题和困惑。现某市教体局面对上述困惑，特别是该地址能否受理新的办学许可证申请，对该地上原来到期的办学许可证如何处理等问题要求本所出具书面法律咨询意见。

[争议焦点]

同一办学地址上能否设立两个办学许可证。

[律师意见]

承办律师作为某市教体局委托代理人，提出以下法律解答。

（1）是否批准华某学校的筹设申请。根据《中华人民共和国民办教育促进法》第12条关于"申请筹设民办学校，举办者应当向审批机关提交下列材料……（三）资产来源、资金数额及有效证明文件，并载明产权……"以及《广东省行政许可监督管理条例》第13条关于"行政机关应当建立健全行政许可标准化制度。行政机关应当按照省统一的编写规范制定行政许可事项办事指南和业务手册，明确许可的依据、条件、期限、流程、裁量标准和申请的材料、办法、格式文本等事项"等法律法规规定，某市教体局制定了《某市民办中小学筹设审批业务手册》，并依法进行了对外公示。其中，《某市民办中小学筹设审批业务手册》附表一《关于民办中小学筹设审批需提交的材料目录》第3点载明"……占地面积（现有建筑的还需提供建筑面积材料，即房产证）等材料"，而华某学校对于其在《可行性报告》中陈述办学地址上有建筑面积12 825.69平方米的事实，但并未提交相关的房产证等有效的证明文件。且据某市教体局了解，华某学校所租用的12 825.69平方米校舍虽已建成多年，但并未领取相关的房产证。2016年11月7日，华某学校向某市教体局补充提交其与某市某镇资产管理中心就此前签订的《租赁合同》补充签订《补充协议》，约定在原承租的48.3855亩（包括建筑物）土地中，承诺只将其中的无建筑区域的30.8亩土地作为办学用途，即其申请办学的地址改为空地。而根据法律规定及某市教体局的《某市民办中小学筹设审批业务手册》之规定，对于空地，仅需提交相应的土地使用证，故此，若华某学校能提供相应的土地证，则其在办学场地上符合筹设标准。具体操作流程如下：①由华某学校按某市教体局的《某市民办中小学筹设审批业务手册》提交申请筹设的相关材料；②某市教体局受理华某学校的筹设申请并审查其是否符合筹设标准；③对华某学校的办学申请进行评审包括书面评审与现场勘查相结合；④作出许可决定前进行公示并通知利害关系人享有听证权利；⑤如利害关系人申请听证，则某市教体局应当按如下程序举行听证：a. 于举行听证 7 日前将举行听证的时间、地点通知申请人、利害关系人，必要时予以公告；b. 听证应当公开举行。但对涉及国家机密、商业秘密和个人隐私的事项，听证可以不公开进行；c. 指定经办人以外的人员为听证主持人，申请人、利害关系人认为主持人与该行政许可事项有直接利害关系的，有权申请回避；d. 举行听证时，经办人应当提供审查意见的证据、理由，申请人、利害关系人可以提出证据，并进行申辩和质证；e. 听证应当制作笔录，听证笔录应当交听证参加人确认无误后签字或者盖章；f. 若在听证申请期限内无人申请听证或听证程序依法结束，某市教体局再行作出行政许可决定，并对外公示。

（2）关于华某学校与某市某镇资产管理中心签订的《租赁合同》的法律效力问题。根据《最高人民法院关于审理城镇房屋租赁合同纠纷案件具体应用法律若干问题的解释》第二条规定："出租人就未取得建设工程规划许可证或者未按照建设工程规划许可证的规定建设的房屋，与承租人订立的租赁合同无效。但在一审法庭辩论终结前取得建设工程规划许可证或者经主管部门批准建设的，人民法院应当认定有效。"因某市某镇资产管理中心出租给华某学校的土地包含 12 825.69 平方米建筑物，而该建筑物并未取得相应的规划许可证，故该租赁合同所涉及的建筑物部分应为无效合同。而无效合同的法律后果是将基于合同取得的财产返还对方，即华某学校虽然与某市某镇资产管理中心签订了《租赁合同》，但可能因该《租赁合同》无效，华某学校依法应将其已承租的建筑物返还给某市某镇资产管理中心。现其向某市教育局提交《补充协议》，承诺其仅以原《租赁合同》中的空地作为其办学场地，不将未取得规划许可证的建筑物申报为其办学场地，而仅在空地上申请办学。换而言之，原《租赁合同》的部分效力问题不再影响华某学校的筹设申请。

（3）华某学校是否可提供相关的鉴定报告替代房产证的问题。对于华某学校承租的12 825.69平方米校舍，根据《中华人民共和国城乡规划法》第40条规定："在城市、镇规划区内进行建筑物、构筑物、道路、管线和其他工程建设的，建设单位或者个人应当向城市、县人民政府城乡规划主管部门或者省、自治区、直辖市人民政府确定的镇人民政府申请办理建设工程规划许可证。"第64条关于"未取得建设工程规划许可证或者未按照建设工程规划许可证的规定进行建设的，由县级以上地方人民政府城乡规划主管部门责令停止建设；尚可采取改正措施消除对规划实施的影响的，限期改正，处建设工程造价百分之五以上百分之十以下的罚款；无法采取改正措施消除影响的，限期拆除，不能拆除的，没收实物或者违法收入，可以并处建设工程造价百分之十以下的罚款。"华某学校承租的校舍因未取得规划许可证，随时存在被限期拆除或被没收的法律风险，而该风险只与是否取得规划许可证有关，与其安全性能无关。换而言之，即便华某学校能提供其承租校舍的安全性能鉴定报告也无法改变其违章建筑的法律性质，也无法免除因此产生的法律责任，规避相应的法律后果。

（4）在同一地址原办学许可证过期未注销，能否批准新学校筹设申请问题。该问题虽无法律并明确规定，但我所认为，法无禁止即允许。但应符合以下要求：①共存的两所学校的拟申请办学的地址应能同时满足《中小学校设计规范》对于场地、办学规模、配套设施等要求。即在同一地址上，应同时满足两所学校的筹设标准。②满足《广东省实施〈中华人民共和国民办教育促进法〉办法》第7条关于"设立民办学校应当符合当地经济社会发展和教育发展的需求，并具备教育法和其他法律、法规规定的条件"的规定，若在同一地址上设置两所性质相同的学校，应当考虑是否符合当地的教育发展需求，是否存在教育资源分布不均匀等问题。回归到本案，我所认为，港某学校因未取得其办学场地的承租权，失去了在该地办学的可能性。而华某学校因取得了港某学校全部办学场地的承租权，故其应当是符合《中小学校设计规范》对于场地、办学规模、配套设施的要求。且因原港某学校无法正常办学，当地也正有这方面的教育发展需求。因此，若华某学校的筹设申请符合标准的，则可以批准其申请。但基于以上前两点分析，华某学校的申请并不符合筹设标准。

（5）关于港某学校的办学许可证如何处理问题。《中华人民共和国行政许可法》第 70 条规定："有下列情形之一的，行政机关应当依法办理有关行政许可的注销手续：（一）行政许可有效期届满未延续的……"据此，港某学校因失去办学场地，已失去有效期延续的法律基础，故依照法律，某市教体局有权注销其办学许可证。但考虑到若某市教体局依法注销港某学校的办学许可证，将可能涉及原举办者及在校师生等重大利益，依申请必须举行听证，在此过程中所涉法律程序较多，行政诉讼风险较大。若某市教体局依据《民办非企业单位年度检查办法》第 8 条规定："民办非企业单位有下列情形之一，由登记管理机关责令改正，情节轻微的，确定为'年检基本合格'；情节严重的，确定为'年检不合格'……（四）无固定住所或必要的活动场所的……"第 10 条规定："登记管理机关对连续两年不参加年检，或连续两年'年检不合格'的民办非企业单位，予以撤销登记并公告。"待港某学校被撤销后再行注销其办学许可证更为稳妥、法律风险更低。且据港某学校在其提交的关于《关于办学许可证问题的情况汇报》中，陈述其已在大涌镇有学校建设用地约 49 亩，投入 1.5 亿元用于义务教育九年一贯制新校建。若贵局此时撤销其办学许可证将势必引起其强烈维权，穷尽一切的法律程序，甚至信访等程序，且有可能将以前的办学许可证获批问题一并牵扯出来。因此，建议某市教体局，若港某学校在 2 年内有新的办学场地，则同意其地址变更申请，以此减免各方的法律风险。

[案件评析]

本案涉及同一办学地址能否同时设立两个办学许可证的问题。该问题主要是原学校物业已被新承租人取得但原学校办学许可证期限尚未届满而引发的问题，新承租人又向教育部门申请筹设新学校，致使教育部门陷入两难境地。

承办律师以相关法律法规以及当地教育部门向社会公示的相关规范性文件，结合"法无禁止则自由"法理，提出了两所学校若均能同时满足对于场地、办学规模、配套设施等要求，并且符合当地经济社会发展和教育发展的需求，同一办学地址同时设立两个办学许可证并不存在法律障碍。考虑到原学校已失去校舍及土地等物业承租权，其所持有的期限将届满的办学许可证已失去有效期延续的法律基础，故教育部门可在期限届满后予以注销。对于

67

取得原学校物业承租权的权利人申请设立新学校，因其所租用的校舍未办理建设工程规划许可证，故自然不具有房产证，相关租赁合同如被认定无效，则会出现校舍被返还的法律风险。但新承租人又向教育部门提出承诺，仅将涉案物业中的空地作为办学用途，如能提供相应土地证，则其在办学场地上符合筹设标准。承办律师的专业意见被教育部门所采纳，为办理与本案相似的类型化问题起到了指导意义。

需要指出的是，教育实践中，大量民办学校校址物业系承租取得使用权，并无相应产权，因此一旦发生租赁纠纷，民办学校所持有的合法办学许可证将面临失去法律基础的重大风险，但教育部门在办学许可证到期前无法定事由亦不能撤销，对此，承办律师提出了解决之策，即无必要活动场所的民办非企业应被认定为年检不合格，教育部门可依法撤销该民办非企业，故不影响新承租人在此址上筹设新的学校，促使以上问题得以有效解决。

（点评人：唐国雄　广东国融律师事务所主任）

'03

人力社保行政案例

13. 员工履行工作职责受到暴力伤害的情形如何认定

14. 劳动者下班到单位食堂就餐途中受到伤害是否认定为工伤

15. 无用工主体资格的承包方所雇用的人员受伤能否认定工伤

16. 发包方能否以受伤员工系承包方聘请为由请求撤销工伤认定

17. 职工冒用他人证件参加社会保险后能否要求修改社保信息

18. 住宿工厂兼负安保职责的员工病假期间死亡应否认定为工伤

19. 员工受伤次日单位缴纳社会保险费能否享受工伤保险待遇

20. 用人单位对员工劳动能力鉴定结论不服能否提起行政诉讼

13. 员工履行工作职责受到暴力伤害的情形如何认定

——邱某诉某市人力资源和社会保障局人力社保行政确认案[*]

[当事人信息]

原告：邱某

被告：某市人力资源和社会保障局（法定代表人：洪焰，该局局长）

第三人：某制衣厂（法定代理人：石某）

[审理法院]

广东省中山市第一人民法院

[基本案情]

邱某系某制衣厂招用的员工。2012 年 5 月 24 日，邱某在该厂车间拆解牛仔裤工作时，与厂员工万某松因剪刀使用问题而引发口角争执，邱某先动手打万某松脸部一巴掌，后万某松持剪刀捅刺邱某上腹部，导致其受伤。2012 年 7 月 9 日，邱某向某市人力资源和社会保障局（以下简称某市人社局）申请工伤认定。某市人社局于 2012 年 7 月 12 日和 8 月 29 日分别向某制衣厂发出工伤认定举证通知书和协助调查通知书，要求某制衣厂对邱某受到伤害是否属于工伤提交书面意见和证据。某制衣厂委托其员工陈某接受调查。某市人社局向公安部门查阅和调取了相关询问笔录，同时对某制衣厂员工进行调查。2012 年 10 月 23 日，某市人社局作出不予认定工伤决定书，认为邱某是与单位员工因剪刀使用问题发生争执，邱某先动手打人

---

    * 作者：曾兴风、唐丽斌，广东国融律师事务所律师。

后被捅刺伤，其行为引发了损害结果，自身存在过错在先，与其履行工作职责无必然联系，其受伤原因不属于工作原因，或者履行工作受到暴力伤害，其受伤不符合应当认定工伤或视同工伤情形。邱某不服，申请行政复议被维持。

邱某起诉至法院，请求法院判令撤销不予认定工伤决定书。

[争议焦点]

邱某所受伤害应否认定为工伤。

[律师意见]

承办律师为被告某市人社局一审诉讼代理人，答辩观点主要为：根据《工伤保险条例》第5条第2款的规定，某市人社局具有负责本行政区域内的工伤保险工作的主体资格，具有依法审查工伤认定申请是否符合受理条件并作出受理或不予受理决定的法定职责。邱某受伤与其履行工作职责没有必然的联系，其受伤不属于因工作原因，或者履行工作职责受到伤害。经调查，邱某与万某因剪刀使用问题发生争执，其先动手打人后，被万明松用剪刀捅刺上腹受伤的事实清楚，证据确实充分。邱某的工作职责是操作平车，其因剪刀与他人发生争执被捅刺而受伤与履行工作职责没有必然的联系。某市人社局依法受理邱某的工伤认定申请后，作出不予认定工伤决定书，分别送达给原告邱某和第三人某制衣厂，符合法律规定。综上，某市人社局作出《不予认定工伤决定书》事实清楚、证据充分、程序合法、适用法律正确，请予以维持。

[裁判结果]

一审法院认为，某市人社局具有负责本行政区域内的工伤保险工作的主体资格，受理工伤认定申请并作出工伤认定决定属其法定职责。本案中，邱某向某市人社局申请工伤认定，某市人社局受理后向某制衣厂发出举证通知书及协助调查通知书，对邱某及相关证人进行了调查询问，并作出不予认定工伤决定，分别送达邱某及某制衣厂，程序合法。因相关证人均证实邱某存在先动手打人后被捅刺伤，其行为引发了损害结果，并非因工作原因或履行工作职责受到伤害，不符合《工伤保险条例》第14条、第15条规定的应当认定为工伤或者视同工伤的情形，某市人社局对邱某作出不属工伤的工伤认定决定，并无不当。遂判决驳回原告邱某请求撤销某市人社局不予认定工伤决定的诉讼请求。

[案件评析]

　　本案争议焦点是邱某是否属于因工作原因或履行工作职责受到暴力伤害。本案中，对于邱某工伤认定的时间、空间和因果关系三个要件的判断主要应考虑因果关系要件，即伤害是否因工作原因。司法实践中，认定工伤是否出于工作原因的类型化标准主要为所受伤害是因员工从事本职工作、单位指派工作或从事因工作需要而解决必要生理需要时所致。另外，员工如为了用人单位利益，在处理重大、紧急情况的活动受到事故伤害或在用人单位组织的旅游、学习、交流、比赛等活动中受到事故伤害的，应当视为工作原因。对于"因履行工作职责受到暴力伤害"应理解为职工受暴力等意外伤害是因其工作认真负责完成工作任务所致。如因情感、恩怨等与履行工作职责无关的原因遭受暴力等意外伤害的，不能认定为因履行工作职责受到的暴力伤害。即使发生于工作时间或工作地点，也不属于此种情形。

　　本案中，邱某受伤确属发生在工作时间及工作场所，但因与侵害人是因琐事发生肢体冲突并受伤，受伤结果与其履行工作职责之间并无直接法律上的因果关系，因此不属于因履行工作职责受到的暴力伤害而应视为工伤。通过本案我们可以进一步思考，劳动法律关系中，工伤保护的法律原则和精神是保障无恶意劳动者因工作或与工作相关活动伤亡后能获得救济，只要劳动者受到的伤害与工作的内容相关联，对于工作时间、工作地点的界定则要根据不同工作性质来判断，而且履行工作职责受到暴力伤害可能存在滞后效应，只要存在直接因果关系，工伤认定一般可以延伸到非工作时间、非工作场所，有利于保护遭受事故伤害员工的利益。

（点评人：唐国雄　广东国融律师事务所主任）

14. 劳动者下班到单位食堂就餐途中受到伤害是否认定为工伤

——谭某诉某市人力资源和社会保障局人力社保行政确认案[*]

[当事人信息]

　　原告：谭某

　　被告：某市人力资源和社会保障局（法定代表人：洪某，该局局长）

　　第三人：某（中山）家用电器有限公司（法定代表人：梁某）

[审理法院]

　　广东省中山市第二人民法院

[基本案情]

　　谭某系某家电公司员工。2013年7月5日12时，谭某下班后骑自行车离开生产间前往单位食堂，途经家电公司A15车间与A9车间的路段时，从自行车上摔下摔伤头部。事故发生后，谭某被送往某人民医院治疗，经诊断为特重型颅脑外伤。某市人力资源和社会保障局（以下简称某市人社局）认为不符合应当认定工伤的情形，也不符合视同工伤的情形，故决定不予认定工伤或者视同工伤。

[争议焦点]

　　午间员工到食堂用餐是否属工作时间及地点的合理延伸。

[律师意见]

　　承办律师为被告某市人社局诉讼代理人，答辩观点主要为：（1）某市人

---

　　* 作者：曾兴风、唐丽斌，广东国融律师事务所律师。

社局具有负责本行政区域内的工伤保险工作的主体资格。（2）谭某于 2013
年 7 月 5 日 12 时左右所受事故不属于工伤。①谭某受伤的原因与工作职责无
关，无论是骑自行车还是用午餐均与所从事的工作无因果关系；②受伤事故
发生时谭某已经下班，不属于上班时间，午休时间属于职工自由支配时间，
不属于工作时间的延伸，谭某工作场所为 A8 车间，事故发生点为 A9 与 A15
之间的道路，不属于工作场所；③谭某受伤时间非工作时间，受伤地点非工
作场所，受伤原因非工作原因，某市人社局不予认定工伤的决定适用法律正
确；④工伤认定过程程序合法。

［裁判结果］

法院认为，因谭某从受伤之日起至今一直处于昏迷状态，在未经特别程
序指定监护人的情况下，他人无权代谭某作出意思表示，裁定驳回本案以谭
某名义提起的诉讼。

［案件评析］

本案虽经法院审理，但本案争议焦点问题并未得到司法判定，因此本案
关键问题有二：其一，本案能否以谭某名义起诉；其二，谭某午间去食堂就
餐途中受伤应否认定为工伤。

第一，根据《中华人民共和国民事诉讼法》相关规定，无诉讼行为能力
人由他的监护人作为法定代理人代为诉讼，谭某自受伤之日至法院判决之日
一直处于昏迷状态，显然此时不具备诉讼能力，因此应先解决认定谭某为无
民事行为能力或限制行为能力及监护人的问题。《中华人民共和国民事诉讼
法》第 150 条第 1 款第 2 项规定，一方当事人丧失诉讼行为能力，尚未确定
法定代理人的属于诉讼中止情形。谭某并非在诉讼中丧失诉讼行为能力，故
本案法院未中止诉讼，而是裁定驳回了以本案以谭某名义提起的诉讼。在
《中华人民共和国民事诉讼法》关于特别程序的一章中，专门规定了认定公
民无民事行为能力、限制民事行为能力案件的程序问题，法院受理申请后必
要时可进行司法鉴定以确定公民行为能力的有无及是否为限制行为能力人。
如谭某被认定为无民事行为能力或者限制民事行为能力人，其监护人可依法代为
诉讼，当然，证实谭某无民事行为能力或者限制行为能力的原因已消除而被
法院撤销原认定的，谭某可以自己的名义提起诉讼。

第二，关于本案争议焦点问题即谭某应否被认定为工伤。廖某在午间前往单位食堂就餐途中摔伤是否符合应认定工伤或视同工伤的关键在于事故发生时间、地点是否属于工作时间和工作场所的合理延伸以及事故发生原因。在本案审理时，认定"上下班途中"的主要依据为人力资源和社会保障部《关于工伤保险有关规定处理意见的函》，但该文件也仅将其概括解释为合理的上下班时间和合理的上下班路途。直到2014年4月，《最高人民法院关于审理工伤保险行政案件若干问题的规定》进一步对"上下班途中"细化解释，列明包括了从事属于日常工作生活所需要的活动，且在合理时间和合理路线的上下班途中。员工在上下班途中从事日常工作生活中必需的、合理的要求，且合理时间内未改变以"上下班"为目的的合理路线，应当认定为"上下班途中"。本案中，廖某在下班后前往单位食堂食用午餐，可认定为属于日常工作生活所需要的活动，且属于合理时间和合理路线的上下班途中的情形。但需要注意的是，在符合"上下班途中"条件的同时，受伤职工还应符合"受到非本人主要责任的交通事故"的条件，二者缺一不可。上述司法解释同时明确了"本人主要责任"的认定应当以有权机构出具的事故责任认定书、结论性意见和人民法院生效裁判等法律文书为依据。因此，本案中，在廖某骑车受损的主要责任尚未查清的前提下，即使被认定为属"上下班途中"，但认定工伤仍缺乏相应依据。

（点评人：唐国雄　广东国融律师事务所主任）

15. 无用工主体资格的承包方所雇用的人员受伤能否认定工伤

——肖某诉某市人力资源和社会保障局人力社保行政确认案*

[当事人信息]

原告：肖某

被告：某市人力资源和社会保障局（法定代表人：薛某）

[审理法院]

广东省中山市中级人民法院

广东省中山市第一人民法院

[基本案情]

2012 年 8 月 11 日，某洗水厂与姚某签订了工程协议书，某洗水厂将其五车间的改建工程发包给未领取营业执照的姚某施工。姚某雇用来肖某做工。2012 年 8 月 15 日上午 11 时 30 分左右，肖某在某洗水厂五车间拆卸隔层时，从隔层上跌落被水泥板压伤，后经抢救无效死亡。2012 年 8 月 21 日，肖某纲就其父亲肖某所受事故伤害后的死亡向某市人力资源和社会保障局（以下简称某市人社局）申请工伤认定。某市人社局于 2012 年 8 月 23 日作出《不予认定工伤决定书》，认为肖某纲无充分证据证明其父亲肖某与某洗水厂存在劳动关系的事实，肖某不具备《工伤保险条例》所规定的主体资格，认定肖某受到的伤害不予认定或视同工伤。某市人社局将《不予认定工伤决定书》送达肖某纲和某洗水厂，某洗水厂不服，提起本案诉讼，要求撤销不予

---

* 作者：曾兴风，广东国融律师事务所律师。

77

认定工伤决定书。

[争议焦点]

某市人社局以肖某与某洗水厂无劳动关系为由不予认定工伤是否正确。

[律师意见]

承办律师作为被告某市人社局一审诉讼代理人，向法院提交答辩意见如下：（1）肖某是由姚某雇用做工，由姚某支付工资，不受某洗水厂管理，肖某与某洗水厂不存在劳动关系，肖某不具备《工伤保险条例》所规定的主体资格，肖某受到的伤害不予认定或视同工伤；（2）某市人社局适用法律正确。经调查后，未发现充分证据证明肖某与某洗水厂存在劳动关系的事实，肖某不具备《工伤保险条例》所规定的主体资格；（3）某市人社局作出的行政决定程序合法。

[裁判结果]

一审法院认为，根据《工伤保险条例》第5条第2款、第20条第1款的规定，某市人社局具有负责本行政区域内的工伤保险工作的主体资格，受理工伤认定申请并作出工伤认定决定属其法定职责。本案中，某市人社局向某洗水厂的委托代理人萧某，以及肖某纲等人调查笔录相互印证证实，某洗水厂将其五车间改建工程发包给未领取营业执照的姚某施工，肖某由姚某雇用，无充分证据证明肖某与某洗水厂存在劳动关系，肖某不具备《工伤保险条例》所规定的主体资格。某市人社局认定肖某在某洗水厂五车间所受到的伤害不予认定工伤或视同工伤，并无不当。关于某洗水厂认为某市人社局未给予其足够的举证期限进行举证的主张，法院认为，某市人社局向某洗水厂发送举证通知书是根据审核事故伤害需要对用人单位进行调查核实。本案中，某市人社局向某洗水厂发送举证通知书后，某洗水厂提供了相关证据，某市人社局进行了相关的调查工作，在认为事实清楚的情况下，可依法作出认定工伤决定。该工伤决定程序中，某洗水厂进行了相关举证工作，某市人社局的相关程序并不违法。但某市人社局在举证通知书中给予某洗水厂7日的举证期限，在举证期限尚未届满时即作出不予认定工伤决定，程序存在瑕疵，但该瑕疵不影响工伤认定结论。综上，一审法院判决驳回某洗水厂诉讼请求。

某洗水厂不服一审判决，上诉至中山市中级人民法院。

二审法院认为，上诉人某洗水厂提起上诉后，未向法院递交其在法定期间预交上诉费用的单据。经核查法院财务，亦没有上诉人的缴费记录。作为上诉人，某洗水厂未预交二审案件受理费，不履行法定的二审诉讼义务，裁定本案按某洗水厂自动撤回上诉处理。

[案件评析]

本案一审判决作出时间为 2012 年 12 月 10 日，当时某市人社局及裁判结果一致，即受伤的肖某系不具备用工资格的姚某个人所雇用，与某洗水厂间不具有劳动关系，因此不予认定或视同工伤。某洗水厂将改建工程发包给姚某，姚某雇用肖某施工，因此三方实际存在发包与承包、实际施工人的法律关系。

2013 年之前，长期以来司法实践中将用工主体责任与存在劳动关系直接挂钩，发包企业承担工伤保险责任的前提是与员工存在劳动关系。如此导致大量工伤或工亡的员工因属被不具备用工资格的个人所聘请，而具备用工主体资格的单位却不承担工伤保险责任。在原劳动和社会保障部《关于确立劳动关系有关事项的通知》（劳社部发〔2005〕12 号文件）中，明确了建筑施工、矿山企业等用人单位将工程（业务）或经营权发包给不具备用工主体资格的组织或自然人，对该组织或自然人招用的劳动者，由具备用工主体资格的发包方承担用工主体责任，可见承担用工主体责任并不以存在劳动关系为前提。只是该通知将用人单位限制为建筑施工、矿山企业等，本案中某洗水厂显然无法适用。

直到 2013 年 4 月，人力资源和社会保障部《关于执行〈工伤保险条例〉若干问题的意见》，明确了具备用工主体资格的承包单位违反法律、法规规定，将承包业务转包、分包给不具备用工主体资格的组织或者自然人，该组织或者自然人招用的劳动者从事承包业务时因工伤亡的，由该具备用工主体资格的承包单位承担用人单位依法应承担的工伤保险责任。虽然该规定仅明确了承包人具备而次承包人不具备用工主体资格的处理路径，如此类推，当发包人具备主体用工资格而承包人不具备用工主体资格时，发包人亦应对该承包人所聘请的受伤员工负有工伤保险责任。《中华人民共和国劳动合同法》第 94 条规定，个人承包经营违法招用劳动者，给劳动者造成损害的，发包的组织与个人承包经营者承担连带赔偿责任，也体现了上述处理思路。

（点评人：唐国雄　广东国融律师事务所主任）

16. 发包方能否以受伤员工系承包方聘请为由请求撤销工伤认定

——某家具厂诉某市人力资源和社会保障局人力社保行政确认案*

[当事人信息]

原告：某家具厂

被告：某市人力资源和社会保障局（法定代表人：洪焰）

第三人：熊某

[审理法院]

广东省中山市第一人民法院

[基本案情]

某家具厂将木工工序发包给蒋某，蒋某未领取营业执照，熊某为蒋某木工组的员工。2012年5月8日上午7时50分左右，熊某驾驶摩托车上班途经某家具厂侧交叉路口时与他人驾驶的中型货车发生碰撞而受伤，熊某被送往医院治疗。经交警部门认定，熊某承担此事故的次要责任。2012年6月14日，熊某之妻章某向市人社局申请工伤认定。某家具厂在工伤认定申请表上盖章，并同意认定熊某的受伤事故为工伤，并在事故报告表示熊某在上班途中受伤的事实属实。2012年8月21日，某市人力资源与社会保障局（以下简称某市人社局）作出认定工伤决定书，认为熊某在上班途中受到非本人主要责任的交通事故，认定其为工伤。

某家具厂认为其与熊某不存在劳动关系，熊某受伤与其无关，起诉至法

---

* 作者：曾兴风、唐丽斌，广东国融律师事务所律师。

院请求撤销认定工伤决定书及判令熊某受到的交通事故不属于工伤。

[**争议焦点**]

熊某工伤保险责任应由发包方还是承包方承担。

[**律师意见**]

某家具厂认为：第一，某家具厂与熊某之间不存在劳动关系，某家具厂从未聘请过熊某，熊某是由承包方蒋某聘请的，与某家具厂无关，熊某与某家具厂不存在任何劳动关系，故熊某受伤不应认定为工伤，第二，某市人社局认定熊某在上班途中发生事故证据不足，且事故发生以来，熊某一直处于昏迷状态无法对有关部门就有关事实进行陈述，对此，某市人社局只是依据发生时间来推断熊某是处于上班途中显然证据不足，为此，某家具厂提起诉讼，请求法院依法撤销某市人社局于 2012 年 8 月 21 日作出的相关认定工伤决定书；判令第三人熊某受到的交通事故不属于工伤。

承办律师为被告某市人社局一审诉讼代理人，答辩观点主要包括：（1）某市人社局作出的认定工伤决定书认定事实清楚，熊某发生交通事故地点是其租住的房屋至某家具厂处上班的合理路线，发生交通事故时间与其上班时间吻合，某家具厂对此予以确认，依法可认定熊某于上班途中发生交通事故，熊某承担事故的次要责任。蒋某与某家具厂实行承包经营并聘请熊某，但蒋某未办理营业执照，无用工资格。（2）某市人社局作出的认定工伤决定书适用法律正确。熊某是在上班途中，受到非本人主要责任的交通事故伤害，某家具厂实行承包经营，而蒋某未办理营业执照不具备用人单位的资格，熊某应认定为工伤。（3）某市人社局作出的认定工伤决定书程序合法。受理申请后，于法定期限内作出认定工伤认定书，并依法送达。

[**裁判结果**]

一审法院认为，某市人社局具有负责本行政区域内的工伤保险工作的主体资格，受理工伤认定申请并作出工伤认定决定属其法定职责。熊某事发时是在上班途中合理时间内，事发时租住在某出租屋，而事发地点位于某家具厂与该出租屋的合理路线内，某家具厂在事故报告中表示熊某在上班途中受伤之事属实，故熊某发生事故时间、地点合理。熊某在上班途中受到机动车事故伤害，其所受伤符合《工伤保险条例》第 14 条第 6 项的规定，应当认定为工伤。某家具厂认为其从未聘请过熊某，熊某是由承包车间的蒋某聘请的，与某家具厂无关。法院认为，某家具厂实行承包经营，蒋某因未领有营业执照而不具备用人单位的资格，某家具厂为合法用人单位，熊某的工伤保险责任应由某家具厂承担。综上所述，一审法院判决驳回某家具厂请求撤销认定工伤决定书的诉讼请求。

二审法院对某家具厂、蒋某、熊某之间的法律关系进一步调查。蒋某表示其是某家具厂员工，熊某也是某家具厂聘请的员工，二人均无须考勤，其与熊某共同承包某家具厂的家具加工，既无劳动合同也无承包协议，蒋某、熊某均要遵照某家具厂的规定。某家具厂经营者肖某表示熊某是某家具厂员工。

二审法院认为，某市人社局将某家具厂、蒋某、熊某之间定位为承包分包关系错误，但其对最终劳动关系的确认无误，故本案工伤认定无须撤销重做。对于熊某发生事故时间、地点问题，熊某事发时是在上班途中合理时间内，事发地点位于熊某居住地与某家具厂的合理路线之内，因此熊某为工伤。

[案件评析]

本案讼争双方对于受伤员工熊某是否为"上下班途中"情形并无较大争议，根据法院查明事实，熊某事故事发时间和地点均属合理，因此某市人社局作出的认定工伤决定书合法正确。本案争议焦点主要为熊某工伤保险责任承担主体应为某家具厂还是蒋某。本案中，二审查明某家具厂、蒋某和熊某并非发包承包关系，蒋某、熊某同是某家具厂的员工。某市人社局、一审法院在认定三方属发包承包关系基础上，判定某家具厂应对熊某负有工伤保险责任。

在原劳动和社会保障部《关于确立劳动关系有关事项的通知》（劳社部发〔2005〕12号文件）中，明确了建筑施工、矿山企业等用人单位将工程（业务）或经营权发包给不具备用工主体资格的组织或自然人，对该组织或自然人招用的劳动者，由具备用工主体资格的发包方承担用工主体责任，可见承担用工主体责任并不以存在劳动关系为前提。根据该通知，劳动者与建筑施工、矿山企业等用人单位之间并无身份上的从属和依附关系即事实劳动关系，但因其将工程（业务）或经营权发包给不具备用工主体资格的组织或自然人，该建筑施工、矿山企业须承担用工主体责任。本案需要进一步思考的是，如在案三方确系发包承包关系，能否依据上述通知内容认定具备用工主体资格的某家具厂承担用工主体责任？本案二审判决时间为 2013 年 3 月 27 日，实际上，2013 年 4 月 25 日实施的《人力资源和社会保障部关于执行〈工伤保险条例〉若干问题的意见》第 7 条规定："具备用工主体资格的承包单位违反法律、法规规定，将承包业务转包、分包给不具备用工主体资格的组织或者自然人，该组织或者自然人招用的劳动者从事承包业务时因工伤亡的，由该具备用工主体资格的承包单位承担用人单位依法应承担的工伤保险责任。"2014 年 9 月 1 日起施行的《最高人民法院关于审理工伤保险行政案件若干问题的规定》第 3 条第 1 款第 4 项规定："社会保险行政部门认定下列单位为承担工伤保险责任单位的，人民法院应予支持……（四）用工单位违反法律、法规规定将承包业务转包给不具备用工主体资格的组织或者自然人，该组织或者自然人聘用的职工从事承包业务时因工伤亡的，用工单位为承担工伤保险责任的单位。"从司法解释及相关规范性文件的发展脉络看，司法者及人力社保行政部门观点一致，在发包承包关系中，如承包方不具有用工资质，发包方仍对劳动者负有用工主体责任。诚然，受伤的劳动者也可依据《中华人民共和国劳动合同法》第 94 条规定："个人承包经营违反本法规定招用劳动者，给劳动者造成损害的，发包的组织与个人承包经营者承担连带赔偿责任。"但行政确认与民事诉讼程序有本质差异，对申请人（原告）的举证要求大不同，前者更有利于保护受伤员工的合法权益，避免通过冗长的民事诉讼增加维权成本。

（点评人：唐国雄　广东国融律师事务所主任）

17. 职工冒用他人证件参加社会保险后能否要求修改社保信息

——符某诉某市社会保险基金管理局社保基金行政行为案[*]

[当事人信息]

原告：符某

被告：某市社会保险基金管理局（法定代表人：张某）

[审理法院]

广东省中山市中级人民法院

广东省中山市第一人民法院

[基本案情]

2016 年 7 月 22 日，符某通过信访形式向某市社会保险基金管理局（以下简称某市社保基金局）申请将"杨某"的参保简历修改成其参保简历，并提交了某公司出具的《工作证明》、某派出所出具的《证明》以及公证书、参保证明等材料。某市社保基金局经审查后，于 2016 年 8 月 15 日作出《关于符某信访事项的回复》，告知符某因冒用他人证件，该局根据《广东省社会保险基金监督条例》第 61 条的规定，决定不予受理其要求将"杨某"参保简历修改为符某参保简历的申请。

符某的身份信息是：女，汉族，某年某月某日出生，住湖南省某县某乡某组，公民身份号码为×××。杨某的身份信息是：女，土家族，某年某月某日出生，住湖南省某县某乡某组，公民身份号码为×××。中山某制衣厂

---

[*] 作者：唐丽斌，广东国融律师事务所律师。

有限公司（以下简称某公司）出具的《工作证明》载明：杨某同志，女，身份证号码为×××，从1998年4月9日至今在某公司从事平车工作。湖南省某派出所出具的《证明》反映，符某利用其弟媳杨某的身份信息办理了第一代、第二代身份证，公安机关对符某冒用他人身份信息办理身份证的违法行为进行了行政处罚。2012年10月15日，符某用自己真实的身份办理的身份证上所显示的信息办理身份证。庭审中，符某确认其冒用杨某身份信息办理的身份证上所显示的信息除了相片是其之外，其他所有身份信息包括姓名、性别、民族、出生日期、常住户口所在地住址、公民身份号码等都属于杨某。符某亦承认其在2012年10月15日办理了自己真实身份信息的身份证后，仍继续以"杨某"的姓名和身份证号码在中山市参加社会保险。据参保证明反映，参保人杨某，公民身份号码为×××，某公司于2001年4月至2017年1月为杨某参保。没有符某在中山市的参保记录。2016年3月31日修订的《广东省社会保险基金监督条例》自2016年7月1日起施行。

符某诉至一审法院，请求法院判令：（1）撤销某市社保基金局作出的《关于符某信访事项的回复》；（2）判令某市社保基金局修改符某参保简历，核发符某养老保险待遇。

［争议焦点］

职工冒用他人身份信息办理社保后能否申请改回本人信息。

［律师意见］

符某认为，自己于2016年7月达到退休年龄，累计缴纳社保15年4个月，向某市社保基金局申请核发养老保险待遇。某市社保基金局依据《广东省社会保险基金监督条例》第61条"以欺诈、伪造证明材料、冒用他人证件、虚构劳动关系等手段办理社会保险业务的，社会保险行政部门、社会保险费征收机构、社会保险经办机构不予办理……"的规定拒绝了我的申请。符某认为某市社保基金局作出的涉案回复事实认定、法律适用上均存在错误，应当予以撤销。（1）符某因离婚导致户籍资料遗失，出于外出劳务需要，利用弟媳杨某的户籍资料办理了第一代身份证，并于2001年4月起，利用该身份证在某公司参加社会保险并持续缴纳社会保险费用。不能认定为伪造证明材料或冒用他人证件。（2）某市社保基金局依据上述条例撤销或否定以前已经办理的保险业务，是越权行为。如果某市社保基金局发现他人以欺诈、伪造等手段办理了相关保险业务，应当依据《中华人民共和国社会保险法》等法律规定判断参保人是否符合参保条件，然后作出处理，而不是依据《广东省社会保险基金监督条例》第61条撤销、否定已依法办理的保险业务。（3）根据法不溯及既往和信赖利益保护的原则，《广东省社会保险基金监督条例》第61条不调整符某的参保行为。（4）符某与某公司存在真实的劳动关系，以"杨某"的名义缴纳社会保险，不影响我与被告之间成立真实的社会保险关系。（5）符某的过错没有严重到需要剥夺社保待遇的程度。综上，符某事实上已与某市社保基金局建立社会保险关系，且本人主观上没有虚构社会保险的意思，故某市社保基金局以《广东省社会保险基金监督条例》第61条为依据作出的不予受理的信访回复属于认定事实不清，适用法律错误。

承办律师作为被告某市社保基金局一审程序代理人，向法院提交答辩意见如下。

（1）针对符某信访事项作出的回复事实清楚、适用法律正确。符某使用杨某的身份证参加社会保险的行为属于冒用他人证件进行参保缴费的行为。根据《广东省社会保险基金监督条例》第61条规定："以欺诈、伪造证明材料、冒用他人证件、虚构劳动关系等手段办理社会保险业务的，社会保险行政机构、社会保险费征收机构、社会保险经办机构不予办理，将有关情况记入其信用档案；情节严重的，处涉案金额一倍以上三倍以下的罚款。"某市社保基金局不予受理原告提出的个人参保信息变更业务，并于2016年8月15日向其出具《关于符某信访事项的回复》，事实清楚、适用法律正确。

（2）不予受理符某个人参保信息变更业务，属依法行政行为，某市社保基金局根据《广东省社会保险基金监督条例》第61条的规定不予受理原告提出的个人参保信息变更业务的行为，属于依法行政行为，并不存在越权行为。

（3）关于符某是否与某市社保基金局成立社会保险关系的问题。根据《中华人民共和国劳动法》第72条规定："社会保险基金按照保险类型确定资金来源，逐步实行社会统筹。用人单位和劳动者必须依法参加社会保险，缴纳社会保险费。"其中，某市社会保险费从2001年3月起实行地税全责征收，由用人单位按月如实申报缴纳社会保险费。某公司出具的工作证明显示，杨某从 1998 年 4 月起在该单位工作，即与单位建立事实劳动关系的为杨某，且社保系统记录显示，某公司从 2001 年 4 月起为杨某参加社会保险。因此，与某市社保基金局存在事实社会保险关系为杨某而非符某。

[裁判结果]

一审法院认为，根据《中华人民共和国社会保险法》第 8 条的规定，市社保基金局作为某市政府的社会保险经办机构，负责本行政区域内的社会保险登记、个人权益记录、社会保险待遇支付等工作。根据《中华人民共和国居民身份证法》第 3 条第 1 款、第 2 款关于"居民身份证登记的项目包括：姓名、性别、民族、出生日期、常住户口所在地住址、公民身份号码、本人相片、指纹信息、证件的有效期和签发机关。公民身份号码是每个公民唯一的、终身不变的身份代码"的规定和《中华人民共和国社会保险法》第 58 条第 3 款关于"国家建立全国统一的个人社会保障号码。个人社会保险号码为公民身份号码"的规定，本案中，符某冒用"杨某"的身份信息骗取公安机关办理身份证，并冒用"杨某"姓名和公民身份号码参加社会保险，因此，市社保基金局认定符某冒用他人证件的事实，予以支持。根据 2016 年 3 月 31 日修订的《广东省社会保险基金监督条例》第 61 条的规定，符某冒用他人证件，作为社会保险经办机构的某市社保基金局不予办理符某要求办理的涉案社会保险业务并无不当。2016 年 3 月 31 日修订的《广东省社会保险基金监 督条例》自 2016 年 7 月 1 日起施行。本案中，符某系于 2016 年 7 月 22 日向某市社保基金局申请办理涉案的社会保险业务，且符某在 2012 年 10 月 15 日办理了真实身份信息的身份证后仍冒用"杨某"的姓名和身份证号码继续参加社会保险直至 2017 年 1 月，即符某的违法行为持续，某市社保基金局适用上述条例的第 61 条予以处理符某要求申办的社会保险业务亦无不妥。符某主张其参加社会保险的行为发生于 2001 年，不适用上述条例第 61 条的规定，法院不予支持。此外，符某冒用他人证件信息参加社会保险，明显违背了诚实信用原则，应承担相应的责任。某市社保基金局受理符某的申请后，经调查核实，作出涉案回复，并依法送达符某，程序合法。综上，符某要求撤销市社保基金局作出《关于符某信访事项的回复》并责令市社保基金局修改其参保简历、核发养老保险待遇的诉讼请求没有事实依据和法律依据，一并予以驳回。

符某不服一审判决，上诉至广东省中山市中级人民法院。

符某认为：首先，根据我国社会保险制度立法初衷以及政府施政纲领，上诉人符某是最应该被保护、最应该被保障的人群，一审判决结果与该初衷和纲领相违背，有失公允。其次一审判决认定某市社保基金局依据《广东省社会保险基金监督条例》第61条拒绝变更符某参保记录的行政行为合法，属于适用法律错误。符某于2017年7月22日持经户籍地公安局补办的合法身份证申请变更参保记录，一审法院却因其申请变更参保信息之前冒用他人身份信息而认定其申请时不应予以办理，实际是与上述条例的规定相矛盾的。该条例的生效时间是2016年7月1日，对其生效之前的行为不具有拘束力。况且，该条例第61条没有直接授权社会保险机构可以据此撤销或否定以前已经依法办理的社会保险业务。一审判决将该条规定的冒用他人证件扩大解释为包含"冒用他人身份信息"，也与法条原意不符。一审判决剥夺了符某参加社会保险的权利，与《中华人民共和国社会保险法》相悖。再次，符某与某市社保基金局已经事实上成立了社保关系，根据法律规定及最高法院的裁判理念，社保关系的投保事实重于投保手续，手续瑕疵不影响社保关系的认定。此外，某市社保基金局依法应承担按照参保人实际情况变更社会保险数据的法定职责。符某基于与所在单位真实的劳动关系，按月缴纳了社会保险费用，实质上已经参加了社会保险并享有相应的权利，某市社保基金局应当履行法定职责变更上诉人的社保数据，使上诉人的参保记录与实际情况一致。最后，符某按月足额缴纳了应缴的社会保险费，某市社保基金局根据符某实际缴费情况变更参保数据不会对社保基金造成实质损失。如何对待符某身份瑕疵的情况，关乎整个社会的公平正义以及政府对外的形象，这不是一个无解的问题，也不是一个应由个体承担所有不利后果的问题，其中应有政府和司法的担当。综上，符某请求二审法院撤销一审判决，改判某市社保基金局修改符某的参保简历，核发符某的养老保险待遇，并由某市社保基金局承担本案全部的诉讼费用。

承办律师作为被上诉人某市社保基金局二审程序代理人，提出以下答辩意见：（1）某市社保基金局作出的回复事实清楚、适用法律正确。经查，符某使用杨某的身份证参加社会保险的行为属于冒用他人证件进行参保缴费的行为。某市社保基金局根据《广东省社会保险基金监督条例》第 61 条的规定不予受理其提出的个人参保信息变更业务，据此作出涉案回复，事实清楚，适用法律正确。（2）某市社保基金局认定符某冒用他人证件办理社会保险业务事实清楚，身份信息是个人社会保障资料的重要基础，不存在所谓冒用信息与冒用证件的区别，某市社保基金局并没有扩大解释法律。符某冒用他人证件办理社会保险业务的行为是一项持续违法的行为，在《广东省社会保险基金监督条例》修订后仍然持续，应适用该条例。（3）关于符某与市社保基金局成立社会保险关系的问题。根据某公司出具的工作证明及社保系统记录显示，该公司从 2001 年 4 月起为杨某参加社会保险，与某市社保基金局存在事实社会保险关系的为杨某而非符某。综上，一审判决认定事实清楚、证据确实充分，应予维持。某市社保基金局请求二审法院驳回上诉，维持原判。

二审法院认为，本案是符某要求某市社保基金局修改参保社会保险信息而引起的诉某市社保基金局不予受理回复而产生的不作为诉讼。从本案事实看，符某以杨某的身份信息入职某公司。某公司为其以杨某的名义办理了社会保险参保手续，故形成的是以杨某的身份信息为基础的社会保险保障关系。而某公司员工杨某的真实身份信息为符某，符某冒用杨某身份信息入职某公司，导致与某公司劳动关系信息错误及参保社会保险信息错误的过错均在于符某。符某以虚假身份入职某公司及参保社会保险，其行为已构成以欺骗方式建立劳动关系及以欺诈方式参与社会保险，依法某公司可追究符某的民事责任，某市社保基金局亦可依照《中华人民共和国社会保险法》第 88 条对其予以追究。现符某意图以修改参保信息的方式掩盖其以虚假身份证参与社会保险的欺诈行为，甚至想以此获得参保利益，明显属于《中华人民共和国社会保险法》第 88 条规定的"以欺诈、伪造证明材料或者其他手段骗取社会保险待遇"的情形，某市社保基金局对其申请不予受理，是对其非法目的的拒绝，合法有据，予以支持。符某上诉所称的"手续瑕疵"，及故意将司法实践中的"事实劳动关系"偷换概念，诉称其与某市社保基金局之间构成"事实社保关系"，纯属对其欺诈行为的矫饰。其上诉状假个人利益之名，意图裹挟涉及全民社会保障公益的社会保障制度，将其个人欺诈行为产生的后果转嫁给政府及司法承担，于法无据，故判决对符某的上诉请求予以驳回。

[案件评析]

　　符某要求修改参保社会保险信息而某市社保基金局不予受理，本案关键在于符某冒用他人证件信息参保能否成为某市社保基金局不予受理的合法理由。符某以杨某之名在某公司工作长达16年之久，某公司为其申请办理了社会保险登记，也一直在缴纳社会保险费用，根据权利义务相对等原则，依法缴纳社会保险费用的理应有权享受社会保险待遇，但本案争议焦点在于符某是否有权要求修改参保社会保险信息。符某对其长期使用杨某身份信息，2012年10月15日办理了真实身份信息后仍冒用杨某身份信息继续参保的事实并无争议，但其意图以修改参保信息的方式掩盖其以虚假身份参与社会保险的欺诈行为，与诚实信用原则明显相悖。根据相关规定，以冒用他人证件手段办理社会保险业务的，社会保险经办机构不予办理，故符某的诉讼请求未得到法院支持。但本案中需要进一步思考的是，符某及某公司以杨某之名已缴纳的16年社保费如何处理，若符某发生享受社会保险待遇情形时社会保险基金应否支付。根据生效判决裁判结果，本案业已形成的是以杨某身份信息为基础的社会保险保障关系，如此符某则无权以自己名义主张相关社会保险待遇，而杨某本人事实上与某公司并无任何劳动关系，亦未向某市社保基金局缴纳任何保险费用，故杨某本人亦无法申领，而这一切均由符某的欺诈行为所致，只能由其本人对此负担结果。

（点评人：唐国雄　广东国融律师事务所主任）

18. 住宿工厂兼负安保职责的员工病假期间死亡应否认定为工伤

——李某与某市人力资源与社会保障局人力社保行政确认纠纷案*

[当事人信息]

上诉人（原告）：李某

被上诉人（被告）：某市人力资源与社会保障局（法定代表人：洪某）

原审第三人：某市某镇某木器加工店

[审理法院]

广东省中山市第一人民法院

广东省中山市中级人民法院

[基本案情]

王某是某市某镇某木器加工店（以下简称某木器店）的员工，任打磨工。工作时间为上午 8 时至 12 时、下午 1 时 30 分至 5 时 30 分、加班时间为 5 时 30 分至 8 时 30 分。2014 年 7 月 29 日王某因身体不适请假未上班。2014 年 7 月 30 日早上 5 时 40 分左右，王某被其妻子李某发现倒卧在宿舍一楼，后经法医确认已经死亡，死亡原因为猝死。王某及李某免费居住在某木器店的单位宿舍二楼。王某在某木器店宿舍居住期间，如遇厂区发生水浸等特殊情况，会通知单位管理人员，并会协助处理。某木器店未安排王某从事保安员工作，也未另行支付工资。某木器店就王某的死亡向某市人力资源与社会保障局（以下简称某市人社局）出具的回复中称王某是在厂区内死亡，并认

---

* 作者：唐丽斌、王林波，广东国融律师事务所律师及实习律师。

为属于工伤，但最终应由某市人社局认定。李某就其丈夫王某的死亡向某市人社局申请工伤认定。李某在接受某市人社局调查询问时称，王某从2014年16日开始出现身体不适，2014年7月29日早上上班打卡后即请假返回宿舍休息，至2014年7月30日凌晨5点左右，王某因为腹泻起床上厕所，20分钟后李某发现王某倒在宿舍楼下通往厂门通道的中间，随后经警察和法医确认死亡。而在2014年7月31日李某接受某市人社局询问时，李某称2014年7月30日早上6时左右，王某本打算先去医院看一下病再去上班，但正准备给电动车充电时就倒下了，待李某去看他是否出发时发现他已倒地，随后证实死亡，当时倒下的地点在宿舍一楼靠近大门口的地方。某市人社局作出《不予认定工伤决定书》，认为王某是在宿舍死亡，且无充分证据证明王某的死亡是处于工作期间，故王某死亡不符合《工伤保险条例》第14条规定的应当认定为工伤的情形，也不符合第15条规定的视同工伤的情形，不应认定为工伤，亦不应视同工伤。李某不服，向某市政府申请行政复议，该市政府维持某市人社局作出的上述决定。

李某仍不服，向法院提起诉讼，请求：（1）撤销某市人社局作出的《不予认定工伤决定书》，并要求某市人社局重新作出认定工伤决定书；（2）本案诉讼费用由某市人社局承担。

[争议焦点]

员工王某死亡时是否处于履行工作职责之中。

[律师意见]

承办律师在被告某市人社局一审、二审程序的诉讼代理人，向法院提交了以下答辩意见。

（1）某市人社局具有负责本行政区域内的工伤保险工作的主体资格。

（2）王某于2014年7月30日发生的死亡事故，并不属于工作时间和工作原因，也不处于工作场所、工作岗位，不符合《工伤保险条例》第14条、第15条规定应当认定为工伤或视同工伤的情形，某市人社局作出的《不予认定工伤决定书》认定事故清楚，证据确实充分，应予维持。①王某死亡事故发生时间为2014年7月30日凌晨5时40分左右。②王某正常上班的时间为上午8时至12时、下午1时30分至5时30分、加班时间为下午5时30分至

8时30分。事故发生时，并不处于王某工作时间。③王某的工作为打磨工，其工作的场所是打磨车间。④王某死亡事故发生的地点在宿舍，不属于工作场所。（3）某市人社局作出的涉案《不予认定工伤决定书》适用法律正确、程序合法，应予维持。（4）李某主张王某负责某木器店安保工作，事故发生时处于"值守"状态无事实依据。

［裁判结果］

一审法院认为，某市人社局是某市政府人力资源和社会保障行政部门，根据《工伤保险条例》第5条第2款、第20条第1款的规定，某市人社局具有负责本行政区域内的工伤保险工作的主体资格。本案证据相互印证证实，王某是某木器店的员工，王某是在某木器店宿舍死亡的，且无充分证据证明王某的死亡处于工作期间，王某的死亡不符合《工伤保险条例》第14条、第15条规定的应当认定为工伤或者视同工伤的情形，某市人社局决定不予认定王某在某木器店宿舍的死亡为工伤或者视同工伤，并无不当。对李某认为王某负责某木器店的保安工作，行使原看护人的职责，故王某的死亡应当被认定为工伤的主张，该主张与本案其他证据证明内容相悖，不予支持。综上，李某请求撤销某市人社局作出的《不予认定工伤决定书》并要求重新作出认定工伤决定书的诉讼请求，理据不充分。一审法院判决驳回李某的诉讼请求。

李某不服一审判决，上诉至广东省中山市中级人民法院。

李某上诉认为，一审判决认定事实不清，证据不足，适用法律不当。首先，一审法院没有全面审查王某夜间及假日期间从事看护和管理，即保安工作的事实，某木器店的厂长及员工均确认某木器店免费向王某、李某夫妇提供住宿，在厂区发生情况时通知单位的管理人员，并协助处理，同时将厂房钥匙交王某夫妇保管，由此证明王某晚间实际从事保安工作。其次，王某的死亡地点属厂区之内，某木器店提供给王某的宿舍在楼房的二楼，一楼无法作为宿舍使用，说王某在宿舍是个概括的说法，王某属于在厂区内死亡。最后，王某的死亡符合认定工伤的法定条件。一审判决违背了《中华人民共和国社会保险法》和《工伤保险条例》规定的以认定工伤为原则、不认定工伤为例外的基本原则。同时，应对工伤认定法定条件中的工作时间、工作场所、工作原因做扩大解释，王某晚间兼任保安工作，死亡时是处于值守状态，应当属于在工作时间、工作场所、因工作原因死亡，应予认定为工伤。综上，请求二审法院撤销原审判决，依法改判支持李某的诉讼请求。

二审法院认为，根据《中华人民共和国社会保险法》及《工伤保险条例》总则条款的规定，工伤保险是我国社会保险体系的其中一项基本制度，保障公民在遭遇工伤的情况下依法从国家和社会获得物质帮助的权利。由于公民申请工伤保险的经济补偿来源于企业、单位、团体等具有法定缴费义务的用人单位缴纳的工伤保险费，属于从社会保险基金中获得经济救济，故是否属于工伤，从而可以从社会保险基金中获得利益，关系到社会保险基金所保障的全体社会成员的利益，公民申请认定工伤从而获得工伤保险救济，应当审查伤者是否属于《工伤保险条例》第14条、第15条应当认定工伤或者视同工伤的情形。由此，对于李某认为工伤认定应以"认定为原则、不认定为例外"为基本原则的法律理解不予支持，尽管本案工伤认定申请人李某及死者王某的用人单位某木器店对王某的死亡属于工伤均无分歧，某市人社局作为工伤保险工作的管理部门，仍然应依法审查王某的死亡是否属于工伤，以此确定李某是否应从社会保险基金中获得经济补偿。

关于王某的死亡应否认定工伤或者视同工伤，对照《工伤保险条例》第14条、第15条，《广东省工伤保险条例》第9条、第10条有关应当认定工伤或者视同工伤的法定条件，王某是在2014年7月29日身体不适已请假一天在宿舍休息的情况下，于休息的第二日清晨倒地死亡的，并不符合上述法规规定的认定工伤或者视同工伤的法定条件。而对于李某主张王某居住在某木器店的宿舍内，晚上或休息日具有应对厂内突发情况的保安职责，故凌晨在厂区内死亡属于在工作时间和工作场所内因工作原因死亡的应当认定工伤的情形，《工伤保险条例》第14条第1项规定的"在工作时间和工作场所内，因工作原因受到事故伤害的"应予认定工伤的情形，以及第15条第1项"在工作时间和工作岗位，突发疾病死亡或者在48小时之内经抢救无效死亡的"视同工伤的情形，所规定的"在工作时间和工作场所内"均要求受到伤害或死亡的员工是处于工作状态之中，而王某死亡时已经请假在宿舍休息一天，即使其平时在非工作时间具有协助应对厂区内突发事件的保安职责，当时亦未在履行该职责的状态之中。故李某的该主张并不能成为应将王某的死亡认定工伤或者视同工伤的法定理由，对其主张不予支持。原审判决驳回李某的诉讼请求处理恰当，予以维持。综上，二审法院判决驳回上诉，维持原判。

该案二审判决生效后，李某向检察机关申请抗诉。

广东省人民检察院抗诉认为，二审判决认定王某并非在履行职责期间死亡，存在认定事实的主要证据不足的问题。理由如下：王某是某木器店的员工，任打磨工，王某及李某免费居住在某木器店的单位宿舍即车间二楼的阁楼。王某在某木器店室舍居住期间，如遇厂区发生水浸等特殊情况，会通知单位管理人员，并会协助处理，某市人社局某分局调查笔录显示：某木器店将厂房钥匙交由王某夫妻保管并提供免费的住宿，水电全免。王某夫妻则帮忙看管厂区财物并协助应对厂区内突发事件。在一审、二审庭审中，某木器店店长陈某亦多次明确承认在打磨工作完成后，由王某夫妻看管工厂，工厂提供住宿，且住宿费及水电费用全免。因此，王某夫妻虽然没有和某木器店签订正式的保安协议，但从该厂将厂房钥匙交给王某夫妻保管、且未再聘请其他保安人员进行看管，仅由王某夫妻居住在厂里看管厂里财产，并向王某夫妻免费提供住宿及免收水电费的方式抵扣看管厂房财物的劳动报酬等可见，王某除了从事白天打磨工作之外，实际还担负着夜间和节假日对厂区财物的看管工作，即王某在非工作时间具有协助应对厂区对突发事件的保安职责。根据《工伤保险条例》第15条第1项"职工有下列情形之一的，视同工伤：（一）在工作时间和工作岗位，突发疾病死亡或者在48小时之内经抢救无效死亡的……"的规定，工作岗位一般是指职工从事日常工作时所在的工作岗位，既包括职工日常的工作岗位，也包括受单位指派从事工作的岗位，以及单位为解决职工在工作过程中的合理生理、生活需要而提供的工间休息等场所，即工作岗位是指在工作场所从事或履行与工作有关活动的空间，以及为解决职工在工作中的合理生理、生活需要而提供的场所。王某在非工作时间具有协助应对厂区内突发事件的保安职责，即其在某木器店厂区内均应作为其履行保安职责的工作岗位。同时，因王某夫妻掌管工厂钥匙，即使是在厂内宿舍休息时，王某随时都要负责开关门，且在夜间和节假日发生情况随时要通知单位并协助处理。故王某在夜间和节假日实际是处于担负看管职责的值班状态中。现王某于2014年7月30日早上在某木器店一楼厂区内死亡。所以，王某死亡的情形符合《工伤保险条例》第15条第1项的规定应当认定为视同工伤，二审法院判决认定王某并非在履行职责期间死亡，属认定事实的主要证据不足。另，本案中，李某于 2014 年 8 月 7 日才就其丈夫王某的死亡向某市人社局申请工伤认定，某市人社局受理后当天即对李某第一次调查（询问）笔录。二审法院在另查明事实部分中认定"在 2014 年 7 月 31 日李某接受市人社局询问时，称……"显然有误。综上所述，二审判决认定事实的主要证据不足，根据《中华人民共和国行政诉讼法》第 91 条第 3 项和第 93 条第 1 款的规定，特提出抗诉，请依法再审。

再审法院认为，本案争议的焦点是案外人王某的死亡是否应当认定为工伤或视同工伤。李某主张，其与王某事发前住在厂区宿舍，担负着在夜间及节假日看管财物的值守职责，某木器店因此免收其二人的住宿费和水电费，并发放每月 300 元的保安工作补贴，并且，王某死亡前打开大门是为其他员工上班工作做准备，其猝死前处于履行保安职责的工作时间和工作岗位上，故其死亡应当认定为工伤或视同工伤。李某于 2014 年 7 月 31 日和 2014 年 8 月 4 日在某派出所接受询问时反映，王某在猝死的前一天因身体不适已经请假休息一天，猝死当天因身体忽冷忽热、浑身疼痛腹泻不止而准备去就诊，但在凌晨 6 时左右准备给电动车充电时猝死。虽然，二审误将某派出所于 2014 年 7 月 31 日所作的询问笔录认定为某市人社局制作，但二审记载的该笔录内容是符合客观事实的。根据上述客观事实，即便王某确实担负着在夜间和节假日看管财物的职责，但王某猝死前身体已经十分不适，处于请假休息的状态，既不处于工作时间和工作岗位，也不处于履行工作职责的状态，其死亡既不属于因工作原因而受到伤害，也不属于在工作时间、工作岗位上突发疾病死亡或者在 48 小时内经抢救无效死亡的情形，按照《工伤保险条例》第 14 条、第 15 条第 1 款的规定，王某的死亡不应当认定为工伤或者视同工伤。李某所称王某死亡前打开大门系为其他员工上班做准备，与其在某派出所接受询问时的陈述不符，缺乏事实依据，亦不符合常理，不予采信，某市人社局对于王某的死亡作出《不予认定工伤决定书》，认定事实清楚，证据充分，二审判决维持该工伤认定结果，并无不当，予以维持。抗诉机关和李某的意见不能成立，不予支持。判决认定事实清楚，适用法律正确，予以维持。

[**案件评析**]

本案为一起常见的关于员工死亡能否认定为工伤的纠纷，但本案裁判思路及价值取向值得注意。李某就其丈夫王某死亡提出工伤认定申请，用工单位认为属于工伤但最终由人社部门认定，且李某提出了工伤认定应以"认定为原则、不认定为例外"的主张。本案事实并非十分复杂，王某出现身体不适后请假在厂区宿舍休息期间死亡，与法律规定的"在工作时间和工作场所内"所要求的员工死亡时须处于工作状态不相符，王某虽在非工作时间有履行保安职责但本案发生时其并未处于履职中，因此人社部门及法院均未认定工伤。

本案更大的意义在于，劳资双方对属于工伤无大争议时，人社部门应如何履行行政确认职责，这关系到政府是否依法行政。正如二审判决所言，工伤保险救济的补偿来源于负有法定缴费义务的企业、单位、团体等缴纳的工伤保险费用。这实际是国家对劳动者出现工伤工亡时依法获得社会保障的特殊制度安排，具有一定的公益性，如对于不符合法定工伤情形的行政确认为工伤，必然会对符合法定工伤认定条件的员工造成实质的不公平，也是对依法缴纳工伤保险费用的用人单位合法权益的损害，更与依法行政的基本原则相悖。

（点评人：唐国雄　广东国融律师事务所主任）

19. 员工受伤次日单位缴纳社会保险费能否享受工伤保险待遇

——某工艺厂诉某市社会保险基金管理局社保基金行政决定案*

[当事人信息]

原告：某工艺厂

被告：某市社会保险基金管理局（法定代表人：张某）

[审理法院]

广东省中山市第一人民法院

[基本案情]

历某于2011年12月1日入职某工艺厂，2012年1月12日，历某在工作时受伤。2012年1月13日，某工艺厂为历某申报及缴纳2012年1月的工伤保险费。2012年4月24日，某市人力资源和社会保障局认定历某受到的事故伤害为工伤。2015年5月18日，某工艺厂向某市社会保险基金管理局（以下简称某市社保基金局）为历某申请工伤保险待遇，要求由工伤保险基金支付一次性伤残补助金、伤残津贴及生活护理费等一至四级伤残待遇。2015年6月2日，某市社保基金作出工伤保险待遇处理决定书，认为历某工伤保险关系的生效时间为2012年1月14日，迟于其工伤事故发生的时间，决定不予支付工伤保险基金，历某不得享受工伤保险待遇。某工艺厂不服，向法院提起行政诉讼。

该案一审法院认为，历某于2011年12月1日入职某工艺厂，后于2012

---

* 作者：唐丽斌，广东国融律师事务所律师。

年 1 月 12 日 10 时左右发生工伤事故，某工艺厂于 2012 年 1 月 13 日 10 时 58 分首次为历某申报缴纳社会保险费（参加险种为养老保险、工伤保险、失业保险、基本医疗保险），因某工艺厂未自用工之日起 30 日内为历某申请办理社会保险登记，未为历某缴纳 2011 年 12 月的工伤保险费，且某工艺厂为历某申报缴纳社会保险费的时间迟于其工伤事故发生的时间，故某市社保基金局认为历某工伤待遇应由某制品厂支付，不应由工伤保险基金支付，并作出工伤保险基金不予支付的决定，并无不当。

某工艺厂不服，上诉至二审法院。该院二审法院认为，某市社保基金局以"工伤保险关系生效时间晚于工伤事故发生时间"为由不予支付工伤保险待遇，不符合《中华人民共和国社会保险法》第 41 条规定："职工所在用人单位未依法缴纳工伤保险费，发生工伤事故的，由用人单位支付工伤保险待遇……"中山市地方税务局作为中山市范围内的社会保险征收单位，有对未依法缴纳工伤保险费进行追缴的职权，中山市地方税务局在相关回复中并未明确某工艺厂未依法缴纳工伤保险费，某市社保基金局认定"某工艺厂未依法为历某参加工伤保险的事实"相关依据不足，工伤保险待遇处理决定书应予以撤销。某市社保基金局应当在查明某工艺厂为历某申报、缴纳工伤保险费的具体事实情况后，重新作出处理决定。

2017 年 6 月 23 日，某市社保基金局重新作出工伤保险待遇处理决定书，某工艺厂没有自用工之日起三十日内为历某办理社会保险登记申报手续，存在应当参加工伤保险而未参加的情形。某市社保基金局决定工伤保险基金不予支持历某工伤保险待遇。某工艺厂不服，向法院提起行政诉讼，要求撤销上述行政决定。

[争议焦点]

员工工伤发生在用人单位缴纳社保之前如何处理。

[律师意见]

承办律师作为被告某市社保基金局一审程序代理人，向法院提交答辩意见如下：（1）某市社保基金局具有作出涉案工伤保险待遇处理决定的职权。（2）某市社保基金局作出的工伤保险待遇处理认定事实清楚，适用法律正确。某工艺厂没有自用工之日起 30 日内为历某办理社会保险登记申报手续，存在应当参加工伤保险而未参加的情形。(3)某市社保基金作出的工伤保险待遇处理决定程序合法。其于 2017 年 6 月 23 日作出工伤保险待遇处理决定书，并依法送达给某工艺厂，邮寄送达给赵某(历某配偶)，符合行政机关办事程序规定，程序合法。(4)某工艺厂的诉讼请求没有法律依据。某工艺厂虽然已于 2012 年 1 月 13 日为历某申报及缴纳 2012 年 1 月的社会保险费、但其并没有为历某补缴 2011 年 12 月的社会保险费及滞纳金。

[裁判结果]

一审法院认为，根据《中华人民共和国社会保险法》第 8 条、《工伤保险条例》第 5 条第 3 款、第 46 条第 5 项的规定，某市社保基金局负有核定本行政区域内的工伤保险待遇的职权与职责。《中华人民共和国社会保险法》第 58 条第 1 款规定："用人单位应当自用工之日起三十日内为其职工向社会保险经办机构申请办理社会保险登记……"《工伤保险条例》第 62 条第 2 款规定："依照本条例规定应当参加工伤保险而未参加工伤保险的用人单位职工发生工伤的，由该用人单位按照本条例定的工伤保险待遇项目和标准支付费用。"《广东省工伤保险条例》第 57 条第 1 款规定："用人单位依照本条例规定应当参加工伤保险而未参加或者未按时缴纳工保险费，职工发生工伤的，由该用人单位按照本条例规定的工伤保险待遇项目和标准向职工支付费用。"根据《社会保险费征缴暂行条例》第 10 条第 1 款的规定，结合中山市的实际情况，某工艺厂应当按月申报并缴纳社会保险费。本案中，历某于 2011 年 12 月 1 日入职某工艺厂，某工艺厂应当自历某入职时即 2011 年 12 月起按时为其缴纳工伤保险费用，但某工艺厂于 2012 年 1 月 13 日才为历某申报 2012 年 1 月的工伤保险费，为历某办理社会保险登记申报手续超过了 30 日，且没有为历某申报缴纳 2011 年 12 月的工伤保险费，故某工艺厂没有自用工之日起 30 日内为历某办理社会保险登记申报手续，存在应当参加工伤保险而未参加的情形。历某于 2012 年 1 月 12 日受伤，而某工艺厂于伤害事故发生后次日即 2012 年 1 月 13 日才为历某申报及缴纳 2012 年 1 月的工伤保险费，并未补缴应当缴纳的历某 2011 年 12 月工伤保费滞纳金，不符合《工伤保险条例》第 63 条第 3 款的规定。根据前述法律规定，应由某工艺厂按照规定的工伤保险待遇项目和标准向职工支付费用。因此，某市社保基金局根据上述规定，作出工伤保险待遇处理决定书，决定工伤保险基金不予支付历某江工伤保险待遇（包括一次性伤残补助金、伤残津贴及生活护理费等一至四级仿残待遇），于法有据，并无不当。某市社保基金局在中山市中级人民法院判决后，经调查核实，重新对某工艺厂的申请作出工伤保险待遇处理决定，并依法送达各方当事人，程序合法。

综上所述，某工艺厂要求撤销某市社保基金局于 2017 年 6 月 23 日作出的中工伤保险待遇处理决定书的诉讼请求，无事实和法律依据，予以驳回。某工艺厂要求责令某市社保基金局重新作出工伤待通处理决定撤销的诉讼请求，理据不充分，予以驳回。法院判决驳回某工艺厂的诉讼请求。

[案件评析]

本案历经法院两次审理、社保经办机构两次作出行政决定，争议焦点主要在于历某受伤后的次日单位才缴纳社会保险费，是否符合享受社保待遇的法定条件。

在某市社保基金局首次行政决定及法院首次审理中，认为不应由工伤保险基金支付历某工伤保险待遇的理由是某工艺厂申报缴纳社会保险费的时间迟于历某工伤事故发生的时间，而二审法院认为该理由与法律规定的"用人单位未依法缴纳工伤保险费"属不同范畴，故判决撤销原行政决定，要求某市社保基金局在查明某厂为历某申报、缴纳工伤保险费的具体事实后重新作出决定。在某工艺厂对某市社保基金局重新作出的行政决定再次提起诉讼时，某市社保基金局的代理律师答辩意见主要围绕某制品厂为历某申报缴纳社保费超过了历某入职后的 30 日，且没有补缴入职当月的工伤保险费。法院审理后认为，某工艺厂在职工发生伤害事故后次日才申报缴纳保险费，违反了关于"用人单位应当自用工之日起三十日内为其职工向社会保险经办机构申请办理社会保险登记"的法律规定，申报手续超过法定 30 日且没有补缴之前的费用，因此认定存在应当参加社会保险而未参加的情形，故驳回某工艺厂的诉讼请求，维持了某市社保基金局的行政决定。

在实践中，部分用人单位为减少用工成本，违反法律规定未为其职工申办社保，当职工发生伤害事故后，用人单位又抢办社保的情形时有发生，应引起重视。本案中，某工艺厂虽为历某购买了受伤当月的社保，但违反了法律规定应自用工之日 30 日内申办社保的规定，且未补缴之前的社保费，故法院判决认为某工艺厂存在应对参加工伤保险而未参加的情形。本案裁判结果有利于规范某工艺厂在内的用人单位依法、及时、足额为职工申办社保，从而防止用人单位在职工受伤后又抢办社保等不诚信现象。人民法院作出的裁判，不仅是个案定纷止争的司法裁判载体，更是宣传尊法守法、诚实守信的重要形式，一份公平公正的司法判决无疑会指导和教育包括双方当事人在内的社会公众。

（点评人：唐国雄　广东国融律师事务所主任）

20. 用人单位对员工劳动能力鉴定结论不服能否提起行政诉讼

——某塑胶公司诉某市人力资源和社会保障局人力社保行政行为案*

[当事人信息]

原告：某塑胶公司

被告：某市人力资源和社会保障局（法定代表人：洪某）

[审理法院]

广东省中山市中级人民法院

广东省中山市第一人民法院

[基本案情]

欧某系某塑胶公司员工。2017 年 4 月 24 日，某市劳动能力鉴定委员会对欧某于 2016 年 10 月 11 日的受伤作出劳动能力鉴定书，鉴定为六级伤残。某塑胶公司认为，欧某系在该公司生产车间私自清理搅拌机被割伤手腕。欧某因上述事故在 2016 年 10 月 11 日至 2017 年 1 月 12 日在某市某医院住院治疗，在未经医院允许出院情况下对医院作虚假陈述，私自办理出院，继续休养并在广东省某市继续治疗。欧某伤情并未稳定，但其却向某市劳动能力鉴定委员会申请劳动能力鉴定。某市劳动能力鉴定委员会在欧某伤情未稳定情况下便受理其劳动能力鉴定申请，并作出六级伤残的鉴定结论，严重违法。某市劳动能力鉴定委员会未依法向某塑胶公司法定代表人送达劳动能力鉴定书，而是以快递方式邮寄，导致该公司收到鉴定报告时已过了提出再次鉴定

---

* 作者：唐丽斌，广东国融律师事务所律师。

申请的时效，严重违反了送达程序。某塑胶公司起诉至法院，请求：（1）某市人力资源和社会保障局（以下简称某市人社局）违反送达程序，撤销劳动能力鉴定书，判令重新鉴定欧某劳动能力；（2）诉讼费用由某市人社局承担。

[争议焦点]

劳动能力鉴定结论是否具有行政诉讼可诉性。

[律师意见]

承办律师为某市人社局委托诉讼代理人，提交答辩意见如下：劳动能力鉴定是依据国家鉴定标准判定伤、病职工劳动能力、伤残程度的技术性工作，不属于具体的行政行为，应当驳回某塑胶公司起诉。根据《工伤职工劳动能力鉴定管理办法》第4条、第14条、第16条、第17条的规定，劳动能力鉴定委员会作出的伤残等级鉴定结论是根据专家组的鉴定意见作出的，只是一种技术性结论，工伤职工或用人单位对初次鉴定结论不服的，应当通过申请再次鉴定，或在1年后申请复查鉴定。据此，某市劳动鉴定委员会劳动能力鉴定书不具有行政确认的性质，不属于具体行政行为，某塑胶公司不能就该劳动能力鉴定书提起行政复议或行政诉讼，应当驳回其起诉。

[裁判结果]

一审法院认为，根据《工伤保险条例》第24条规定："省、自治区、直辖市劳动能力鉴定委员会和设区的市级劳动能力鉴定委员会分别由省、自治区、直辖市和设区的市级社会保险行政部门、卫生行政部门、工会组织、经办机构代表以及用人代表组成。劳动力鉴定委员会建立医疗卫生专家库……"第25条第1款规定："设区的市级劳动能力鉴定委员会收到劳动能力鉴定申请后，应当从其建立的医疗卫生专家库中随机抽取3名或者5名相关专家组成专家组，由专家组提出鉴定意见。设区的市级劳动能力鉴定委员会根据专家组的鉴定意见作出工伤职工劳动能力鉴定结论……"劳动能力鉴定书是劳动能力鉴定委员会按照鉴定程序作出的技术性结论，不是行政行为，不具有可诉性，不属于行政诉讼的受案范围。且根据《工伤保险条例》第26条规定："申请鉴定的单位或者个人对设区的市级劳动能力鉴定委员会作出的鉴定结论不服的，可以在收到该鉴定结论之日起15日内向省、自治区、直辖市劳动能力鉴定委员会提出再次鉴定申请。省、自治区、直辖市劳动能力鉴定委员会作出的劳动能力鉴定结论为最终结论。"对劳动能力鉴定结论不服的，有其自身的救济程序。根据《中华人民共和国行政诉讼法》第49条第4项规定："提起诉讼应当符合下列条件……（四）属于人民法院受案范围和受诉人民法院管辖。"《最高人民法院关于适用〈中华人民共和国行政诉讼法〉若干问题的解释》第3条第1款第1项规定："有下列情形之一，已经立案的，应当裁定驳回起诉：（一）不符合行政诉讼法第四十九条规定的……"某塑胶公司的起诉不属于人民法院行政诉讼的受案范围，不符合法定起诉条件，故对其起诉，予以驳回。综上，依照《中华人民共和国行政诉讼法》第49条第4项、《最高人民法院关于适用〈中华人民共和国行政诉讼法〉若干问题的解释》第3条第1款第1项、《最高人民法院关于执行〈中华人民共和国行政诉讼法〉若干问题的解释》第63条第1款第2项的规定，一审法院裁定驳回某塑胶公司的起诉。

某塑胶公司不服一审判决，上诉至中山市中级人民法院。

某塑胶公司上诉认为：（1）劳动能力鉴定委员会实际上属于某市人社局管辖的一个下属部门，具备行政职能；（2）劳动能力鉴定结论正确与否，与赔偿义务人利益息息相关，有直接关系，因而具有可诉性；（3）没有法律规定未经劳动能力鉴定不能提出行政诉讼。因此，请求二审法院撤销原审裁定，并指令一审法院继续审理本案。

二审法院认为，劳动能力鉴定结论是相关劳动能力专业鉴定部门作出的专业性结论，非行政行为，不属于行政诉讼的受案范围。法院对当事人针对劳动能力鉴定结论提起的行政诉讼，应不予受理或者裁定驳回起诉。对此，一审法院已作充分合法阐述，该院予以认可。另外某市人社局与某市劳动能力鉴定委员会并非同一机构，某市人社局也没有送达劳动能力鉴定结论的职责和义务，因此，某塑胶公司起诉的行为并非某市人社局所为，其对某市人社局的起诉没有事实依据，不符合法定起诉条件，其起诉依法亦应予以驳回。综上所述，某塑胶公司上诉理据不足，该院不予采纳，其上诉请求，该院依法予以驳回。原审裁定认定事实清楚，适用法律正确，该院予以维持。依照《中华人民共和国行政诉讼法》第89条第1款第1项的规定，二审法院裁定驳回上诉，维持原判。

[案件评析]

本案涉及不服劳动能力鉴定结论的救济程序，裁判结果对处理该类型纠纷具有一定指导性。对于劳动能力鉴定结论性质的判定，可以从作出主体及行为性质两方面予以分析。第一，主体方面。根据法律规定，劳动能力鉴定委员会系由相关部门的代表组成，是一个承担劳动能力确认工作的专业性技术鉴定机构，其工作职责是根据国家鉴定标准从事伤病职工能力及伤残程度等的鉴定、对疾病与工伤关联的确认、工伤职工旧伤复发的确认等的技术性工作，其既不属于法律法规授权的组织，也不是行政机关内部设立的机构。第二，行为性质方面。劳动能力鉴定结论则是劳动能力鉴定委员会对工伤职工劳动功能障碍程度和生活自理障碍程度的等级鉴定，本质上属于技术性的等级鉴定，不具备行政确认性质，不是行政行为。根据《中华人民共和国行政诉讼法》第2条第1款规定："公民、法人或者其他组织认为行政机关和行政机关工作人员的行政行为侵犯其合法权益，有权依照本法向人民法院提起诉讼。"因劳动能力鉴定结论并非行政主体依据行政职权作出的可诉行政行为，故不属于人民法院行政诉讼受案范围。

（点评人：唐国雄　广东国融律师事务所主任）

'04

城乡规划管理行政案例

21. 政府对实施控制性详细规划修编的批复行为是否具有可诉性

22. 乡镇控制性详细规划编制内容及程序的司法审查规则

23. 对未办理工程规划报建和施工许可而擅自建设房屋行为的行政查处职责是否依法履行的认定

21. 政府对实施控制性详细规划修编的批复行为是否具有可诉性

——周某强、周某良诉某市政府、某镇政府规划行政批复纠纷案*

[当事人信息]

　　原告：周某强、周某良

　　被告：某市政府、某市某镇政府

[审理法院]

　　广东省中山市中级人民法院

　　广东省中山市第一人民法院

[基本案情]

　　2008 年 12 月 22 日，周某强获颁位于某市某镇某街的中府集用（2008）×号集体土地使用证，地类（用途）为住宅，使用权类型为批准拨用宅基地，使用权面积为 120 平方米。2013 年 8 月 22 日，周国良获颁位于某市某镇某街的中府集用（2013）×号集体土地使用证，地类（用途）为住宅，使用权类型为批准拨用宅基地，使用权面积为 60 平方米。2010 年 12 月 30 日，某镇政府经某市城乡规划局审查同意，发布《控规修编》公示公告，之后又进行了相关调整修改，并于 2011 年 12 月 20 日重新进行了公示。2012 年 3 月 5 日，某镇政府向某市政府提出关于《控规修编》的报审请示。2012 年 3 月 31 日，某市政府办公室作出中府办复〔2012〕46 号《某镇某区控制性详细规划修编（京珠高速以东）的批复》（以下简称 46 号批复），认为《某镇某工业

---

　　* 作者：林文娟，广东国融律师事务所律师。

区控制性详细规划修编（京珠高速以东）》（以下简称《控规修编》）基本符合某镇总体规划要求，要求某镇政府向社会公布《控规修编》。2012年5月9日，《控规修编》在某市城乡规划局网站上进行了公示。周某强、周某良二人于2016年分别向某城乡规划局申请办理建设用地规划条件，该局认为两人名下的涉案地块位于《控规修编》规划的道路用地范围内，决定不予许可办理建设用地规划条件。

原告周某强、周某良起诉请求判令撤销某市政府的行政批复。

[争议焦点]

某市政府对控制性详细规划修编的批复行为是否属于行政诉讼法上的可诉行政行为。

[律师意见]

周某强、周某良起诉认为，其在46号批复出台前已取得宅基地，后多次报建未取得批准。46号批复未经听证、未经审查、未经发布，其制定程序违法，其内容也因设定了强制措施、影响公民合法权益而违法。

承办律师作为某镇政府委托代理人，向审理法院提交了答辩意见，答辩要点如下。

（1）涉诉《规划修编》批复并非政府规章，亦非规范性文件。《控规修编》所涉土地范围内的任一坐标地块均是唯一的、特定的，所影响的相对人也是特定的，即涉案地块相应的规划结果、批复行为所指向的行政相对人是特定的。因此46号批复并非规范性文件，被告作出46号批复的行为属于行政行为，亦非政府规章。所以46号批复的作出不适用《规章制定程序条例》《广东省行政机关规范性文件管理规定》。

（2）某镇政府具有审批第三人的控制性详细规划的职权。结合《中华人民共和国城乡规划法》第20条规定："镇人民政府根据镇总体规划的要求，组织编制镇的控制性详细规划，报上一级人民政府审批……"某镇政府具有审批第三人控制性详细规划的职权，因此被告有权作出46号批复。

（3）《控规修编》的制定程序、内容合法，某镇政府应作出同意《控规修编》的批复。具备资质条件的东风设计研究院有限公司编制涉案《控规修编》，符合《中华人民共和国城乡规划法》第24条第1款规定："城乡规划组织编制机关应当委托具有相应资质等级的单位承担城乡规划的具体编制工作。"某市城乡规划局针对涉案《控规修编》草案出具了审查修改意见并公示公告，明确广大市民或相关利害关系人可到某镇规划建设办公室宣传栏或某镇政府网站、市规划局网站查阅相关规划情况，亦可向某镇规划管理所直接提交书面意见与建议。经研究，某市政府作出了涉案批复。批准通过后，第三人协同某市规划局向社会公布了《控规修编》。

综上，被告作出 46 号批复符合法律规定，且《控规修编》已实施多年，46 号批复作为《控规修编》实施的基础，如撤销将会破坏基于《控规修编》所衍生的社会秩序，损害不特定社会主体的信赖利益。恳请法院依法驳回周某强、周某良的诉讼请求。

某市政府答辩意见主要为：第一，某市政府具有审批涉案《控规修编》的法定职权；第二，46 号批复是抽象行政行为，不具有可诉性，不属于行政诉讼受案范围；第三，某市政府审批《控规修编》所依据的事实清楚，程序合法，适用法律正确，是合法有效的行政行为。综上，请求法院驳回周某强、周某良诉讼请求。

[裁判结果]

一审法院认为，根据《城市规划编制办法》关于控制性详细规划的规定，控制性详细规划城市、乡镇人民政府规划主管部门根据城市、镇总体规划的要求，用以控制建设用地性质、使用强度和空间环境的规划。控制性详细规划是城市主管部门作出规划行政许可、实施规划管理的依据，并指导修建性详细规划的编制。故控制性详细规划在其区域内具有普适性的法律效果，对规划区域内的所有人的建设行为均具有拘束力。一般而言，规划区域内受该控制性规划拘束的人不能因该规划的编制影响了其可能建立的权利义务关系而对该行为具有诉权。但是，对于该控制性详细规划编制时已存在某种利益关系的人，应从行政诉讼法对于可诉行政行为的规定所强调的行政行为的个别性和法效性特征来审查该行为的可诉性。所谓行政行为的个别性，强调的是行为指向了特定之人或具体事件；法效性强调的则是行为直接对特定之人发生了法律效果，即直接影响了特定之人权利所系之法律关系的发生、变更、消灭。从本案事实看，经某市政府批复的《控规修编》使周某强、周某良原为住宅用途的土地使用权变成了道路用地的规划地类性质，直接导致周某强、周某良建设住宅的规划建设许可申请不被规划部门许可，直接影响了其原有的土地使用权益。由于控制性详细规划是规划管理部门作出规划许可的依据，在控制性详细规划的影响下，周某强、周某良仅对某市城乡规划局的不予办理建设用地规划条件决定行使诉权，并不能实质解决其权利所受的影响。故该控制性详细规划的实施对周某强、周某良的影响而言，已超出了对一般人的普适性影响的范围，具有个别性和法效性的影响，是周某强、周某良权利义务受到影响的直接原因，因而该批复行为对二人而言应为可诉的行政行为。因此，法院对于某市政府关于本案《控规修编》的批复行为不可诉的抗辩意见不予采纳。

审查本案某市政府批复《控规修编》的合法性问题，在于审查某市政府的批复行为是否遵循了行政行为所要遵循的最基本公正程序原则，即正当程序原则的问题。虽然关于某市政府如何审查《控规修编》法律中没有明确的程序规定，但是并不意味着可以由此认为批复行为不受程序限制。该院认为，应当从正当程序原则的要义出发，即作出任何使他人遭受不利影响的行政行为所要遵循的程序规定。周某强所持国有土地使用权证，是由某市政府在审批《控规修编》之前颁发的土地使用权行政许可，许可周某强按照住宅用途使用该土地。故某市政府在审查《控规修编》时应当知道批复该《控规修编》的实施将使其尚在土地使用权期内的土地规划用途发生改变，实质改变了土地使用权证行政许可的内容，影响了该土地使用权行政许可的实施。《中华人民共和国行政许可法》第8条第1款规定："公民、法人或者其他组织依法取得的行政许可受法律保护，行政机关不得擅自改变已经生效的行政许可。"故该院认为，某市政府审查《控规修编》时，除了要审查编制部门编制控规是否按照《城市规划编制办法》的程序进行外，基于正当程序原则的法律要求，某市政府的审查行为还应当受《中华人民共和国行政许可法》拘束，对于受影响的已生效的行政许可，应在直接告知利害关系人将对其造成不利影响，听取其陈述、申辩意见，并对该影响制定救济方案的基础上，才能批复实施《控规修编》。由此，虽然某市政府在审查《控规修编》的过程中，对于编制部门的编制程序按照《城市规划编制办法》第16条、第17条规定的编制程序要求进行了相应的审查，却没有对周某强、周某良进行专门性的告知，以听取其意见，保障其权利，更没有就其无法按原许可用途使用土地造成的损失给予补偿或采取补救措施，违反了《中华人民共和国行政许可法》第8条第2款规定："行政许可所依据的法律、法规、规章修改或者废止，或者准予行政许可所依据的客观情况发生重大变化的，为了公共利益的需要，行政机关可以依法变更或者撤回已经生效的行政许可。由此给公民、法人或者其他组织造成财产损失的，行政机关应当依法给予补偿。"由此确认某市政府批复《控规修编》的行为违法。但是鉴于该《控规修编》经编制、批准实施后已成为控制某镇建设用地性质、使用强度和空间环境的规划，是该片区用地规划的重要指导依据和建设现状的效力依据，故撤销该批复将对该区的社会公共利益造成重大损害，该院从保留《控规修编》效力的必要性处罚对某市政府批复实施该《控规修编》的行为不予撤销。但是某市政府应当对该违法批复行为给周某强、周某良无法按原许可用途使用土地造成的影响，采取如置换土地等补救措施，或者按照涉案土地价值给予其财产损失补偿。

综上所述，判决确认某市政府批复实施《控规修编》的行为违法；某市政府应对原告周某强、周某良因政府批复无法按照原土地用途使用土地采取补救措施，或者按照该土地价值给予财产损失补偿。

[案件评析]

本案涉及政府实施控制性详细规划修编的批复行为是否可诉以及合法性的判定问题。本案裁判一大亮点在于以行政法中的正当程序原则为论据，即在法律对控制性详细规划批复程序并无明确规定情况下，法院根据正当程序原则，认为政府在审查控制性详细规划修编时既要审查编制部门编制控规的程序，还应当受行政许可法的拘束，对于受影响的已生效的行政许可，应直接告知利害关系人将对其造成不利影响，听取其陈述、申辩并制定救济方案。因此，本案某市政府在批复实施涉案《控规修编》时并未履行上述义务，而被法院判定行政行为违法，仅因撤销会对社会公共利益造成重大不利影响而未予撤销。本案判决说理性较强，如在论述批复实施控规修编行为是否具有可诉性问题上，法院认为《中华人民共和国行政诉讼法》关于行政行为是否可诉存在遵循标准，即行政行为的个别性和法效性，继而对个别性和法效性进行展开论述，核心观点是判断行政行为是否具有可诉性关键在于行政行为是否指向特定之人以及是否直接影响了该人的权利义务关系。实际上，周某强等二人因政府批复实施《控规修编》，使其原为住宅用途的土地使用权变成了道路用地，周某强等二人的权利义务受到了政府批复行为的直接影响，因此政府提出的批复行为属抽象行政行为不具有可诉性的观点不成立。本案判决的作出会起到提示甚至警醒效果，有利于市政府在审查编制部门送审的控制性详细规划时，更加注重是否存在人民群众因实施规划而遭受权利损失，履行专门性的告知义，保障利害关系人的陈述、申辩以及救济权利，从这个角度而言，本案判决无疑是一份值得认真研讨和赞赏的裁判。

（点评人：唐国雄　广东国融律师事务所主任）

22. 乡镇控制性详细规划编制内容及程序的司法审查规则

——周某柱诉某市政府、某镇政府规划管理行政纠纷案*

[当事人信息]

　　原告：周某柱

　　被告：某市政府、某镇政府

[审理法院]

　　广东省高级人民法院

　　中山市中级人民法院

[基本案情]

　　原告周某柱于 1998 年 12 月 26 日取得×××号土地证，该证载明的土地位置为某市某镇某村，使用面积为 240 平方米，用途为住宅，权属性质为集体。2013 年 5 月 24 日，该土地证变更为集（2013）×号，位置变更为某市某镇某村某街某巷某号，使用面积、用途、权属性质未变动。

　　2014 年 9 月 22 日，周某柱向某市城乡规划局申请办理集（2013）×号土地的建设用地规划条件，该局于 2014 年 10 月 15 日作出了《某市城乡规划局不予行政许可通知书》，不予许可的理由为用地性质与规划不符。周某柱就此通知向某市政府申请行政复议，某市政府复议称：其已于 2012 年 3 月 8 日批复同意《某镇旧镇区改造第二期控制性详细规划》（以下简称《控规》），根据该《控规》制定的用地规划，周某柱的该宗用地性质规划为公共

---

　　* 作者：王林波，广东国融律师事务所律师。

绿地，周某柱办理建设用地规划条件申请的土地用途为住宅，不符合规划要求，某市城乡规划局作出不予许可的决定合法正确。因此，某市政府作出《行政复议决定书》，维持了该决定。

2009 年某镇政府委托某市规划设计院（建设部甲级资质单位）编制《控规》（草案），草案编写完成后报某市规划局审查，该局就《控规》提出《某市规划编制项目审查意见书》，并于 2011 年 6 月 10 日组织某市国土资源局、某镇政府等单位就《控规》（草案）召开评审会，作出《某市规划编制项目审查意见书》，要求某镇政府对《控规》（草案）修改完善后提交公示。某镇政府于 2011 年 11 月 15 日将《控规》（草案）在某镇规划建设办公室宣传栏、某镇政府网站、某市城乡规划局网站公示，并在《中山日报》（A4版）公示，公示期为 30 天，明确广大市民及相关利害关系人可向某镇规划管理所直接提交书面意见与建议，并载明联系人及联系电话。公示期间未收到意见与建议。2012 年 2 月 15 日，某镇政府向某市政府报批《控规》。2012 年 3 月 8 日，某市政府作出《关于某镇旧镇区改造第二期控制性详细规划的批复》，批准《控规》。该批复中同时要求某镇政府在批准之日起 30 日内向社会公告《控规》。2012 年 3 月 29 日，《控规》在某市城乡规划局网站公告。

周某柱提起行政诉讼，请求：（1）撤销《控规》；（2）判令某镇政府、某市政府将周某柱的集（2013）×号土地使用权证的用地恢复为住宅用地；（3）由某市政府、某镇政府承担诉讼费用。

一审庭审期间，周某柱称《控规》与《某市某镇总体规划》不符，某镇政府、某市政府确认两者有差异，但称两者总体上吻合。

[争议焦点]

控制性详细规划编制主体、内容及程序的合法性以及如有违法是否应予撤销。

[律师意见]

周某柱认为，某镇政府编制、某市政府批准的《控规》，将其住宅用地违法改变为公共绿地，损害了其合法权益。

承办律师作为某镇政府的委托代理人，向审理法院提交了答辩意见，答辩要点如下。

（1）《控规》合法有效。根据《中华人民共和国城乡规划法》的规定，某镇政府作为镇级人民政府有权编制控制性详细规划，《控规》（草案）编制后，依法在《中山日报》、某镇规划建设办公室宣传栏、某镇政府网站、某市规划局网站等多处向社会公众进行公示，公示期30天满后，该规划报经市政府批复同意。

（2）周某柱在《控规》（草案）公示征求意见时未提出异议，现提出行政诉讼已经超过了3个月的法定起诉期限。

（3）《控规》已经依法批准并公布具备法律效力，周某柱也应遵守该《控规》，其要求恢复其土地的规划请求应予以驳回。综上，请求人民法院驳回周某柱的诉讼请求。

某市政府答辩意见主要为：第一，根据《中华人民共和国城乡规划法》第20条的规定，某市政府是审批涉案《控规》的法定机构，具备审批《控规》的法定职能。第二，《控规》由某镇政府委托某市规划设计院编制了草案，草案编写完成后报市规划局审查，该局提出修改意见，并组织某市国土资源局、某镇政府等单位就规划编制方案召开评审会，作出×××号《某市规划编制项目审查意见书》，要求某镇政府将修改完善后的规划草案进行公示。此后，某镇政府依法进行了公示与报批。因此，某市政府作出涉案批复批准《控规》，认定事实清楚，程序合法，适用法律、法规正确，依法应予维持。第三，周某柱的起诉没有事实和法律依据，《控规》及其批复不存在应予撤销的情形，请求人民法院驳回周某柱全部诉讼请求。

［裁判结果］

一审法院认为，本案系城乡规划管理纠纷。由于涉案《控规》的实施对处于《控规》地域范围内的周某柱的土地使用权造成影响，周某柱有权对《控规》提起行政诉讼。对于涉案《控规》的合法性，应依法进行全面审查。首先，在编制《控规》的职权方面。根据《中华人民共和国城乡规划法》第15条规定："县人民政府组织编制县人民政府所在地镇的总体规划，报上一级人民政府审批。其他镇的总体规划由镇人民政府组织编制，报上一级人民政府审批。"第20条规定："镇人民政府根据镇总体规划的要求，组织编制镇的控制性详细规划，报上一级人民政府审批……"考虑到某市建制实际情况，某镇政府和某市政府分别具有编制和审批镇的控制性详细规划的职权。其次，在编制《控规》的程序方面。涉案《控规》由某镇政府委托某市规划设计院编制草案，草案编写完成后报某市规划局审查，该局提出审查意见，并组织召开评审会，某镇政府对草案修改完善后，在相关政府网站及《中山日报》公示。公示期满后，某镇政府向某市政府报批《控规》，某市政府作出涉案批复批准《控规》。根据《中华人民共和国城乡规划法》第 24 条第 1款规定："城乡规划组织编制机关应当委托具有相应资质等级的单位承担城乡规划的具体编制工作"，第 26 条规定："城乡规划报送审批前，组织编制机关应当依法将城乡规划草案予以公告，并采取论证会、听证会或者其他方式征求专家和公众的意见。公告的时间不得少于三十日。"本案《控规》从起草到获得批准，符合法定的一般性程序要求。但是，某镇政府在《控规》获得批准后，仅在某市规划局网站进行公告，而未在某市主要新闻媒体公布，违反了《广东省城市控制性详细规划管理条例》第 17 条规定："控制性详细规划经人民政府批准后，城市规划行政主管部门应当自批准之日起三十日内在当地主要新闻媒体和政府信息网站上公告。"住房和城乡建设部发布的《城市、镇控制性详细规划编制审批办法》第 17 条规定："控制性详细规划应当自批准之日起 20 个工作日内，通过政府信息网站以及当地主要新闻媒体等便于公众知晓的方式公布。"导致受该行为影响的当事人无法通过公告得知该控规编制的情况，无法对其受影响的权利进行陈述、申辩。属于程序违法。再次，在《控规》的内容方面。《中华人民共和国城乡规划法》第 20 条规定："镇人民政府根据镇总体规划的要求，组织编制镇的控制性详细规划，报上一级人民政府审批……"《城市、镇控制性详细规划编制审批办法》第 9条规定："编制控制性详细规划，应当依据经批准的城市、镇总体规划，遵守国家有关标准和技术规范，采用符合国家有关规定的基础资料。"控制性详细规划应与本地的总体规划一致，但本案《控规》与《某市某镇总体规划》不符。因此，《控规》的内容存在违法情形。另，在编制《控规》过程中，某镇政府、某市政府仅以公告的途径征求公众意见，而对于明确的有直接利害关系的周某柱未履行充分、严谨的告知义务，有违行政机关在作出不利于相对人的行政行为前应听取其陈述、申辩的正当法律程序的基本要求。《控规》编制后，改变了周某柱土地的用途，实质上变更了某市政府此前对周某柱土地使用的许可，却未对其补偿或赔偿，损害了被许可人周某柱合法的信赖利益，属于违法变更。最后，关于起诉期限问题。《控规》于2012年被批准和公告，而周某柱作为直接利害关系人并未收到过编制《控规》的信息，且《控规》在获得批复后亦未依法正确公告，周某柱在2014年办理建设用地规划条件申请时才得知其用地性质与规划不符，直至某市政府复议后才知道《控规》存在，某市政府于2015年2月16日作出复议决定后，周某柱即于2015年3月12日即向一审法院起诉，根据《中华人民共和国行政诉讼法》第46条规定："公民、法人或者其他组织直接向人民法院提起诉讼的，应当自知道或者应当知道作出行政行为之日起六个月内提出。法律另有规定的除外。"《最高人民法院关于执行〈中华人民共和国行政诉讼法〉若干问题的解释》第42条规定："公民、法人或者其他组织不知道行政机关作出的具体行政行为内容的，其起诉期限从知道或者应当知道该具体行政行为内容之日起计算。对涉及不动产的具体行政行为从作出之日起超过20年、其他具体行政行为从作出之日起超过5年提起诉讼的，人民法院不予受理。"周某柱的起诉仍处于起诉期限内，依法应予受理。某镇政府提出周某柱起诉超过起诉期限的主张，不予支持。

因此，某镇政府、某市政府编制和批准《控规》的行为，在程序及内容上均存在违法情形，且损害了周某柱的合法权益。但鉴于《控规》已实施多年，如撤销将会破坏基于《控规》所衍生的社会秩序，损害不特定社会主体的信赖利益。因此，一审审法院对周某柱请求撤销《控规》及将土地使用权证的用地恢复为住宅用地的请求不予支持，但被告某镇政府、某市政府应对《控规》违法给周某柱造成的损失采取补救措施。

综上，依照《中华人民共和国行政诉讼法》第74条第1款第1项的规定，一审法院判决：（1）确认某镇政府、某市政府编制和批准《控规》的行为违法，但对该规划不予撤销，由上述两方对给周某柱造成的损失采取补救措施；（2）驳回周某柱的其他诉讼请求。

周某柱不服一审判决，上诉至中山市中级人民法院。上诉理由主要包括：（1）因被诉《控规》受到影响的土地使用权人不只上诉人一户，还有很多因《控规》改变土地的原用途而导致无法报建和使用土地的居民，如不撤销会损害广大居民的合法权益。（2）一审法院不撤销被诉控规，而由某镇政府、某市政府对周某柱的损失采取补救措施，变相对周某柱的涉案土地进行了强制征收。（3）某镇政府、某市政府应按照《城市、镇控制性详细规划编制审批办法》和《广东省城市控制性详细规划管理条例》的规定，对被诉《控规》进行修改或调整。综上，请求：（1）将一审判决中的第一判项改为确认某镇政府、某市政府编制和批准《控规》的行为违法，并撤销该规划；（2）撤销一审判决中的第二项，并判令某镇政府、某市政府将周某柱的涉案土地的用地规划恢复为住宅用地；（3）由某镇政府、某市政府承担诉讼费用。

某市政府亦不服一审判决，上诉至中山市中级人民法院。上诉理由主要包括：（1）某市政府审批的涉案《批复》，事实清楚，程序合法，适用法律正确；（2）一审法院认定事实不清。一是将批准后的控制性详细规划在当地主要新闻媒体公布的主体是城市规划行政主管部门，而非编制机关某镇政府；二是某镇政府在编制《控规》的过程中已将草案在相关媒体上进行公示，但公示期满后未收到任何单位及个人的反馈意见；三是被诉《控规》经某市政府审批后已经生效，《控规》生效后未在某市主要新闻媒体公布，只是生效后公示的程序问题，并不会对已生效的《控规》产生影响；四是一审庭审阶段，某市政府和某镇政府已明确被诉《控规》与《某市某镇总体规划》有个别控指标差异，但二者总体吻合，对周某柱未产生权益上的侵害；五是涉案片区《控规》的修改，存在不确定的行政相对人，在实际操作中不可能也没有必要做到一一对应告知，而某镇政府已将《控规》草案在相关地点和媒体上进行公示。综上，请求撤销一审判决，驳回周某柱的诉讼请求，由周某柱承担本案一审、二审案件受理费。

二审法院另查明，《某镇旧镇区改造二期控制性详细规划（2012.03）》图纸编号（1-6）载明："'本片区控规'与'镇总规'用地差异说明：其中用地范围编号'8'，总规土地利用为'居住用地'，片区控规用地意向为'公共绿地'，说明'现状为公共绿地'。"

二审法院认为，《中华人民共和国城乡规划法》第20条规定："镇人民政府根据镇总体规划的要求，组织编制镇的控制性详细规划，报上一级人民政府审批。县人民政府所在地镇的控制性详细规划，由县人民政府城乡规划主管部门根据镇总体规划的要求组织编制，经县人民政府批准后，报本级人民代表大会常务委员会和上一级人民政府备案。"《城市、镇控制性详细规划编制审批办法》第 9 条规定:"编制控制性详细规划,应当依据经批准的城市、镇总体规划,遵守国家有关标准和技术规范,采用符合国家有关规定的基础资料。"根据上述规定,某镇政府应根据镇总体规划的要求,组织编制镇的控制性详细规划,即控制性详细规划应与总体规划相一致。由于某镇政府编制的本案被诉《控规》,将《某市某镇总体规划》中的部分居住用地变更为公共绿地,与《某市某镇总体规划》不相吻合,因此某镇政府编制的《控规》部分内容违法。《中华人民共和国城乡规划法》第 26 条规定:"城乡规划报送审批前,组织编制机关应当依法将城乡规划草案予以公告,并采取论证会、听证会或者其他方式征求专家和公众的意见。公告的时间不得少于三十日……" 《城市、镇控制性详细规划编制审批办法》第 12 条规定:"……公告的时间不得少于 30 日。公告的时间、地点及公众提交意见的期限、方式,应当在政府信息网站以及当地主要新闻媒体上公告。"第 17 条规定:"控制性详细规划应当自批准之日起 20 个工作日内,通过政府信息网站以及当地主要新闻媒体等便于公众知晓的方式公布。"《广东省城市控制性详细规划管理条例》第 5 条规定:"控制性详细规划经批准后非经法定程序不得变更……"第 17 条规定:"控制性详细规划经人民政府批准后,城市规划行政主管部门应当自批准之日起三十日内在当地主要新闻媒体和政府信息网站上公告。公告的内容应当包括该控制性详细规划的具体范围、实施时间和查询方式等。"本案中,某镇政府委托某市规划设计院编制《控规》草案,草案编写完成后报某市规划局审查,并组织召开评审会,在某镇政府对草案修改完善后,在相关政府网站上进行公示,公示期间未收到意见和建议,某镇政府遂向某市政府报批《控规》,市政府经审查后于 2012 年 3 月 9 日作出涉案《批复》,认定该《控规》基本符合某镇总体规划要求,同意《控规》。某镇政府在《控规》获得批准后仅在某市规划局网站公告,未在该市主要新闻媒体公告,程序轻微违法,一审判决认定程序违法并无不当,予以维持。

《最高人民法院关于执行〈中华人民共和国行政诉讼法〉若干问题的解释》第 58 条规定:"被诉具体行政行为违法,但撤销该具体行政行为将会给国家利益或者公共利益造成重大损失的,人民法院应当作出确认被诉具体行政行为违法的判决，并责令被诉行政机关采取相应的补救措施；造成损害的，依法判决承担赔偿责任。"本案中，虽然被诉《控规》的内容和程序存在违法情形，但该《控规》已实施多年，如撤销将会破坏基于《控规》所衍生的社会秩序，影响社会的稳定性，根据上述司法解释规定，一审法院确认《控规》违法，但不予撤销，由某镇政府、某市政府对周某柱造成的损失采取补偿措施，并无不当。周某柱主张撤销《控规》，理由不成立，不予采纳。

综上所述，原审判决正确，依法应予以维持；周某柱上诉请求改判的理由不能成立，依法予以驳回。依照《中华人民共和国行政诉讼法》第89条第1款第1项的规定，二审法院判决驳回上诉，维持原判。

[案件评析]

本案涉及乡镇政府编制控制性详细规划合法性的司法审查，实践中因控制性详细规划（以下简称控规）引发的城乡规划行政纠纷日益多发，因本案《控规》内容及编制程序均被法院判决违法，深入分析本案案例，有利于诉讼代理律师总结控规编制行政行为中常见法律风险，为基层法治政府建设提供有益经验。根据相关规定，乡镇控制性详细规划由乡镇人民政府规划主管部门以城市、乡镇总体规划为依据，控制建设用地性质、使用强度和空间环境，是作出规划行政许可、实施规划管理的依据，指导修建性详细规划的编制。因此基层政府在编制控规时应严格按照法律规定，从编制主体、程序、内容方面严格依法行政。从以上定义及功能可知，控规对其实施区内的所有建设行为均具有拘束力，产生普适性法律效果。关于控规本身是否具有可诉性的问题，司法实践中有观点认为，控规实施区域内的相关建设行为不能因控规的编制对其可能建立的权利义务有所影响而具有诉权，但对于因在先行政许可而享有的合法权利因控规编制而遭受不利影响时则有诉权。本案中，周某柱在涉案控规编制前已取得集体土地使用权证，政府在编制控规时应知悉新控规的实施将周某柱的土地规划用途发生变更，实质改变了在先行政许可内容，但行政行为作出过程中虽有公告征求公众意见，但对于明确的有直接利害关系的周某柱并未履行专门性的告知，听取其陈述、申辩，违背了正当法律程序的基本要求。另，某镇政府在控规获批后，仅在规划网站上进行了公告，违背了"在当地新闻媒体和政府信息网站上公告"的法律规定。控制性详细规划与城市、镇总体规划应坚持保持一致原则，一审、二审法院均查明某镇控规将某镇总体规划的部分居住用地变更为公告绿地，内容违反了法律规定。涉案《控规》虽内容及程序均有违法情形，但法院考虑到《控规》已实施多年，如撤销将破坏基于控规所衍生的社会秩序从而影响社会稳定性，故不支持周某柱关于撤销涉案《控规》的诉讼请求。

（点评人：唐国雄　广东国融律师事务所主任）

23. 对未办理工程规划报建和施工许可而擅自建设房屋行为的行政查处职责是否依法履行的认定

——黄某福诉某市住房和城乡建设局、某市城市管理行政执法局不依法履行法定职责纠纷案*

[当事人信息]

原告：黄某

被告：某市住房和城乡建设局、某市城市管理行政执法局

[审理法院]

广东省中山市中级人民法院

广东省中山市第一人民法院

[基本案情]

2016年6月27日，黄某福向某市住房和建设局某分局（以下简称某住建分局）口头投诉其邻居黄某苏在未办理规划报建和施工报建的情况下擅自在某镇某街某号开工建设房屋。某住建分局收到投诉后，前往现场查看并拍照取证。2016年7月1日，某住建分局向黄某苏发出《停工整改通知书》，认定黄某苏未取得施工许可证擅自开工，责令其于2016年7月8日前停工整改完毕。2016年7月5日，某住建分局向某市城市管理行政执法局某分局（以下简称某城管执法分局）发出《违章建筑转某镇综合行政执法局处理移交函》，将黄某苏施工过程未办理工程规划许可证、施工许可证的违法建设案件移交某镇城管执法分局继续处置。2016年7月12日，黄某福到某市某镇综治信访维稳中心进行投诉，投诉的内容为某镇某街某号是违法建筑，对

---

* 作者：林文娟，广东国融律师事务所律师。

其房屋造成多处裂纹，要求对方拆除及相关部门进行处理。次日，某市某镇综治信访维稳中心将该投诉事项转至某住建分局，要求该局跟进处理。2016年7月14日，某住建分局向黄某福作出《关于黄某福反映隔壁房屋违法建设造成其房屋有裂纹问题处置的回复》，告知黄某福，该局已向黄某苏作出《停工整改通知书》，责令黄某苏停工整改，并将相关违法建设的查处向有关部门进行了移交。某住建分局于2016年9月8日将上述回复依法送达黄某福。某市城市管理行政执法局（以下简称某镇某街市城管执法局）对黄某苏涉嫌违法建设的行为立案查处后，对现场进行勘验，并于2016年10月10日对黄某苏进行了询问。黄某苏在笔录中承认其系某镇某街某号的土地使用权人，土地证号为中府集用（2某x）第11××号，其出资建设××号，2016年3月开始建设，同年9月完工，建设过程中没有办理相关报建手续。调查期间，某市城管执法局向某市城乡规划局某分局发出《关于黄某苏违法建设一案的函》，请求协助核实某镇某街某号的规划报建情况及规划定性等情况。2016年11月4日，某市城管执法局授权委托某测绘工程有限公司对××号进行测绘。

黄某福起诉至法院请求：（1）确认某住建分局、某市城管执法局未履行法定职责的行为违法；（2）责令某市城管执法局依法强制执行，将第三人黄某苏位于某镇某街某号违法建设的建筑物进行拆除；（3）由某市住建局、某市城管执法局承担本案的诉讼费用。

［争议焦点］

某市住建局、某市城管执法局对黄某福所投诉事项是否依法履行了法定职责。

［律师意见］

黄某福认为，某市住建局、某市城管执法局对其投诉未依法进行查处和处理，未履行法定职责。

承办律师作为某住建分局委托代理人，向审理法院提交了答辩意见，答辩要点如下：某市住建局已依法履行了法定职能。2016年6月27日，原告黄某福的女儿向某住建分局口头举报第三人黄某苏在没有办理规划报建和施工报建的情况下，擅自在某镇某街某号开工建设房屋。某住建分局接到举报后立即指派执法人员前往涉案现场查看相关情况，对黄某福女儿的举报情况进行调查核实，也向规划部门了解第三人黄某苏在建房屋的情况。2016年7月1日，某住建分局在调查核实相关情况后，以第三人黄某苏未取得施工许可证擅自开工为由向其发出了《停工整改通知书》，责令其在2016年7月8日前整改完毕。2016年7月5日，某住建分局将相关的查处情况移交某城管执法分局跟进办理。2016年7月14日，某住建分局将相关的处理情况书面告知黄某福。某市住建局已积极履行法定职责，请求法院驳回原告黄某福的诉讼请求。

某市城管执法局答辩意见主要包括以下两点。

（1）某市城管执法局一直在依法履行执法职责。作为城市管理工作的执法部门，其在2016年7月5日收到某住建分局发出的《违章建筑转某镇综合行政执法局处理移交函》后，立即开展调查。多次到某镇某街某号现场勘察，由于第三人当时并未入住，找不到当事人，后来联系到第三人所在社区，请求该社区配合。经社区努力，于2016年8月在社区向第三人了解基本情况，要求其到某城管执法分局做笔录，但第三人未出现。2016年9月28日，在某镇某街某号张贴《询问调查通知书》，通知第三人在2016年9月30日到接受询问调查及听取处理意见。2016年9月30日，执法人员到某镇某街某号现场勘验并拍照取证。2016年10月10日，第三人接受询问调查。2016年11月1日，发函至某市城乡规划局某分局，请求该局协助核实第三人的规划报建情况并给予规划定性。该局回复称需对涉案房地产进行测量。2016年11月4日，委托某测绘工程有限公司对涉案房地产进行测量，目前正在测量过程中。

（2）本案仍在相关部门审查处理过程中，是否达到拆除程度，尚未定论。根据《中华人民共和国城乡规划法》的规定，拆除违法建筑按照以下程序进行：调查取证——认定违法建筑——作出责令限期拆除决定——下达执法文书——强制拆除的审批——制作拆除方案——实施拆除，在上述七大步骤中包括许多法定程序，整个违法建筑从群众举报到强制拆除必定经过一定的时间，这是由于拆除违法建筑需要多部门联动执法，法定程序必须全部进行。目前该案正在依法依程序进行中，并不存在相互推诿、拖拉、不予实质查办和处理等情况。综上，某市城管执法局已依法履行相应的法定职责，涉案建筑是否需要拆除仍需依法定程序决定，因此请求法院驳回黄某福的诉讼请求。

[裁判结果]

一审法院认为，根据《中华人民共和国建筑法》第6条规定："国务院建设行政主管部门对全国的建筑活动实施统一监督管理。"第64条规定："违反本法规定，未取得施工许可证或者开工报告未经批准擅自施工的，责令改正，对不符合开工条件的责令停止施工，可以处以罚款。"某市住建局对本行政区域范围内的建筑活动具有监督管理职责，具有对未取得施工许可证擅自施工的行为进行处罚的职权。根据《中华人民共和国行政处罚法》第16条规定："国务院或者经国务院授权的省、自治区、直辖市人民政府可以决定一个行政机关行使有关行政机关的行政处罚权……"参照《关于在某市开展相对集中行政处罚权工作的公告》第一点规定："相对集中行政处罚权工作由某市人民政府负责组织实施，某市城市管理行政执法局为某市人民政府负责集中行使行政处罚权的行政机关。"第二点第一款第（二）项规定："某市城市管理行政执法局的具体职责是……（二）行使城市规划管理方面法律、法规、规章的行政处罚权。"某市城管执法局在本行政区域内可以行使城市规划管理方面法律、法规、规章的行政处罚权。本案中，黄某福投诉黄某苏在某镇某街某号在未办理施工许可和工程规划报建情况下擅自建设房屋，某市城管执法局、某市住建局对该投诉举报事项负有监管查处的法定职责和职权。某市住建局收到涉案举报投诉后进行调查取证，在其职权范围内根据《中华人民共和国建筑法》第64条的规定，对黄某苏未取得施工许可证擅自施工的行为作出《停工整改通知书》，责令违法建设人停工整改，已依法履行其职责。黄某福主张某市住建局对其举报投诉未履行法定职责，没有事实依据，一审法院不予支持。某市城管执法局对黄某苏违反城市规划管理规定违法建设的行为立案查处，进行现场勘验和拍照取证，对当事人询问调查，向有关部门发函请求协助调查核实情况，委托有资质公司对涉案房屋进行测绘，某市城管执法局对黄某福的投诉举报已在依法处理过程中，已在履行法定职责。黄某福主张某市城管执法局未履行法定职责，理据不成立，一审法院不予支持。

综上，黄某福主张某市住建局、某市城管执法局对其投诉未履行法定职责的行为违法，没有事实和法律依据，一审法院予以驳回。另，涉案房屋是否属违章建筑、是否应被强制拆除、将作何处理，需由某市城管执法局调查核实后再行决定，故对黄某福要求责令某市城管执法局强制拆除涉案房屋的诉讼请求，一审法院一并予以驳回。依照《中华人民共和国行政诉讼法》第69条的规定，判决驳回黄某福的诉讼请求。案件受理费50元，由黄某福负担。

黄某福不服一审判决，上诉至中山市中级人民法院。

黄某福上诉认为，其是某市某镇某街39号的房屋所有权人。邻居黄某苏在没有办理规划报建和施工报建的情况下，擅自在某镇某街×号开工建设房屋，造成黄某福的房屋严重受损。黄某福自2016年4月起多次向称某住建分局、某城管执法分局等部门信访、投诉和举报，但上述部门相互推诿，不予查办处理。某住建分局、某城管执法分局为不具有独立承担法律责任能力的机构，其对外法律责任分别应由某市住建局、某市城管执法局承担。请求判令：（1）撤销一审行政判决；（2）确认某市住建局、某市城管执法局怠于履行法定职责违法；（3）责令某市城管执法局依法强制执行，将黄某苏位于某镇某号违法建设的建筑物进行拆除；（4）本案一审、二审诉讼费由某市住建局、某市城管执法局承担。

二审法院另查明：2017年5月17日，该院调查时，某市住建局、某市城管执法局一致确认，某市住建局的监督处罚职权未相对集中由某市城管执法局行使。

二审法院认为，一般而言，建筑物所有权的设立是一系列行政许可实施的结果，依据《中华人民共和国城乡规划法》《中华人民共和国建筑法》的规定，城乡规划主管部门、建设行政主管部门分别对建设过程中违反城乡规划的行为、违法建设的行为进行监管。关于某市住建局是否存在不作为行为，该院认为，某市住建局收到黄某福的举报后，依据《中华人民共和国建筑法》第64条规定："违反本法规定，未取得施工许可证或者开工报告未经批准擅自施工的，责令改正，对不符合开工条件的责令停止施工，可以处以罚款。"对黄某苏未取得施工许可证擅自施工的行为作出《停工整改通知书》，责令违法建设人停工整改，并将相关涉嫌违反城乡规划的材料移交集中行使城市规划管理方面具有法律、法规、规章的行政处罚权的某市城管执法局处理，已经依法履行法定职责。黄某福主张某市住建局不作为，没有事实依据，该院不予支持。

关于某市城管执法局是否存在不作为行为，该院认为，至 2016 年 10 月 25 日黄某福向一审法院提起本案诉讼时，某市城管执法局已对黄某苏涉嫌违反城市规划管理规定违法建设的行为立案，并依法实施了作出相关行政处理决定的预备性措施，黄某福主张市城管执法局不作为，没有事实依据，该院依法不予支持。至于"责令市城管执法局依法强制执行"的请求，该诉的成立，以"当事人在行政机关决定的期限内不履行行政决定的义务"为基本前提条件，本案显然不具备该条件，一审法院驳回黄某福的该项请求，处理正确，该院依法予以维持。综上所述，黄某福的上诉理由不成立，对其上诉主张该院依法不予支持。原审判决查明事实清楚，适用法律准确，该院依法予以维持。依照《中华人民共和国行政诉讼法》第 89 条第 1 款第 1 项的规定，二审法院判决驳回上诉，维持原判。

[案件评析]

本案系农村相邻纠纷引发的行政不作为之诉，争议焦点是住建部门、城管部门是否各自依法履行了法定职责。黄某福的邻居黄某苏在未办理规划报建和施工许可情况下擅自开工建设房屋，分别违反了《中华人民共和国建筑法》及《中华人民共和国城乡规划法》的相关规定，因此住建部门、集中行使处罚权的城管部门分别负有查处职责。本案中，某镇住建部门在接到黄某福投诉后，对黄某苏在未办理施工许可证情况下开工建设房屋的行为作出了责令改正决定，但是否罚款则属于行政自由裁量范畴，且其将违反城乡规划实施建设的查处向城管部门进行了移送。城管部门已对黄某苏涉嫌违法建设的行为立案，并依法实施了作出相关行政处理决定的预备性措施，如委托测绘公司进行测绘。因此，一审、二审法院均认为住建部门、城管部门不存在不作为。诚然，黄某福对本案相关行政部门的主要不满在于其查处违法建设的行政效率，因此诉讼请求中包含了责令城管部门依法执行，只不过该诉的成立以"当事人在行政机关决定的期限内不履行行政决定的义务"为基本前提条件，本案显然不具备该条件。本案中，城管部门已采取了作出行政决定的预备性措施，违法建筑的认定及拆除必须经法定的程序，程序正当才能保障实体处理的正当。但实践中确有部分行政部门在查处非法占地、违法建设等行为时存在怠于履职问题，而且主要表现为行政效率低下，从而引发权利人关于行政不作为的质疑，这也应引起相关执法部门的注意，正确处理行政效率与行政公正的辩证关系，不断满足新时代人民群众对法治政府建设的更多需求。

（点评人：唐国雄　广东国融律师事务所主任）

'05

行政强制案例

24. 违法建筑业主承诺自愿拆除后政府实施强拆是否违法

25. 政府代替国有建设用地使用权人强行填土是否合法

26. 与行政行为具有利害关系应如何认定

27. 要求确认行政强制行为违法时如何认定是否超过起诉期限

28. 对危险房屋强制排危的职权主体及程序合法性认定

24. 违法建筑业主承诺自愿拆除后政府实施强拆是否违法

——梁某华、梁某康诉某市开发区管理委员会行政强制纠纷案 *

[当事人信息]

原告：梁某华

被告：某市开发区管理委员会、某市城管执法局

[审理法院]

广东省中山市中级人民法院

广东省中山市第一人民法院

[基本案情]

1994 年 6 月 4 日，梁某华与原某开发区某经济联合社签订出让土地合同，约定该经济联合社将面积为 2.0705 亩的土地转让给梁某华作宅基地使用。随后，梁某华与梁某康约定，将上述土地中的 1.0705 亩赠予梁某康使用。随后，梁某康在此地上建设房屋。2012 年 12 月 19 日，某市城市管理行政执法局作出责令限期改正（停止）违法行为通知，认为梁某华未经相关行政管理部门批准，擅自建设上述房屋，遂责令立即停止施工，补办相关报批手续。2013 年 3 月 27 日，某市国土资源局出具土地利用总体规划用途分类情况表，确认梁某华的 286.02 平方米土地已被规划为林地。2013 年 4 月 15 日，梁某华、梁某康等人前往开发区综治信访维稳中心上访，称执法部门拟于次日强制拆除上述房屋，但未向其出具任何书面通知。后经工作人员协调，

---

* 作者：林文娟，广东国融律师事务所律师。

未果。2013 年 4 月 16 日、25 日，某市开发区管理委员会（以下简称某开发区管委会）依据属地管理原则，组织辖区内的公安、卫生、城市管理等部门封锁现场，强制拆除上述房屋，并在官方网站上作出相关报道，载明某开发区按照"属地管理、守土有责、明确职责、齐抓共管、严格考核、以绩为准"的工作原则，以集中整治侵占集体用地、占用公共用地、违反城乡规划的违法建设行为为重点，严防、严控、强制拆除一批新生违法建筑物，从源头上遏制违法建设行为。

在庭审过程中，梁某华确认涉案房屋未取得建设工程规划许可，梁某康确认涉案房屋对应的土地未取得土地使用证；某开发区管委会、某市城管执法局陈述其确有工作人员前往拆除现场，目的分别为协调、维持秩序，实施涉案行政强制行为的主体是某市国土资源局。

梁某华、梁某康认为某开发区管委会、某市城管执法局共同实施了强制拆除其房屋的行为违法，遂以二者为被告向一审法院提起行政诉讼，请求：（1）确认某开发区管委会、某市城管执法局强制拆除梁某华、梁某康的房屋的行政强制行为违法；（2）由某开发区管委会、某市城管执法局承担本案诉讼费。

[争议焦点]

涉案强制拆除违法建筑的主体资格及程序合法性。

[律师意见]

梁某华与梁某康认为，梁某华于 1994 年 6 月 4 日向原某开发区某经济联合社购置名为"石头丘"的土地（共计 2.0705 亩）使用权作宅基地使用，并为此支付了相应对价 134 582.5 元。2011 年 3 月 1 日，梁某华将上述土地使用权范围内面积为 1.0705 亩土地使用权赠予梁某康。因该土地的用途为住宅，梁某康在该土地上建设房屋并于 2013 年 3 月 1 日入住。同年 4 月 16 日，某开发区管委会、某市城管执法局在没有送达任何法律文书、没有履行任何法律程序的情况下，仅口头告知因被他人举报为占用集体土地，上述房屋要被强制拆除。当天，某开发区管委会、某市城管执法局因无法出具相关文书，仅将房屋的大门全部挖破。4 月 25 日，某开发区管委会、某市城管执法局在未提供拆除房屋的依据和批准文件的情况下，再次将房屋强制拆除。其在拒不通知相对人的情况下，擅自强制拆除梁某华、梁某康的房屋，属于没有依照法律规定的程序处理涉案建筑，是违法的行政强制行为。

承办律师作为某开发区管委会的委托代理人，向审理法院提交了答辩意见，答辩要点如下：（1）某开发区管委会并未作出过"强制拆除原告房屋"的行政决定，也没有实施过强拆梁某华、梁某康房屋的具体行政行为。开发区管委会不会也没有对具体的违法用地和违法建设个案行使本身不具备的强制拆除的执法权。梁某华、梁某康诉及其违法建筑的清拆行为均非由开发区管委会作出或实施，而是在某市对违法用地和违法建设具有执法权的有关部门劝导动员下，由梁某华、梁某康自愿拆除房屋的。相关部门如公安、卫生、综治等部门仅协助维持现场秩序；梁某华、梁某康提供的两张现场照片只反映了有人员在拆除房屋旁围观，并未见到有某开发区管委会的工作人员实施拆除；另梁某华、梁某康提供的网页新闻只提及"违法建筑物已被全部拆除"，并没有反映出是由开发区管委会实施强制拆除。原告也未提供诸如强制拆除决定等证据证明开发区管委会作出了强制拆除行为。（2）本案违法建筑系由梁某华、梁某康自愿并且自行拆除的，不存在强制拆除的事实。梁某华、梁某康违法建筑既无土地证，也无房产证，未经规划报建，且所占用的土地属于国家严格保护的农用地（林地），被国土资源部卫星拍摄属于违法用地和违法建设，有关主管部门曾制止其违法建设，但梁某华、梁某康拒不停止违法活动，从而形成了本案讼争的违法建筑。经执法人员多次教育，梁某华、梁某康的思想开始转变，具有自愿拆除的愿望，只是希望给予补偿。2013年4月16日，经过执法部门进一步的耐心说服教育，面对强大的法律政策压力，梁某华、梁某康最终同意自愿拆除，但请求给予10天时间自行拆除。随着梁某华、梁某康许诺的10天自行拆除的时间届至，有关执法部门考虑梁某华、梁某康无力自行拆除，并且考虑到梁某华、梁某康房屋已经拆除了门窗等，容易造成安全隐患，出于公共安全考虑，同时也考虑到梁某华、梁某康已经同意自愿拆除，只是其聘请的拆除施工队伍中途停止等客观因素，有关执法部门另请施工队伍于4月25日将房屋拆除，4月25日的整个拆除活动梁某华、梁某康没有到场，也没有造成人员伤亡和财物损失。因此，拆除违法建筑是梁某华、梁某康的意愿，二人亦委托他人进行了事实上的拆除，本案属于自愿并自行拆除，而不属于行政强制拆除。（3）梁某华、梁某康的房屋属于违法建筑，依法应予以拆除。梁某华、梁某康的违法建筑所占用的土地是国家明令禁止的农用地,无土地证,在未办理农用地转建设用地审批以及规划报建手续情况下进行违法建设,属于明显的"违法用地"和"违法建设",是典型的违法行为。

综上,梁某华、梁某康建设房屋违反了以上法律规定,梁某华、梁某康用地及建房属于违法行为,因此,其房屋依法也应拆除。

[裁判结果]

一审法院认为,根据双方的诉辩意见、举证质证情况以及庭审意见,本案的主要争议焦点如下:一是某开发区管委会、某市城管执法局是否实施了强制拆除梁某华、梁某康房屋的行为;二是若实施了,该行为是否合法。

关于焦点一:某开发区管委会、某市城管执法局是否实施了强制拆除梁某华、梁某康房屋的行为。根据梁某华、梁某康提供的在某开发区综治信访维稳中心上访时作出的录音和拆除现场的视频资料,某开发区范围内的公安、卫生、城市管理等多个部门与某开发区管委会的工作人员分别于 2013 年 4 月 16 日、25 日一并前往涉案房屋所在地,分别作出封锁现场,拆除房屋等行为,此与某开发区管委会在其官方网站作出的新闻报道内容相互吻合,结合某开发区管委会、某市城管执法局申请出庭作证的证人黄某某出具的"政府出具了要求梁某康 10 日内自行拆除房屋的文书"等证言,足以认定拆除涉案房屋的行为实乃某开发区管委会基于"属地管理"原则组织辖区内的多个部门协助实施的行为。同时,因某市城管执法局否认实施了强制拆除房屋的行为,参照《中共中山市委、中山市人民人政府关于简政强镇事权改革的实施意见》《关于某开发区党工委、管委会工作机构内设机构设置的批复》的规定,某开发区管委会自 2012 年 7 月 16 日内设综合行政执法局,其属于某开发区管委会的分支机构之一,其履行原某市城管执法局某开发区分局的部分行政职能,因此,本案中,综合行政执法局的工作人员实施拆除行为的后果也应归于某开发区管委会。据此,梁某华、梁某康起诉某开发区管委会,被告主体适格,一审法院予以支持;梁某华、梁某康起诉某市城管执法局,被告主体不适格,一审法院予以驳回。对于某开发区管委会提出梁某华、梁某康是自愿拆除房屋的主张,因某开发区管委会提交的某开发区司法所和社区干部出具的《关于梁某华、梁某康违建房屋清拆的情况说明》,仅载明梁某华、梁某康曾作出自愿拆除的意思表示，但均未肯定讼争的拆除行为不存在，或涉案房屋最终是由梁某华、梁某康自愿拆除的，而且对于社区干部出具的书面说明，并未附有说明人的身份信息，证人身份不明，其出具的证言证明力低，而对某市公安局某开发区分局某派出所出具的《某派出所协助国土部门清拆某村违建工作小结》，亦未肯定讼争的拆除行为不存在或涉案房屋最终是由梁某华、梁某康自愿拆除的。相反，梁某华、梁某康提供的上述录音、视频和二人就强制拆除行为进行上访等事实足以证明梁某华、梁某康不存在自愿且自行拆除房屋的行为，因此，某开发区管委会提交的证据不足以证明其上述主张，一审法院不予支持。

关于焦点二：某开发区管委会实施的强制拆除梁某华、梁某康房屋的行为是否合法。本案中，梁某华、梁某康存在未办理用地审批手续和未取得建设工程规划许可即建设房屋的行为。一方面，根据《中华人民共和国土地管理法》第44条、第76条和《中华人民共和国城乡规划法》第64条的规定，应分别由县级以上地方人民政府土地行政主管部门、城乡规划主管部门对未经批准用地、未经规划许可建设履行查处的管理职权。据此，某开发区管委会对梁某华、梁某康违法建设房屋的行为无查处的职权。另一方面，根据《中华人民共和国城乡规划法》第68条规定："城乡规划主管部门作出责令停止建设或者限期拆除的决定后，当事人不停止建设或者逾期不拆除的，建设工程所在地县级以上地方人民政府可以责成有关部门采取查封施工现场、强制拆除等措施。"某开发区管委会并非县级以上地方人民政府，无权责成有关部门执行强制拆除行为，除非被授权，否则就是超越职权。同时，根据《中华人民共和国行政强制法》第34条的规定，行政机关应先作出行政决定，且在当事人不履行义务的情况下，方可依法定程序强制执行。本案中，无证据证明某开发区管委会作出了行政决定并履行了法定的告知义务如违法的事实、适用的法律依据、行政相对人享有的权利等，即某开发区管委会作出的强制拆除行为，程序违法。因此，某开发区管委会对梁某华、梁某康的房屋予以强制拆除，属超越职权，程序违法。综上所述，梁某华、梁某康要求确认某开发区管委会强制拆除其房屋的行政强制行为违法，理据充分，一审法院予以支持。梁某华、梁某康要求确认某市城管执法局强制拆除其房屋的行政强制行为违法，无事实和法律依据，一审法院予以驳回。依照《最高人民法院关于执行〈中华人民共和国行政诉讼法〉若干问题的解释》第 57 条第 2 款第 2 项、第 56 条第 4 项的规定，判决：（1）确认某开发区管委会分别于 2013 年 4 月 16 日、25 日对梁某华、梁某康位于某开发区某村的房屋予以强制拆除的行为违法；（2）驳回梁某华、梁某康的其他诉讼请求。案件受理费 50 元，由某开发区管委会负担。

某开发区管委会不服一审判决，上诉至中山市中级人民法院。某开发区管委会上诉认为，一审法院认定其对梁某华、梁某康的房屋组织实施了强拆行为，证据不足，认定事实错误，适用法律错误。首先，本案中并无其他证据证明房屋的拆除行为是由某开发区管委会实施，某开发区管委会提供的现场照片以及视频资料均显示某开发区管委会的工作人员在围观，并未实施行为，而且某开发区管委会网站的报道并未确定实施拆除的主体，一审法院以此作为定案依据错误；其次，某开发区管委会提供的某市国土资源局的协助函以及某市政府关于查处违法用地的文件，这均证明具有查处违法用地职权的主体为某市国土资源局而并非某开发区管委会，某开发区管委会并不具备对违法用地和违法建筑查处的执法权，故不可能实施本案的强拆；再次，本案是由梁某华、梁某康自愿并且自行拆除，不存在强拆的事实；最后，梁某华与本案无利害关系，不应作为本案适格主体的原告。综上，请求二审法院判令：（1）撤销一审法院作出的行政判决第一项，改判驳回梁某华、梁某康的全部诉讼请求；（2）本案案件受理费由梁某华、梁某康负担。

该院另查明：某开发区管委会在其网站上发布的新闻内容为"我区依法拆除位于海滨社区一违法建筑，这是继 4 月初我区全面开展违法建设专项集中整治行动以来，拆除的第三个既无土地证又未办理规划许可手续的违法建筑物"。某市政府中府〔2007〕90 号《关于建立查处违法建设长效机制的意见》第三点第（二）项意见为："镇政府（含某开发区管委会、区办事处，下同）对本辖区内违法建设查处工作负全面责任，镇政府应明确本镇区相关部门职责，按镇区实际建立健全长效管理机制，牵头组织镇区有关部门进行分类定性，并具体组织实施有关清拆行动……"

二审法院认为，本案的争议焦点在于某开发区管委会是否实施了强制拆除梁某华、梁某康房屋的行为；若实施了该行为，行为是否合法的问题。

对于实施强拆行为的主体问题，梁某华、梁某康的房屋事实上已被拆除，而根据某开发区管委会发布的新闻及其确认有工作人员在涉案房屋的拆除现场围观的事实，梁某华、梁某康的房屋位于某开发区管委会发布新闻实施违法建筑拆除活动的区域内，故某开发区管委会主张并未实施涉案建筑的拆除的行为，则应举证证明其上述违法建筑拆除活动并不涉及梁某华、梁某康的房屋。但某开发区管委会并未对此予以证明，故原审判决认定本案强制拆除行为由某开发区管委会实施正确，予以维持。对于某开发区管委会的该项上诉主张不予支持。

对于某开发区管委会实施的强制拆除行为是否合法的问题，本案中，梁某华、梁某康若存在未办理用地审批手续和未取得建设工程规划许可即建设房屋的行为的，应由有权部门根据《中华人民共和国土地管理法》第44条、第76条或《中华人民共和国城乡规划法》第64条的规定依法实施查处及按照法定程序实施行政强制执行。虽然依据某市政府〔2007〕90号《关于建立查处违法建设长效机制的意见》，某市政府已将违法建设的组织实施职权依据"属地管理"原则授予某开发区管委会，但是根据《中华人民共和国城乡规划法》第68条关于"城乡规划主管部门作出责令停止建设或者限期拆除的决定后，当事人不停止建设或者逾期不拆除的，建设工程所在地县级以上地方人民政府可以责成有关部门采取查封施工现场、强制拆除等措施"的规定，某开发区管委会实施强制拆除的，应先以城乡规划主管部门作出的停止建设或者限期拆除的行政决定为依据。而本案中，某开发区管委会实施拆除行为并无相应行政决定为依据。因此，本案中某开发区管委会直接对梁某华、梁某康的房屋予以强制拆除，法律依据不充分，程序违法，原审判决确认其行为违法正确，予以维持。

至于某开发区管委会提出本案梁某华的原告主体不适格的主张，涉案建筑的实际使用人为梁某华，梁某华与本案的强制拆除行为具有利害关系，一审法院认定梁某华作为本案原告主体资格适格正确，予以维持。

综上所述，某开发区管委会上诉主张理据不足，不予采信，其上诉请求应予驳回。原审判决认定事实清楚，适用法律正确，判决结果无误，依法应予维持。依照《中华人民共和国行政诉讼法》第61条第1项，二审法院判决驳回上诉，维持原判。

[案件评析]

本案涉及强制拆除违法建筑的主体认定及合法性判断。某开发区管委会辩称梁某华在明确承诺自愿拆除并拆除部分后，出于公共安全考虑，该管委会才协助梁某华委托施工人员实施了拆除行为。但在案证据确实客观反映了某开发区管委会公安、卫生、城市管理等多个部门工作人员出现在拆除现场，一审、二审法院也均结合某开发区管委会在其官方网站作出的新闻报道，认定涉案强制拆除违法建筑的实施主体即该管委会。实践中，确实存在部分违法建筑业主在相关执法部门教育后，会停止违法建设甚至自行拆除的情况，为避免拆除行为被认定为政府所为，相关执法人员不应出现在拆除现场，或由违法建筑业主出具书面的委托拆除手续，避免发生行政诉讼风险。本案中，梁某华等人在未办理用地审批手续和未取得建设工程规划许可的前提下即建设房屋的行为，根据《中华人民共和国土地管理法》及《中华人民共和国城乡规划法》的相关规定，应分别由国土部门及城乡规划部门对非法占地、未经规划许可建设履行查处职责，国土部门在作出行政决定后可依法申请法院强制执行，集中行使行政处罚权的城市管理部门可依据城乡规划部门作出的行政决定强制执行。本案中，某开发区管委会并非国土部门及城乡规划部门，不具有对非法占地及未经规划许可建设的查处职责，而且城乡规划部门并未就涉案违法建筑作出限期拆除的行政决定，即使已有此决定，根据《中华人民共和国城乡规划法》规定，也应由涉案房屋所在地的县级以上政府责成有关部门采取强制拆除等措施。当前，未经批准占地及未经规划许可实施建设的现象广泛存在，多地政府部门均开展了清理"两违"（即违法占地与违法建设）专项行动，个别地方甚至下发了"即建即拆"的工作通知，致使实践中强制拆除违法建筑的行政纠纷频发。如本案违法建筑，既存在未经审批违法占用土地问题，又存在未经规划许可实施建设问题，同时违反了《中华人民共和国土地管理法》及《中华人民共和国城乡规划法》的相关规定，因此，国土部门及城乡规划部门均有查处职责，但实践中为追求行政效率，往往由乡镇政府具体组织多部门在短时间内迅速实施强拆行为，从而被法院认定为超越职权和程序违法。行政效率及公平正义均是法治社会的重要价值，对于未经审批占用土地或未经规划许可建设的违法行为也应严格按照法定权限及法定程序进行。

（点评人：唐国雄　广东国融律师事务所主任）

25. 政府代替国有建设用地使用权人强行填土是否合法

——陈某坤诉某镇政府行政强制纠纷案*

[当事人信息]

原告：陈某坤

被告：某镇政府

[审理法院]

广东省中山市中级人民法院

广东省中山市第一人民法院

[基本案情]

陈某坤承包了原某镇八村 13.9 亩土地，承包期自 2008 年 1 月 1 日至 2029 年 12 月 31 日止，陈某坤于 2008 年 1 月 1 日领取了土地承包经营权证。2015 年 4 月 14 日，陈某坤发现其承包的 13.9 亩土地被施工人员强行填土。陈某坤认为上述强制行为系由某镇政府实施，其合法权益受到侵害，遂诉至一审法院，请求确认某镇政府于 2015 年 4 月 14 日在陈某坤经营的 13.9 亩耕地上填土的行为违法。

根据陈某坤提供的照片以及视听资料，事发之日，有施工人员在现场驾驶钩机作业，某镇政府的工作人员亦在现场，并表示其是代表某镇政府前来。该工作人员在事发现场并未阻止钩机工作。对于工作人员出现在现场的事实，某镇政府陈述其是对阻挠施工的群众进行解释说服工作。2008 年 10 月 8 日，某房地产公司取得了位于某镇某社区47 936平方米土地的国有土地使用权，

---

* 作者：林文娟，广东国融律师事务所律师。

土地证号为中府国有（某某）第×××号。庭审中，某镇政府主张涉案被填土的土地是在上述土地使用证的用地范围内，但仅提供该土地使用权证作为证据。2005 年 11 月 15 日，某镇政府与某经合社的居民户代表签订了《供口粮谷征地承诺书》，约定某镇政府以供口粮谷的办法征用某经合社 204.1204 亩土地。

陈某坤向法院起诉，确认某镇政府于 2015 年 4 月 14 日在陈某坤经营的 13.9 亩耕地上填土的行为违法。

[争议焦点]

涉案填土主体是否为某镇政府及其行为合法性问题。

[律师意见]

承办律师作为某镇政府委托代理人，向审理法院提交了答辩意见，答辩要点如下。

（1）某镇政府并未实施陈某坤诉称的行政行为，其非本案的适格被告。本案的诉称事实并不存在。某镇政府并未就涉案土地实施过填土行为，陈某坤也未提供任何证据材料显示其承包的土地于 2015 年 4 月 14 日被实施填土行为，且该行为的实施主体为某镇政府。且事实上，某镇政府并非涉案土地的土地使用权人，其无义务对涉案土地实施任何行为，包括实施填土行为。

（2）涉案土地的使用权人系某市某镇某房地产投资有限公司（以下简称某房地产公司），并非被某镇政府，其并非本案的适格原告，不具备原告主体资格。根据《最高人民法院关于审理涉及农村集体土地行政案件若干问题的规定》第 4 条规定："土地使用权人或者实际使用人对行政机关作出涉及其使用或实际使用的集体土地的行政行为不服的，可以以自己的名义提起诉讼。"陈某坤应以自己的名义提起诉讼，而在本案中，涉案土地的权属人为某房地产公司，并非陈某坤，其无权就涉案土地提出本案诉讼。

[裁判结果]

一审法院认为，本案中，陈某坤主张某镇政府违法对其承包经营的 13.9 亩土地强行填土。对此，一审法院根据全面审查的原则审查其合法性。第一，某镇政府是否实施了强行对陈某坤承包经营的土地进行填土的行为。首先，根据陈某坤提交的承包土地经营权证可知，陈某坤确实承包了 13.9 亩土地，承包期限自 2008 年 1 月 1 日至 2029 年 12 月 31 日止，陈某坤在承包期限内的土地承包经营权应受法律保护。其次，根据《最高人民法院关于审理涉及农村集体土地行政案件若干问题的规定》第 4 条规定："土地使用权人或者实际使用人对行政机关作出涉及其使用或实际使用的集体土地的行政行为不服的，可以以自己的名义提起行政诉讼。"陈某坤作为土地使用权人有权提起本案诉讼。某镇政府认为，涉案被填土地的土地使用权归属某房地产公司，因此主张陈某坤无权提起本案诉讼，但其提交的国有土地使用权证这一项证据不足以证明涉案被填的土地就是该土地使用证的土地，某镇政府的该项主张因证据不充分，一审法院不予采纳。再次，陈某坤提供的照片以及视听资料反映，事发之日，某镇政府的工作人员在钩机作业现场，并确认其代表某镇政府，而该工作人员并未阻止钩机工作。在此情况下，某镇政府未提交证据充分证明该工作人员前往现场的目的，结合某镇政府曾就某经合社的土地被"征收"并实行社区一级经济核算等问题出具征地承诺书的行为，一审法院依法认定强行对陈某坤承包经营的土地进行填土的行为系某镇政府实施。最后，某镇政府实施的强行填土行为是否合法。在陈某坤对涉案土地享有合法权益的情况下，某镇政府未提交证据证明其强行填土行为符合法律规定的依据，故依据《中华人民共和国行政诉讼法》第 34 条第 2 款关于"被告不提供或者无正当理由逾期提供证据，视为没有相应证据……"的规定，一审法院依法认定某镇政府作出的强行填土行为违法。综上所述，对陈某坤要求确认某镇政府对其承包经营的 13.9 亩土地强行填土行为违法的诉讼请求，理据充分，予以支持。一审法院遂判决确认某镇政府于 2015 年 4 月 14 日对陈某坤承包经营的 13.9 亩土地强行填土的行为违法。

某镇政府不服一审判决，上诉至中山市中级人民法院。

某镇政府上诉认为：（1）某房地产公司系涉案土地的合法权属人，而非陈某坤，陈某坤无权提起本案诉讼；（2）填土行为系某房地产公司所为，该行为系其合法利用自己的土地，某镇政府的工作人员出现在现场仅因为收到中山市公安局某分局的通报，去现场维护公共秩序。请求：（1）撤销一审判决，改判驳回陈某坤的诉讼请求；（2）本案的一审、二审诉讼费由陈某坤承担。

二审法院查明：2016 年 9 月 8 日，某测绘工程有限公司出具的用地界址情况说明显示，陈某坤承包用地涉及地块（图纸编号 D11Kc 某某某 78）均在中府国用（某某）第×××号权属证书涉及地块（图纸编号 D11Kc 某某某 25）用地界址点和界址线内。

二审法院认为，本案属行政行为违法纠纷。本案的争议焦点包括以下两点：一是填土行为是否是某镇政府实施；二是某镇政府填土行为是否违反法律规定。一方面，某镇政府虽陈述"填土行为系某房地产公司实施"，但未提交相关证据，依照《中华人民共和国行政诉讼法》第 34 条关于"……被告不提供或者无正当理由逾期提供证据，视为没有相应证据……"的规定，应视为没有相应证据证明其陈述；另一方面，依据本案审判时适用的 2002 年颁布的《中华人民共和国农村土地承包法》第 11 条关于"……乡（镇）人民政府负责本行政区域内农村土地承包及承包合同管理"的规定，某镇政府对辖区内的农村土地承包及承包合同具有管理职权，某镇政府的工作人员在钩机作业现场，并确认其代表某镇政府，结合某镇政府曾就某经合社的土地被"征收"并实行社区一级经济核算等问题出具征地承诺书的行为，一审法院依法认定强行对陈某坤承包经营的土地进行填土的行为系某镇政府实施并无不妥，予以维持。依据《中华人民共和国农村土地承包法》（2002）第 9 条规定："国家保护集体土地所有者的合法权益，保护承包方的土地承包经营权，任何组织和个人不得侵犯。"陈某坤依法取得的土地承包权，依法受到保护，即使国家征收土地，也应依据《中华人民共和国土地管理法实施条例》第 45 条关于"违反土地管理法律、法规规定，阻挠国家建设征收土地的，由县级以上人民政府土地行政主管部门责令交出土地"的规定，由有权机关作出相关行政处理决定。一审法院认定某镇政府在没有职权依据的情况下，强行进行填土，行为违法，并无不妥，予以维持。另，参照《土地权属争议调查处理办法》第 22 条关于"在土地所有权和使用权争议解决之前，任何一方不得改变土地利用的现状"的规定，某镇政府作为非土地权属争议方，强行进行填土，亦属违法。综上，某镇政府的上诉理由不成立，对其上诉主张不予支持。原审判决处理结果正确，予以维持。依照《中华人民共和国行政诉讼法》第 89 条第 1 款第 1 项的规定，二审法院判决驳回某镇政府的上诉，维持原判。

[案件评析]

　　本案土地纠纷反映了当前基层农村土地因历史问题而引发的典型矛盾。涉案土地由陈某坤承包经营，且陈某坤持有土地承包经营权证，而该土地却又在某房地产公司国有建设用地使用权证范围内，显然与物权法"一物一权"基本法理相悖。实践中，政府征收农村集体土地过程中因手续问题，有时会出现将尚未办证土地交还集体继续发包，在办理国有建设用地使用权证之后则将涉案土地予以收回的情形，因此发生本案纠纷。本案土地争议本应由某房地产公司与陈某坤循法律途径解决，但某镇政府工作人员出现在现场并称其系代表某镇政府，法院结合某镇政府曾就涉案土地出具征地承诺书等行为，故而认定强制填土行为系政府所为。某镇政府虽以涉案土地使用权为某房地产公司所有为由抗辩陈某坤无权起诉，但陈某坤所持有的农村土地承包经营权证并未注销，陈某坤的合法承包经营权自然应受法律保护。土地权属争议双方为某房地产公司和陈某坤，某镇政府组织实施强行填土没有职权依据。"法无授权不可为"是行政法的基本原理，即使本案涉及历史征地，也不应由政府实施行政强制，如某房地产公司认为其权益受损，可循法律途径解决。

（点评人：唐国雄　广东国融律师事务所主任）

26. 与行政行为具有利害关系应如何认定

——何某友诉某镇政府行政强制纠纷案*

[当事人信息]

原告：何某友

被告：某镇政府

[审理法院]

广东省中山市中级人民法院

广东省中山市第一人民法院

[基本案情]

何某友自称其承包了某镇某经济社共 170 亩土地种植香蕉，其于 2016 年 1 月初发现由其种植的香蕉全部被砍伐。何某友认为某镇政府砍伐了其种植在某社 170 亩土地上的香蕉，侵犯了其合法权益。根据何某友提供的照片，其内容反映一片香蕉林被砍倒，但照片内容没有反映现场有任何人以及砍伐香蕉的场景。何某友非某经济社社员。庭审中何某友称其是通过向某镇某经济社的农民租赁土地的方式获得了涉案 170 亩土地的使用权，但没有提交证据予以佐证。某镇政府内设的某镇农业和农村工作局于 2016 年 1 月 29 日作出《关于何某友等人信访事项的答复意见》，对何某友等人于 2016 年 1 月 8 日反映"要求某镇政府补偿蕉农 170 亩蕉地，每亩 7000 元"的信访诉求不予支持。

何某友起诉至法院，请求法院确认某镇政府砍除其种植在某镇某经济社共 170 亩土地上香蕉的行为违法。

---

* 作者：林文娟，广东国融律师事务所律师。

[争议焦点]

何某友是否具备适格的原告资格。

[律师意见]

何某友起诉认为，2016 年 1 月初，某镇政府在未取得位于某镇某经济社共 170 亩土地的土地使用权的情况下，违法砍除何某友在该地种植的香蕉，致使其损失巨大。何某友多次信访要求予以赔偿，某镇政府均不予理会。何某友认为，某镇政府违法砍除其种植的香蕉的行为明显违反了"法无授权不可为"原则，应认定为违法。

承办律师作为某镇政府的委托代理人，向审理法院提交了答辩意见，答辩要点如下：何某友并非涉案土地的权利人，其与诉称的行为无法律上的利害关系，其非本案的适格原告，不具备原告主体资格。根据《最高人民法院关于审理涉及农村集体土地行政案件若干问题的规定》第 4 条规定："土地使用权人或者实际使用人对行政机关作出涉及其使用或实际使用的集体土地的行政行为不服的，可以以自己的名义提起诉讼。"何某友以自己的名义提起诉讼，应就其系涉案 170 亩土地的使用权人或者实际权利人的事实进行举证。而在本案中，其既未向法院提交任何有效证据材料证明其系涉案土地的实际权利人或者使用权人，亦未证明涉案土地上的香蕉树系由其种植而成，换而言之，何某友既非涉案土地的经营权人，亦非涉案土地的使用权人。根据《中华人民共和国行政诉讼法》第 25 条第 1 款规定："行政行为的相对人以及其他与行政行为有利害关系的公民、法人或者其他组织，有权提起诉讼。"何某友不符合提起行政诉讼的主体资格条件，其非适格原告。

[裁判结果]

一审法院认为，根据《中华人民共和国行政诉讼法》第 25 条第 1 款规定："行政行为的相对人以及其他与行政行为有利害关系的公民、法人或者其他组织，有权提起诉讼。"何某友主张其是涉案 170 亩土地的实际使用人，但未能提交证据予以证明，同时亦未提交证据证明涉案 170 亩土地上的香蕉确是其种植的，也就是说，何某友未能提交充分证据证明其与讼争行政行为具有利害关系，不符合《中华人民共和国行政诉讼法》第 25 条规定提起诉讼的主体资格条件。根据《中华人民共和国行政诉讼法》第 49 条第 1 项规定："提起诉讼应当符合下列条件：（一）原告是符合本法第二十五条规定的公民、法人或者其他组织……"《最高人民法院关于适用〈中华人民共和国行政诉讼法〉若干问题的解释》第3条第1款第1项规定："有下列情形之一，已经立案的，应当裁定驳回起诉：（一）不符合行政诉讼法第四十九条规定的……"何某友对讼争的行政行为不具备利害关系，故对何某友的起诉，一审法院予以驳回。另，何某友于2016年8月30日向一审法院申请调取证据，其是在本案庭审结束后提出的，已超过举证期限，不符合《最高人民法院关于行政诉讼证据若干问题的规定》第24条第1款规定："当事人申请人民法院调取证据的，应当在举证期限内提交调取证据申请书。"故对该项调取证据的申请，一审法院决定不予准许。综上，依照《中华人民共和国行政诉讼法》第25条第1款、第49条和《最高人民法院关于适用〈中华人民共和国行政诉讼法〉若干问题的解释》第3条第1款第1项的规定，一审法院裁定驳回何某友的起诉。

何某友不服一审判决，上诉至中山市中级人民法院。

何某友上诉认为：（1）一审法院认定事实不清，何某友是被某镇政府涉案行政行为的相对人，何某友提交的《关于何某友等人信访事项的答复意见》中明确记载"而你们在已征土地上'执耕'的行为属于违法占用农地"，这足以表明何某友在诉争的土地上"执耕"，也就是说何某友对土地上的香蕉享有权利。何某友种植的香蕉被某镇政府强行砍除，故何某友为涉案行政行为的相对人，与被诉行政行为具有明显的利害关系；（2）一审法院适用程序不当，何某友向法院提出调查取证的申请后，一审法院未依法行使其调查取证权，明显不妥。综上，请求二审法院判令：（1）撤销一审行政裁定；（2）指令一审法院继续审理本案。

二审法院认为，何某友主张其所种植的香蕉树被某镇政府砍伐，但根据何某友所提交的证据无法证明其为涉案土地的合法承包经营权人，其也未提供证据证明涉案土地上种植的香蕉树为其所有，即何某友未能证明其与被诉行政行为有利害关系。根据《中华人民共和国行政诉讼法》第25条规定："行政行为的相对人以及其他与行政行为有利害关系的公民、法人或者其他组织，有权提起诉讼。"第49条规定："提起诉讼应当符合下列条件：（一）原告是符合本法第二十五条规定的公民、法人或者其他组织；（二）有明确的被告；（三）有具体的诉讼请求和事实根据；（四）属于人民法院受案范围和受诉人民法院管辖。"何某友的起诉不符合法律规定的起诉条件，根据《最高人民法院关于适用〈中华人民共和国行政诉讼法〉若干问题的解释》第3条第1款第1项的规定，一审法院对何某友的起诉予以驳回正确，予以维持。综上所述，依据《中华人民共和国行政诉讼法》第86条、第89条第1款第1项之规定，二审法院裁定驳回上诉，维持原裁定。

何某友不服二审裁定，上诉至广东省高级人民法院。

何某友申请再审，认为二审裁定无视证据，维持一审裁定错误。何某友提交的证据《关于何某友等人信访事项的答复意见》中记载"而你们在已征土地上'执耕'的行为属于违法占用农地"，已经充分证明何某友是被砍香蕉的所有人，是某镇政府涉案行政行为的相对人。某镇政府也在该答复中自认实施了涉案具体行政行为。综上，何某友与本案诉争的行政行为有利害关系，已完成举证责任。一审、二审法院认定事实不清，违法加重何某友的举证义务，错误驳回何某友的起诉。综上，何某友请求：撤销一审、二审行政裁定，指令一审法院继续审理本案。

再审法院认为，本案的焦点问题是何某友是否已完成对其起诉符合法定起诉条件的举证责任。何某友据以证明其系涉案农作物权属人的证据是某镇农业和农村工作局于2016年1月29日出具的《关于何某友等人信访事项的答复意见》。但该信访意见仅提及"有少数村民大面积执耕土地"，并未指明何某友即涉案香蕉作物的所有权人，只是将其作为信访人之一统称为"你们"予以答复，该答复不能作为何某友主张涉案香蕉作物的权属凭据。而且，该答复意见将在已被征收土地上进行"执耕"的行为定性为违法侵权行为。因此，何某友仅凭借该信访答复意见尚不足以证明其具备本案原告主体资格，其仍需继续举证其起诉的行政行为系某镇政府所为，以及其在该土地被征收后曾合法取得了承包经营权及涉案农作物系由其耕种，其具有法律应当保护的诉的正当利益，否则应承担举证不能的不利后果。一审、二审法院认定申请人对其起诉符合法定起诉条件未尽举证义务，不具备本案原告主体资格，裁定驳回申请人的起诉，并无不当。申请人的申诉意见与其在原审程序中的意见基本一致，也未提供新的证据，不足以推翻原生效裁定。

[案件评析]

　　何某友是否具有行政诉讼的原告资格是本案关键所在。根据行政诉讼法学理论，行政诉讼有主观诉讼及客观诉讼之分，前者要求原告与被诉行政行为具有行政法上的关联性，《中华人民共和国行政法》第25条明确规定了原告须为行政行为相对人或与行政行为有利害关系。本案证据无法证实任何以下事实：涉案土地由何某友承包、涉案土地上的香蕉树为何某友所有、被砍伐的香蕉系某镇政府所为。因此，一审、二审法院均以原告主体资格不适格驳回了何某友的起诉。对于行政行为相对人的界定较为容易，然而，何谓与行政行为有利害关系则常见不同理解。有学者认为，行政法意义上的利害关系是指行政行为对原告权利义务有实质上的影响而并非任何的关联性，否则有悖于诉的利益的基本原理。2017年6月，检察行政公益诉讼被写入《中华人民共和国行政法》，这意味着我国行政诉讼兼具主观诉讼及客观诉讼的双重特征，客观诉讼典型体现为原告与被诉行政行为并无实质上的利害关系，仅因行政行为违法而侵害了国家利益、社会公共利益，原告基于对法秩序及公益的维护职责而提起诉讼。在此之前，任何个人或团体均无法以公益受损为由提起行政诉讼。2018年2月起实施的最高人民法院、最高人民检察院《关于检察公益诉讼案件适用法律若干问题的解释》明确将行政公益诉讼的原告身份定义为"公益诉讼起诉人"，依据《中华人民共和国行政诉讼法》及相关司法解释享有相应的诉讼权利，履行相应的诉讼义务，这无疑是对我国行政诉讼法内涵及外延的进一步发展。

（点评人：唐国雄　广东国融律师事务所主任）

27. 要求确认行政强制行为违法时如何认定是否超过起诉期限

——黄某不服某镇政府行政强制及要求行政赔偿纠纷案*

[当事人信息]

原告：黄某

被告：某镇政府

第三人：某市某镇某村民委员会

[审理法院]

中山市第一人民法院

[基本案情]

1991 年 6 月，黄某就原位于某市某镇某村 3 队的房地产领取了中府集建字 194 × \ 11200 × 号集体建设用地使用证，土地使用面积为 270.1 平方米，地上房产登记字号为 21 - 0 ×，建筑面积为 102.5 平方米。2002 年 6 月 18 日，黄某（乙方）与某市某镇公路桥梁建设工程指挥部（甲方）（由某镇政府临时设立）及上述房屋所在的某市某镇某村民居委会（以下简称某村委会）（丙方）签订中港法见字（2002）第 517 号《拆迁补偿协议》，约定：（1）乙方的房屋是砖混结构两层住宅，建筑面积共 102.5 平方米，该房屋约建于 1990 年；房屋侧的厨房为砖混结构，建筑面积 21.13 平方米。甲、乙、丙三方协商一致，乙方的上述房屋（含厨房），由甲方一次性补偿拆迁费人民币38 137.02元给乙方。该补偿款由甲方在乙方将上述的厨房拆除之日支付

---

* 作者：林文娟，广东国融律师事务所律师。

给乙方。(2)在本协议签订后,乙方要迅速将上述的厨房拆除,且乙方在拆除该厨房前不能再使用该厨房,以免发生危险。(3)甲方支付了上述的拆迁费给乙方后,乙方的上述房屋由乙方自行负责修缮,且乙方要密切注意该房屋的质量安全问题。如该房屋的质量安全达到危房时,乙方要迅速拆迁,以免发生危险。(4)在乙方拆迁上述的房屋后,由丙方按原埠港公路的拆迁补偿的有关规定,按乙方拆迁的房屋的土地使用证所核定的土地使用面积,补回给乙方使用。(5)甲方补偿上述的拆迁补偿款给乙方后,乙方以后不能再以上述的房屋受影响为由要求甲方给予补偿。随后,黄某拆除了厨房并收取了38 137.02元。2006年2月,黄某申请注销上述登记字号为21-0×××房屋的房产证,并由某村委会另行分配土地给黄某,对此,黄某已于2006年3月9日领取了中府集建字(2006)110×××号集体建设用地使用证,土地使用面积为252平方米。目前,黄某已在该土地上建设了房屋。2011年10月27日,经某镇政府委托,广东某房屋鉴定有限公司出具保顺鉴字(2011)第M0307号房屋安全鉴定报告,评定讼争的房屋为严重损坏房,应立即采取措施。2011年12月20日,某镇政府对该房屋进行强制拆除,并将房屋周边的树木推倒。事后,黄某就房屋、围墙、水泥地面、简易锌棚、松皮棚、树木、水电设施、租金补偿等损失与某镇政府协商赔偿,未果。

黄某提起本案诉讼,请求如下:(1)确认某镇政府对黄某的房屋强拆、对有关树木强倒、对饲养的鸡等家禽强捉的行为违法;(2)请求某镇政府赔偿黄某经济损失合计293 344.6元(该经济损失自2011年12月20日起计至被告实际支付款项完毕时止,具体的赔偿项目和数额见《黄某房屋损失明细表》,前述数额自2011年12月20日暂计至2014年4月20日止);(3)由某镇政府承担本案的诉讼费用。在庭审过程中,原告撤回诉讼请求第二项中关于"该经济损失自2011年12月20日起计至被告实际支付款项完毕时止"的诉讼请求。在庭审过程中,黄某确认其于房屋被拆除的当日即2011年12月20日已知道某镇政府实施涉案强制拆除行为。

[争议焦点]

黄某提起确认行政强制行为违法诉讼及一并提出赔偿请求有无超过法定期限。

[律师意见]

黄某起诉认为，其所有的位于某市某镇某村的涉案房屋建成于1990年，后因埠港公路开通使用，致房屋受损。经多次申请，某镇政府当时的领导对房屋受损补偿申请进行了审批。2002年6月18日，黄某与某市某公路桥梁建设工程指挥部及所在的村委会签订了《拆迁补偿协议》，协议明确由于埠港公路通车后对房屋和厨房造成损坏，对要求补偿一事达成协议。协议约定该指挥部在厨房拆除之日一次性补偿拆迁费38 137.02元；支付上述拆迁费后，黄某自行修缮房屋，如该房屋质量安全达到危房时，须迅速拆迁，以免发生危险；在拆迁上述房屋后，某村委会按照土地证核定土地使用面积补偿；该指挥部支付上述补偿款后，黄某以后不能再以房屋受影响为由要求其补偿。随后，该指挥部补偿了上述款项。2011年，因新公路建设需要，某镇政府下属某市某征地拆迁管理办公室与包括黄某本人在内的新公路沿线村民协商有关征用补偿方案，初步确定补偿黄某242 474.6元，黄某认为补偿数额明显偏低。就在协商过程中，收到某镇政府委托广东国融律师事务所于2011年12月8日寄出的律师函，称已经补偿上述房屋的拆迁费用，且该房屋经鉴定为严重损坏房，已经达到危房程度，故催促黄某迅速拆迁，要求收件后5日内拆除房屋，否则对房屋依法强制执行。黄某口头并书面回复某镇政府，认为补偿协议解决的只是埠港公路使用造成其房屋损坏的赔偿问题，而不包括房屋及其他地上附着物的征收。房屋也没有达到危房程度，要求某镇政府给予补偿。如果其拆除行为合法，黄某也同意依法执行。2011年12月20日，某镇政府没有履行任何手续，对黄某及家人进行人身强制，抢走家里的物品，强拆房屋，砍伐黄某栽种的树木，甚至抢走其饲养的家禽。黄某当时求助公安机关，未果。事后，某镇政府找黄某协商有关树木和家禽损失的补偿事宜，但双方未达成协议。黄某认为，无论根据其申请、某镇政府的审批，还是其与指挥部签订的《拆迁补偿协议》内容，都可以确定2002年所谓的拆迁补偿只是解决埠港公路建设对其房屋损坏赔偿问题。即使根据协议，房屋也没有到达到危房程度且需要拆除的条件。

承办律师作为某镇政府的委托代理人，向法院提交意见如下。

（1）本案起诉时间已超法定起诉期限，依法应驳回起诉。依据《最高人民法院关于执行〈中华人民共和国行政诉讼法〉若干问题的解释》第41条规定："行政机关作出具体行政行为时，未告知公民、法人或者其他组织诉权或者起诉期限的，起诉期限从公民、法人或者其他组织知道或者应当知道诉权或者起诉期限之日起计算，但从知道或者应当知道具体行政行为内容之日起最长不得超过2年。"按黄某陈述，其已知道某镇政府于2011年12月20日拆除其房屋，本案起诉期限最迟不得迟于2013年12月19日。现本案起诉时间为2014年4月28日，已超过法定的起诉期限，依据《最高人民法院关于执行〈中华人民共和国行政诉讼法〉若干问题的解释》第44条第1款规定："有下列情形之一的，应当裁定不予受理；已经受理的，裁定驳回起诉……（六）起诉超过法定期限且无正当理由……"依法驳回其起诉。虽黄某在起诉时一并提交了其就某镇政府的拆除行为进行过上访的证明材料，意在证明本案的起诉时限因此而中断。但某镇政府认为，暂且抛开前述材料真实性不谈，即便黄某真就本案进行过上访行为，但因行政诉讼的起诉期限非民事诉讼中的诉讼时效，黄某上访行为也不能引起本案起诉期限中断或中止。理由如下：①起诉期限是指原告必须在一定的期限内提起诉讼，如果超过了这一期限，法院则不再受理其起诉。这一制度规定在《中华人民共和国行政诉讼法》及其解释之中，属于程序性规定。在行政诉讼中，原告超过起诉期限丧失的是"起诉权"。而诉讼时效是权利人的民事权利受司法时间界限。它规定在《中华人民共和国民法通则》及其司法解释、《中华人民共和国民法总则》之中，属于实体性规定。超过诉讼时效，权利人丧失的是"胜诉权"。②诉讼时效中断制度是在《中华人民共和国民法通则》中规定的，《中华人民共和国民法通则》是实体法，并非《最高人民法院关于执行〈中华人民共和国行政诉讼法〉若干问题的解释》第97条规定可以参照的民事诉讼法。如果连《中华人民共和国民法通则》也可参照的话，按照不是法律明令禁止的，就是法律所允许的来认识，那么法院审理行政案件也可参照《中华人民共和国刑事诉讼法》的规定，这种观点无疑是荒谬的。

（2）即便暂不考虑本案是否超过法定起诉期限问题，某镇政府的拆除行为也合理合法。

关于黄某的房屋，某镇政府早在2002年6月18日便与其签订了《拆迁补偿协议》，其中对补偿条款及拆除及拆除时间进行了明确约定，详见《拆迁补偿协议》第 1 条："甲乙丙三方协商一致，乙方的上述房屋（含厨房），由甲方一次性补偿拆迁费人民币叁万捌仟壹佰叁拾柒元零贰分（38 137.02元）给乙方。"第 3 条："甲方支付了上述的拆迁费给乙方后……如该房屋的质量安全达到危房时，乙方要迅速拆迁，以免发生危险。"通过前款约定可以得出：首先，协议中约定的一次性补偿拆迁费38 137.02元是包含了房屋和厨房的两部分的补偿款，而非黄某诉称的仅是厨房拆迁费和房屋修缮费。其次，黄某有义务在涉案房屋被鉴定为危房后应自行、迅速地拆除涉案房屋。因此，在某镇政府于 2002 年 7 月 12 日，依约向黄某支付了前述拆迁款38 137.02元，且于 2006 年按合同约定补回了黄某土地使用面积，全面地履行了《拆迁补偿协议》的所有义务后，黄某就应当在房屋被鉴定为危房之日（2011 年 10 月 27 日）自行将房屋拆除。然而，黄某却一拖再拖，意图重复领取拆迁补偿费而迟迟不履行合同义务，自行拆除涉案房屋，进而导致多项（包括福源路二标某下南段、横二线Ⅱ标埠港公路某段、广珠中线二期等）市属重点交通建设工程全面停工，工期严重滞后，每拖延一项都将造成巨额的经济损失。在此情况下，某镇政府才不得不在多次劝告无果的情况下自行拆除涉案房屋。

（3）黄某不具有诉讼主体资格。在某镇政府向黄某补回安置地后，黄某便早在 2006 年将涉案房屋的权属凭证注销，换领了新的权属凭证。依据《中华人民共和国土地管理法》第 62 条规定的"农村村民一户只能拥有一处宅基地"和不动产以登记为准的原则，黄某并非涉案房产的合法产权人，无权就涉案房产行使权利。

[裁判结果]

一审法院认为，依据本案审理时适用的1990 年施行的《中华人民共和国行政诉讼法》第 39 条规定："公民、法人或者其他组织直接向人民法院提起诉讼的，应当在知道作出具体行政行为之日起三个月内提出。法律另有规定的除外。"《最高人民法院关于执行〈中华人民共和国行政诉讼法〉若干问题的解释》第 41 条第 1 款规定："行政机关作出具体行政行为时，未告知公民、法人或者其他组织诉权或者起诉期限的，起诉期限从公民、法人或者其他组织知道或者应当知道诉权或者起诉期限之日起计算，但从知道或者应当知道具体行政行为内容之日起最长不得超过2年。"因上述规定的起诉期限并不适用期限中断，而黄某早在拆除当日即2011年12月20日已知道被诉行政强制拆除行为，但其迟至2014年5月5日才向该院提起行政诉讼，显然，黄某起诉要求确认某镇政府作出的行政强制行为违法，已超过法定的起诉期限，且无正当理由。根据《中华人民共和国国家赔偿法》第39条第1款规定："……在申请行政复议或者提起行政诉讼时一并提出赔偿请求的，适用行政复议法、行政诉讼法有关时效的规定。"黄某在本案行政诉讼中一并提出赔偿请求，亦已超过法定的起诉期限。综上所述，对黄某的起诉，该院予以驳回。依照《中华人民共和国国家赔偿法》第39条第1款、《最高人民法院关于执行〈中华人民共和国行政诉讼法〉若干问题的解释》第44条第1款第6项、第63条第1款第2项的规定，法院裁定驳回原告黄某的起诉。

[案件评析]

本案涉及行政强制行为及行政赔偿诉讼的起诉期限问题。因黄某在庭审过程中明确确认涉案房屋被拆除时其已知道政府实施了涉案强制行为，但其提起本案诉讼时距拆除当日已有两年半。根据案件审理时适用的《中华人民共和国行政诉讼法》及相关司法解释的规定，因本案中政府在强制拆除涉案房屋时未告知黄某诉权及起诉期限，该起诉期限从黄某知道或应当知道诉权或起诉期限之日起算，且最长不得超过2年①，法院据此对黄某的起诉予以驳回。根据《中华人民共和国国家赔偿法》的规定，提起诉讼时一并提出赔偿请求的也适用行政诉讼法有关时效的规定。因黄某提起本案诉讼已超过法定起诉期限，故法院对某镇政府的行政强制行为的合法性并未审查，黄某关于行政赔偿的诉讼请求亦未实质审查。

行政诉讼的起诉期限与民事诉讼时效并不相同。首先，前者仅有期限扣除和延长；后者存在中断、中止。其次，法院对行政诉讼是否超过法定期限

---

① 根据2018年2月8日起施行的《最高人民法院关于适用〈中华人民共和国行政诉讼法〉的解释》[法释（2018）1号]第64条规定："行政机关作出行政行为时，未告知公民、法人或者其他组织起诉期限的，起诉期限从公民、法人或者其他组织知道或者应当知道起诉期限之日起计算，但从知道或者应当知道行政行为内容之日起最长不得超过一年。复议决定未告知公民、法人或者其他组织起诉期限的，适用前款规定。"该情形下最长起诉期限由2年变为1年。

主动进行审查和裁判；民事诉讼中当事人未提出时效抗辩的，法院不释明及主动适用诉讼时效规定进行裁判。根据《中华人民共和国行政诉讼法》规定，原告因不可抗力或其他非自身原因（如被限制人身自由）耽误起诉期限的，该期限不计算在起诉期限内。原告因特殊情况耽误起诉期限的，在障碍消除后10日内可向法院申请延长期限，但是否准许由法院决定。

（点评人：唐国雄　广东国融律师事务所主任）

28. 对危险房屋强制排危的职权主体及程序合法性认定

——梁某诉某镇政府排危拆除及要求行政赔偿纠纷案 *

[当事人信息]

原告：梁某

被告：某镇政府

[审理法院]

广东省中山市中级人民法院

广东省中山市第一人民法院

[基本案情]

梁某未取得土地使用证和建设工程规划许可证，在某市某镇某村八队 19 号建设了涉案房屋。2017 年 5 月，某镇政府内设的住房和城乡建设局（以下简称某镇住建局）接上述房屋所在村民委员会的反映，房屋存在倾斜危险。同年 2 月 22 日，某镇住建局向涉案房屋相邻住户发出通知，要求接到通知后立即疏散楼内所有住户。6 月，在梁某涉案房屋的各角点均出现不同程度斜的情况下，某镇住建局委托某房屋鉴定公司对涉案房屋的结构现状进行检测鉴定。6 月 12 日，某房屋鉴定公司作出 Y20170100 号建筑物测鉴定报告，载明涉案建筑物首层为商铺，二层至六层用作住宅，业主未能提供设计和相关图纸资料及建筑设计、施工和验收质保材料；检测结论为"综合评定住宅楼危险性等级为 D 级，即房屋承重结构不能满足安全使用要求，房屋整体处于危险状态，构成整栋危房"；处理意见及建议为"鉴于该房屋东侧距离 5 层

---

　　* 作者：王林波，广东国融律师事务所律师。

邻宅较近（两栋房屋之间仅有宽约 1 米的巷道），为保证人民生命财产安全，建议该住宅楼及邻宅暂停使用，并采取有效措施排险，以防发生整体倾覆及其他次生灾害"。同时，该检测鉴定报告说明"如对本鉴定报告有异议，请在报告发出 30 天内向本鉴定单位发出书面复核申请，逾期视为无异议"。据此，某镇政府向梁某送达了通知书，认为鉴于该住宅楼整体处于危险状态并已危及公共安全，遂责令梁某在收到通知之日起 7 日内对危房进行自拆。6 月 22 日，某镇政府向梁某送达了上述建筑物检测鉴定报告，梁某未提出异议。2017 年 7 月 6 日，某市住房和城乡建设局对某镇政府出具复函，载明根据《某市房屋安全管理规定》第 28 条的规定，为确保群众生命财产安全，建议属地政府尽快落实解危措施，对涉案住宅楼进行拆除，及时消除隐患等。随后，某镇住建局向梁某出具通知，认为梁某未取得相关许可而擅自施工，遂要求梁某将第三方加固公司的资质材料报送该局，并停止施工。2017 年 8 月 29 日，某镇住建局在监测中发现，在台风"天鸽"过后，涉案房屋东侧下沉明显，且地面和墙身出现不同程度的裂缝，楼顶与东侧房屋靠得非常近，倾斜情况有明显变化。9 月 9 日，某镇政府向梁某留置送达通知，要求梁某于 9 月 16 日前自行拆除涉案房屋，逾期不拆除的，将由该政府依法拆除处理，且告知其立即搬离涉案房屋内的财物。同时，某镇政府电话联系梁某，告知其上述通知的内容。2017 年 9 月 22 日，某镇政府将涉案房屋物品搬离并清点后即对涉案房屋进行了拆除，梁某亦在拆除现场。搬离的物品暂由某镇政府保管。某房屋鉴定公司就某市范围内开展房屋安全鉴定业务，已在某市住房和城乡建设局进行了登记备案。在庭审过程中，梁某确认其从未就涉案房屋的修复向有资质的单位进行咨询论证和委托修复。

梁某起诉至法院请求：（1）请求法院判令某镇政府拆除涉案住宅楼的行为违法；（2）要求某镇政府赔偿其房屋的造价损失 1 297 380 元。

[争议焦点]

1. 某镇政府是否具备拆除危房职权；

2. 梁某是否因政府拆除的为违法建筑而无法主张赔偿。

[律师意见]

承办律师作为梁某代理人，向法院提交意见如下。

（1）虽然《某市房屋安全管理条例》第 28 条规定："危险房屋出现明显险情，可能危及人身或财产安全的，镇区应当代为治理或采取其他合法措施排除险情。"但是，该规定并没有明确规定排除险情措施必须拆除房屋。就本案而言，负责的处理行政机关排除险情可以采用加固等多种措施实现，其本应当选择有利于最大限度地保护公民权益的措施。但本案中行政机关未对是否必须拆除进行必要论证，直接决定拆除房屋并付诸实施，明显违反"最小损害行政相对人利益原则"。所采取的措施也明显超出必要的限度。

（2）在《建筑物检测鉴定报告》（2017 年 6 月 22 日送给上诉人）还未送达前，某镇政府就已经在房屋处以张贴《通知》（2017 年 6 月 20 日）的形式责令梁某拆除房屋，在梁某 7 月初请人制订了加固方案并进行加固治理时，以未取得相关许可为由阻止其自行聘请人员进行加固治理。涉案房屋为尚无土地使用权证、无规划建设施工许可证建成的历史房屋，其要求取得相关许可非短期可以完成，其实质就是阻止原告对房屋进行治理，要求其必须接受某镇政府对房屋进行拆除。

（3）某市住房和建设局出具了建议（庭审前未向梁某出具）采取拆除涉案房屋措施的意见，某镇政府除阻止梁某自行加固治理外，未对房屋是否必须拆除进行论证，在拆除前也没有对房屋进行过拆除必要性的相关鉴定，所谓的排危治理紧迫性缺乏依据。相反，某镇政府工作人员多次在其自行设立的"危房请勿靠近"标示牌下贴通知、拍照等，也可从另一侧面反映出所谓的危险性仅系某镇政府的单方说辞。

（4）某镇政府 2017 年 9 月 9 日发布的《通知》中明确："经查，阁下在某市某镇某村八队 19 号的住宅楼并无领取土地使用权证、规划建设施工许可证……我镇将根据《中华人民共和国城乡规划法》第 65 条、《某市房屋安全管理规定》第 28 条等法律法规的规定，依法拆除处理……"从上述通知可以看出，某镇政府未经立案调查等法定程序将涉案房屋定性为"违章建筑"予以拆除，进一步阻止上诉人自行合法治理的可能。

本案按照某镇政府单方说辞是拆除违章建筑，理应依据《中华人民共和国城乡规划法》《中华人民共和国行政强制法》等法律法规实施。根据《中华人民共和国行政强制法》第 3 条第 2 款规定："发生或者即将发生自然灾害、事故灾难、公共卫生事件或者社会安全事件等突发事件，行政机关采取

应急措施或者临时措施，依照有关法律、行政法规的规定执行。"第 10 条第
1 款规定："行政强制措施由法律设定。"第 10 条第 3 款规定："尚未制定法
律、行政法规，且属于地方性事务的，地方性法规可以设定本法第九条第二
项、第三项的行政强制措施。"应急措施的强制也明确需要依照有关法律、
行政法规的规定执行，尚未制定法律、行政法规，且属于地方性事务的也须
按地方性法规进行。因此，《某市房屋安全管理条例》尚不足以作为行政强
拆的依据。况且依据《某市房屋安全管理条例》第 28 条规定也不必然得出
结论就是强制拆除。

某镇政府自行提出的职权依据为《中华人民共和国城乡规划法》第 65
条规定："在乡、村庄规划区内未依法取得乡村建设规划许可证或者未按照
乡村建设规划许可证的规定进行建设的，由乡、镇人民政府责令停止建设、
限期改正；逾期不改正的，可以拆除。"某镇政府据此取得职权依据是不成
立的。首先，根据中府〔2007〕58 号《某市城市规划管理规定》第 2 条规定
"本市制定和实施城市规划，进行各项建设，必须遵守本规定。本市行政区
域（含陆域与水域）现状面积均为本市城市规划区。本规定所称中心城区规
划区，是指中山市城市总体规划中确定的范围。"某市实施全市区域的城市
规划，没有乡、村庄规划区，这种"皮之不存毛将焉附"的说辞明显站不住
脚。其次，退一步来说，即使承认其按该条取得职权，那么也需要按《中华
人民共和国城乡规划法》履行相应的立案、调查、责令整改等行政处罚、行
政强制的法定程序，还存在未能对整条街区统一执法尺度进行拆除的问题，
对于危险房屋的认定标准也理应按《农村危险房屋鉴定技术导则（试行）》
进行危房鉴定。最后，再退一步，纵使某镇政府具备该项职权，也无证据证
明某镇政府在拆除前履行相应的立案、调查、决定等法定程序。因此某镇政
府自行主张的职权依据也是不成立的。

《城市危险房屋管理规定》第 5 条第 1 款规定："建设部负责全国的城
市危险房屋管理工作。"县级以上地方人民政府房地产行政主管部门负责本
辖区的城市危险房屋管理工作。《中华人民共和国突发事件应对法》第 20
条规定："县级人民政府应当对本行政区域内容易引发自然灾害、事故灾难
和公共卫生事件的危险源、危险区域进行调查、登记、风险评估，定期进
行检查、监控，并责令有关单位采取安全防范措施。省级和设区的市级人

民政府应当对本行政区域内容易引发特别重大、重大突发事件的危险源、危险区域进行调查、登记、风险评估，组织进行检查、监控，并责令有关单位采取安全防范措施。县级以上地方各级人民政府对于按照本法规定登记的危险源、危险区域，应当按照国家规定及时向社会公布。"上述法律、法规中明确了该类事件的实施主体为县级以上地方人民政府房地产行政主管部门和县级以上地方各级人民政府。同时，考虑到《中华人民共和国行政强制法》第 13 条行政强制执行由法律设定的规定，以及第 17 条行政强制措施有法律、法规规定的行政机关在法定的职权范围内实施，行政强制措施权不得委托的规定，本案某镇政府作出决定并付诸实施的强拆行为明显没有职权依据。

某镇政府律师向法院提交答辩意见如下：某镇政府享有拆除涉案房屋的职权。根据《中华人民共和国城乡规划法》第 65 条、第 68 条及《中华人民共和国行政强制法》第 44 条的规定，对未办理建设工程规划许可证的违法建筑物，由镇人民政府责令限期改正，逾期不改正的，经过法定程序，可以拆除。根据《某市房屋安全管理规定》第 28 条的规定，某镇政府应当代为治理或采取其他合法措施排除险情。第一，涉案房屋整体处于危险状态，倾斜无终止收敛现象，已严重影响邻近建筑和居民的人身安全和财产安全，拆除具有紧迫性和必要性。第二，某镇政府在拆除涉案房屋前已进行调查、勘察、鉴定、通知、送达等程序，也给予梁某自行拆除的合理期限。第三，涉案房屋构成整栋危房，加固工程应当由具备相应资质的公司进行，梁某在不具备资质的情况下擅自加固，镇住建局要求梁某停止加固行为并无不妥当。第四，涉案房屋为违法建筑，其非法权益不受法律保护，梁某请求赔偿不符合《中华人民共和国国家赔偿法》第 2 条、第 7 条的规定。

[裁判结果]

一审法院认为：根据《某市房屋安全管理规定》第 4 条的规定，某镇政府负责该镇区范围内的房屋安全管理工作，即该镇政府对辖区内的危险房屋具有采取强制排危的职权。本案中，在梁某的房屋出现各角点均有不同程度倾斜的情况下，某镇政府要求相邻住户立即疏散，且由某镇住建局委托某房屋鉴定公司对涉案房屋的结构现状进行鉴定，鉴定结论为"综合评定住宅楼危险性等级为 D 级，即房屋承重结构不能满足安全使用要求，房屋整体处于危险状态，构成整栋危房。"梁某收取鉴定报告后未提出异议。随后，涉案房屋在台风"天鸽"过后，更明显地出现了下沉和地面、墙身裂缝，楼顶与东侧房屋已明显出现险情，而且险情在不断加重中。现梁某的房屋未取得建设工程规判许可，在险情出现的情况下，梁某虽经多次通知，但其既未委托有资质的单位出具可行的修复方案，也未按照某镇政府的要求自行拆除房屋，而涉案房屋与相邻房屋的距离很近，建筑物一层又为商铺，若不及时排除险情，可能会发生鉴定报告所述的"整体倾覆和其他次生灾害"的情况。因此，涉案房屋的险情已严重影响住户和相邻人以及公众的人身安全和财产安全，相应的排危治理具有特殊性和紧迫性。对此，某市住房和城乡建设局出具了建议采取拆除涉案房屋措施的意见。从法律义务上看，实现个体的利益应该以不损害社会公共利益为限。因涉案房屋倾斜程度不断在变化，基于住户和相邻人以及公共安全的考虑，根据《某市房屋安全管理规定》第 28 条规定："危险房屋出现明显险情，可能危及人身或财产安全的，镇区应当代为治理或采取措施排除险情。"某镇政府采取拆除危房的排险措施，并无不当。综上所述，对梁某要求确认某镇政府拆除住宅楼的行为违法的诉讼请求，理据不充分，予以驳回。梁某基于此提出的赔偿请求即要求某镇政府赔偿其房屋造价的损失 1 297 380 元的诉讼请求，亦无事实和法律依据，予以驳回。依照《中华人民共和国行政诉讼法》第 69 条、《最高人民法院关于审理行政赔偿案件若干问题的规定》第 33 条的规定，一审法院判决驳回梁某的诉讼请求。

梁某不服一审判决，上诉至中山市中级人民法院。

二审法院认为本案属行政强制及行政赔偿纠纷。本案中，关于某镇政府是否具备拆除案危房职权问题，某镇政府主张根据《中华人民共和国城乡规划法》第 65 条、第 68 条及《中华人民共和国行政强制法》第 44 条、《某市房屋安全管理规定》第 28 条的规定，其具备强制拆除涉案房屋的职权。对此，该院认为：涉案房屋经鉴定为整栋危房，根据建设部《城市危险房屋管理规定》应当进行治理，其中第 9 条规定的处理方式包括"整体拆除"，该规定中亦明确，县级以上地方人民政府房地产行政主管部门负责本辖区的城市危险房屋管理工作。根据《中华人民共和国城乡规划法》第 68 条的规定，对违法建筑采取强制拆除措施的由建设工程所在地县级以上地方人民政府责成有关部门强制拆除，某镇政府不属于县级以上地方人民政府，没有拆除违法建筑的职能。且本案系某镇政府将涉案房屋作为危房拆除，不适用对违章建筑的处理规定。综上，某镇政府没有实施拆除涉案危房的职权依据，其拆除行为违法。对某镇政府拆除行为中的程序问题该院不再进行审查。一审法院认定某镇政府有拆除涉案危房的职权，没有法律依据，予以纠正。某镇政府违法拆除梁某的房屋，根据《中华人民共和国国家赔偿法》第 2 条第 1 款，第 4 条第 2 项，第 36 条第 3 项、第 4 项的规定，应赔偿梁某因其违法行为造成的损失。本案中，梁某仅主张赔偿被拆除房屋的造价损失，但由于其被拆除建筑物没有办理规划报建手续，属于违法建筑，其损失不属于应获得国家赔偿的合法权益范围，一审法院驳回梁某的赔偿请求并无不当。综上，判决如下：（1）撤销一审判决；（2）确认某镇政府拆除涉案住宅楼的行为违法；（3）驳回梁某其他诉讼请求。

[案件评析]

本案涉及对镇区内危险房屋具有采取强制排危的职权主体及拆除程序合法性的认定。

第一，梁某的涉案房屋经鉴定被评为整栋危房，严重影响住户和相邻人及公众的人身安全和财产安全。根据该市地方规范性文件，镇区政府具有代为治理或采取措施排除险情的职责。但根据部委规章即建设部《城市危险房屋管理规定》的规定，县级以上地方人民政府房地产行政主管部门负责本辖区的城市危险房屋管理工作。因此一审作为裁判依据的地方政府规范性文件与上位法存在冲突，二审法院予以纠正。涉案危房未取得土地使用证和建设工程规划许可证，因此属于违法建设，但根据《中华人民共和国城乡规划法》的相关规定，对违法建设采取强制拆除措施的由县级以上政府责成相关部门拆除。因此，本案中某镇政府没有采取强制排危的职权，亦没有强制拆除违法建筑的职权。该镇政府因超越职权作出拆除危房的行为，没有法律依据，被二审法院判决行为违法。

第二，梁某提出的行政赔偿应否得到支持。二审法院认为梁某仅主张被拆除房屋的造价损失，但违法建筑损失不属于应获得国家赔偿的合法权益范围，故未予支持。然而涉案房屋在拆除时，某镇政府虽对房屋物品进行了搬离并清点，该程序合法正确，但对拆除后现场的建筑材料擅自进行了处置，实际损害了梁某合法权益。涉案危房虽为违法建筑，但建筑材料本身仍属于梁某的合法私人财产，某镇政府擅自处置的行为程序违法，梁某有权得到赔偿。

（点评人：唐国雄　广东国融律师事务所主任）

'06

行政赔偿案例

29. 行政机关强拆时因未清点和登记财产而承担不利举证责任

30. 对信访人实施规劝跟控是否属行政行为

31. 因政府原因导致行政相对人无法举证时经济损失如何认定

32. 行政赔偿案件中期待利益与直接损失的界分

33. 地方性规范性文件能否作为渔业船舶不予行政登记的依据

29. 行政机关强拆时因未清点和登记财产而承担不利举证责任

——萧某诉某镇政府行政赔偿纠纷案*

[当事人信息]

原告：萧某华

被告：某镇政府

[审理法院]

广东省中山市第二人民法院

[基本案情]

2013 年 7 月 8 日，某市政府作出行政复议决定，以某镇政府没有管理职权为由，认定某镇政府于 2012 年 11 月 21 日向萧某华作出的《禽畜养猪场强制拆除告知书》及 2013 年 1 月 6 日对萧某华经营的养猪场实施拆除的行为违法。上述决定发生法律效力后，萧某华于 2014 年 11 月 21 日向某镇政府提出行政赔偿 160 万元的申请，某镇政府于 2015 年 1 月 20 日作出国家赔偿决定，对萧某华的申请不予赔偿。为此，萧某华起诉至广东省中山市第二人民法院，请求判令：（1）撤销某镇政府作出的国家赔偿决定；（2）某镇政府在原地将萧某华的养猪场（约 2000 平方米）恢复原状；（3）某镇政府返还萧某华养猪场的 371 只猪；（4）某镇政府赔偿萧某华水泵、定位栏、水井等生产设施以及养殖利润等其他损失共计 160 万元。庭审中，萧某华变更第二、三项诉求为某镇政府支付赔偿款。

关于猪只、猪舍等问题，双方同意按以下意见处理：（1）种猪 3 头，按

---

* 作者：林文娟，广东国融律师事务所律师。

169

4500 元/头计算；母猪按 4500 元/头计算；大猪（以 125 公斤/头）按 17 元/公斤计算，中猪（以 60 公斤/头）按 18 元/公斤计算，小猪（以 30 公斤/头）按 10 元/公斤计算，仔猪（以 5 公斤/头）按 300 元/头计算。（2）猪舍净值按 283 元/平方米计算。（3）定位栏 100 个，净值 8100 元；水井 1 个，净值 1400 元；产床 28 张，净值 7800 元；水泵 6 台，净值 2900 元；辅助设施及用电设施 1 套，净值 7000 元。

[争议焦点]

　　1. 本案财产赔偿范围的举证责任如何分配；

　　2. 养猪场猪舍属违法建筑应以何种标准赔偿；

　　3. 养猪利润损失能否获得支持。

[律师意见]

　　承办律师作为某镇政府委托代理人，向审理法院提交了答辩意见，答辩要点如下。

　　（1）关于萧某华恢复养猪场原状的诉讼请求缺乏法律依据。萧某华是在未取得《动物防疫条件合格证》等审批许可下，擅自在城镇人口集中地区经营养猪场，且经催告后无自查自纠，其私设的养殖场属于违法养殖，应当予以拆除。有鉴于此，养殖场的存在属于非法利益，不应当受到法律保护，对于萧某华要求恢复养猪场的诉求依法无据，应当予以驳回。

　　（2）因萧某华拒绝自行处理养殖猪，某镇政府委托收购变卖并无不当。在实施拆除行动前，某镇政府已告知萧某华须自行处理猪只，其拒不处理，且猪只属于鲜活物品，为防止损失扩大、猪只走散影响市容市貌，在百般无奈之下，某镇政府只能委托某镇兽医站组织收购单位对萧某华养殖的猪只进行统一收购。收购现场已拍摄取证，共计变卖得款 113 820 元，已多次通知萧某华收取变卖款。《中华人民共和国国家赔偿法》第 36 条规定："侵犯公民、法人和其他组织的财产权造成损害的，按照下列规定处理……（五）财产已经拍卖或者变卖的，给付拍卖或者变卖所得的价款……"萧某华要求返还猪只的要求不切实际，某镇政府愿意交还猪只变卖款。

　　（3）关于萧某华要求赔偿其所有的水泵、定位栏、口水井、产床、用电设施等。根据《最高人民法院关于执行〈中华人民共和国行政诉讼法〉若干问题的解释》第 27 条规定："原告对下列事项承担举证责任……（三）在一并提起的行政赔偿诉讼中，证明因受被诉行为侵害而造成损失的事实……"《中华人民共和国国家赔偿法》第 15 条第 1 款规定："人民法院审理行政赔偿案件，赔偿请求人和赔偿义务机关对自己提出的主张，应当提供证据。"萧某华提交的证据并未充分举证证明其存在上述损失和具体金额，应当承担举证不能的法律后果。退而言之，即使萧某华能证明存在上述损失，赔偿具体金额应以鉴定机构评估所得的金额为准。

（4）关于原告要求赔偿差旅费。该项诉讼没有法律依据，应当予以驳回。

（5）关于萧某华要求赔偿每一只母猪每年生 25 只猪以及养成肉猪后的利润（按两年计算）等其他损失 160 万元。萧某华经营的养猪场属于非法养殖，依法应当关闭和取缔。因此，非法经营的养殖场不会发生合法经营后的利润损失，对于该非法利益，不应当得到法律保护。

[裁判结果]

一审法院认为，本案系行政行为被确认违法后提起的行政赔偿纠纷，已生效的复议决定虽认定某镇政府有 2 个违法行为，但对萧某华造成侵权损害的是某镇政府于 2013 年 1 月 6 日违法拆除萧某华养猪场的行为，故本案仅审查上述行为对萧某华造成损害的赔偿。根据《中华人民共和国国家赔偿法》第 2 条第 1 款规定："国家机关和国家机关工作人员行使职权，有本法规定的侵犯公民、法人和其他组织合法权益的情形，造成损害的，受害人有依照本法取得国家赔偿的权利。"第 4 条规定："行政机关及其工作人员在行使行政职权时有下列侵犯财产权情形之一的，受害人有取得赔偿的权利……（二）违法对财产采取查封、扣押、冻结等行政强制措施的……（四）造成财产损害的其他违法行为。"第 36 条规定："侵犯公民、法人和其他组织的财产权造成损害的，按照下列规定处理……（三）应当返还的财产损坏的，能够恢复原状的恢复原状，不能恢复原状的，按照损害程度给付相应的赔偿金；（四）应当返还的财产灭失的，给付相应的赔偿金……"某镇政府违法拆除萧某华养猪场的行为，侵犯了萧某华合法权益，依法应予赔偿。某镇政府作出不予赔偿决定，明显不当，依法予以撤销。

对于上述有争议的事实法院作出以下认定。

（1）关于母猪与仔猪的数量，萧某华主张母猪56头、仔猪105头，某镇政府主张母猪8头、仔猪78头。某镇政府提供的猪只统计表对于仔猪的数量有非常清晰的记录，故法院认定仔猪数量为78头。至于母猪的数量，因某镇政府的猪只统计表显示只有8头母猪，与同是某镇政府提供的第三方某镇肉联厂出具的称重记录单显示母猪的总重量为6820公斤自相矛盾，法院采信对于萧某华有利的称重记录单，并根据该记录单推算母猪的数量。某镇政府陈述该称重包含78头仔猪的重量390公斤（5公斤/头×78头），故母猪的总重量为6430公斤，而每只母猪的重量约为215公斤，故母猪数量为30头。即仔猪赔偿23 400元（300元/头×78头）、母猪135 000元（4500元/头×30头）。

（2）关于大猪、中猪、小猪的数量，因某镇政府在搬运猪只时，未对猪只的规格进行严格的清点，萧某华亦没有提供相关的原始资料反映猪只的实际数量，故法院以某镇肉联厂出具的称重记录单记载的中猪、猪仔（视为小猪）的重量6820公斤（3840公斤＋2980公斤）为计算依据，并以上述3种猪类中单价最高的18元/公斤计付。即萧某华主张的大猪、中猪、小猪的赔偿款为122 760元。

（3）关于猪舍的面积和附属设施的赔偿问题，萧某华主张2000平方米，某镇政府主张1000平方米。因某镇政府在拆除时并没有进行测量，违反了证据保存的要求，应承担相应的行政责任，故法院酌情认定猪舍的面积为1500平方米。由于猪舍用地为违法用地，且猪舍没有经过规划部门的审批，属于违法建筑，不具备物权的合法性，故法院仅支持萧某华自行拆除该猪舍而获得的残值。根据该猪舍的结构，法院酌情认定每平方米猪舍的拆除残值为30元，附属用电设施为1000元，即上述赔偿款为46 000元（30元/平方米×1500平方米＋1000元）。

（4）关于定位栏、产床、水泵的赔偿问题，上述设施属于萧某华的合法财产，某镇政府非法拆除应予以赔偿。即该部分赔偿款为18 800元（8100元＋7800元＋2900元）。

（5）关于水井的赔偿问题，萧某华没有提供证据证明某镇政府有损害其水井的行为。

（6）关于差旅费及养猪场利润问题，由于上述损失不属于行政行为造成的直接损失，不属于行政赔偿的范畴，法院不予支持，依法予以驳回。

根据查明事实可知，某镇政府应向萧某华赔偿猪只损失294 660元（种猪13 500元＋母猪135 000元＋仔猪23 400元＋其余猪只122 760元）、猪舍及附属用电设施46 000元、水泵＋定位栏及产床为18 800元，上述合计为359 460元，对萧某华超出部分的诉讼请求，不予支持。综上，依照《中华人民共和国国家赔偿法》第4条第4项，第15条，第36条第4项、第5项，《中华人民共和国行政诉讼法》第70条第6项，《最高人民法院关于执行〈中华人民共和国行政诉讼法〉若干问题的解释》第56条第4项规定，判决：（1）撤销镇政府作出的国家赔偿决定；（2）被告镇政府赔偿萧某华经济损失359 460元；（3）驳回萧某华其他诉讼请求。评估费5万元，由萧某华负担38 767元，某镇政府负担11 233元。

萧某华、某镇政府均不服一审判决，上诉至中山市中级人民法院。

萧某华上诉认为，某镇政府违法将其养猪场的猪全部处理，将养猪场强制拆除，造成其巨大的财产损害；一审判决在猪只、猪舍等问题的认定上有所偏袒，属于认定事实不清、证据不足、适用法律错误。故请求：（1）撤销一审行政判决的第二项和第三项，查明事实后改判为：①赔偿猪只的损失费572 130元；②赔偿猪舍损失费565 300元；③赔偿水井损失费1400元；④赔偿猪场利润损失1 341 288元。（2）评估费5万元由某镇政府承担。

某镇政府上诉认为：第一，萧某华投入和猪舍用地为违法用地，搭建的猪舍没有经过规划部门审批，属于违章建筑，且其在未取得《动物防疫条件合格证》等前提下，违法经营畜牧养殖业务，对周边环境、环卫及居民健康造成严重影响；第二，萧某华主张2000平方米的猪舍建筑，但未能提供用地证明，一审法院根据雇请搭建猪舍的证据酌情认定1500平方米猪舍面积属于认定事实错误，萧某华应承担举证不能的不利后果；第三，萧某华没有提供相关的资料反映饲养猪只实际数量，相反，其镇政府通过第三方专业机构搬运、称重时对猪只数量、重量进行严格盘点，通过每车的具体猪只数量和重量可以计算猪只情况。其认为一审法院对大、中、小猪三种猪只以单价最高18元/公斤计付，缺乏事实和法律依据。故请求判令：（1）撤销一审行政判决；（2）驳回萧某华的全部诉讼请求；（3）本案全部诉讼费用由萧某华承担。

二审法院另查明，一审法院委托甲资产评估与土地房地产估价公司对萧某华的养猪场猪只、猪舍、物品进行评估。甲资产评估与土地房地产估价公司于 2015 年 11 月 18 日向一审法院作出《关于退回委托的函》，以无法核实委托内容的详细信息等为由，退回委托。一审法院再于 2016 年 3 月 2 日通过（2015）中二法行初字第 74 号《评估委托书》，委托乙资产评估与土地房地产估价有限公司对萧某华的养猪场猪只、猪舍、物品进行评估，乙资产评估与土地房地产估价公司于 2016 年 3 月 4 日向一审法院作出《关于请求撤销（2015）中二法行初字第 74 号评估委托函》，以该项目较复杂，无类似项目工作经验为由，请求一审法院撤销该评估。2016 年 3 月 14 日，一审法院通过（2015）中二法行初字第 74 号《评估委托书》，委托丙资产评估与房地产估价公司对萧某华的养猪场猪只、猪舍、物品进行评估，为此，萧某华向丙资产评估与房地产估价公司交纳资产评估费用50 000 元。丙资产评估与房地产估价公司于 2016 年 3 月 31 日作出穗诚评资〔2016〕2 号《某市某镇萧某华猪场停产停业损失及猪只、猪舍等养猪设施补偿价值咨询报告书》（以下简称《咨询报告书》），对"商品猪停产停业损失"评估值为1 341 328 元、对"已处置猪只市场价值"评估值为611 275 元、对"拆除猪舍及养猪设施市场价值"评估价为293 100 元，合计2 245 703 元。

二审法院认为，本案属于行政行为被确认违法后权利人主张行政赔偿的案件。针对萧某华、某镇政府的上诉请求与理由，双方的答辩理由及庭审陈述，以《中华人民共和国国家赔偿法》为据，对案涉赔偿问题进行审查认定以下几方面意见。

（1）关于某镇政府是否应对萧某华财产损失进行赔偿的问题。某市政府中府行复〔2013〕31 号《行政复议决定书》，确认某镇政府于 2012 年 11 月 21 日作出的《禽畜养殖场强制拆除告知书》及实施的行政强制拆除行为违法，依据《中华人民共和国国家赔偿法》第 2 条、第 4 条、第 7 条的规定，萧某华有权要求某镇政府对其因违法强拆行为导致其人身及财产的直接损失进行赔偿；某镇政府于 2015 年 1 月 20 日作出的《国家赔偿决定书》，以萧某华违法经营养猪场及未评估其所主张的财产损失为由，决定对萧某华的赔偿申请不予赔偿，违反上述法律规定，应予撤销，原审判决对此认定正确，予以确认。

（2）关于赔偿财产范围的问题。萧某华虽然有违法经营猪场的行为，但其经营过程中合法所有的个人财产应当予以保护。故某镇政府违法实施强拆的行为导致萧某华个人所有财产的损失，为本案财产损失赔偿的范围。第一，因萧某华养猪场内的有关财产在某镇政府本次强制拆除中已经灭失，某镇政府在实施拆除时未就强拆现场的财产范围与萧某华协商确定，也没有对财产进行有效的登记记录，故根据萧某华与某镇政府在原审诉讼过程中的陈述以及视频录像等证据，结合丙资产评估与房地产估价公司作出的《咨询报告书》，认定本案赔偿范围的财产包括：猪只、猪舍、定位栏、水井、产床、水泵、用电设施；第二，根据《中华人民共和国国家赔偿法》第36条的规定，对于财产权造成其他损失的，按照直接损失给予赔偿。而萧某华主张赔偿范围中"每只母猪每年生产25只猪以及养成肉猪后的利润（按两年计算）"的项目，属于可期待的增值利益，不属于上述法律规定的直接财产损失，因此，该项赔偿主张不属于本案赔偿范围。

（3）关于具体的赔偿数额计算问题。根据《中华人民共和国国家赔偿法》第36条的规定："侵犯公民、法人和其他组织的财产权造成损害的，按照下列规定处理：（一）处罚款、罚金、追缴、没收财产或者违法征收、征用财产的，返还财产；（二）查封、扣押、冻结财产的，解除对财产的查封、扣押、冻结，造成财产损坏或者灭失的，依照本条第三项、第四项的规定赔偿；（三）应当返还的财产损坏的，能够恢复原状的恢复原状，不能恢复原状的，按照损害程度给付相应的赔偿金；（四）应当返还的财产灭失的，给付相应的赔偿金；（五）财产已经拍卖或者变卖的，给付拍卖或者变卖所得的价款；变卖的价款明显低于财产价值的，应当支付相应的赔偿金；（六）吊销许可证和执照、责令停产停业的，赔偿停产停业期间必要的经常性费用开支；（七）返还执行的罚款或者罚金、追缴或者没收的金钱，解除冻结的存款或者汇款的，应当支付银行同期存款利息；（八）对财产权造成其他损害的，按照直接损失给予赔偿。"赔偿义务机关违法行为对公民财产权造成损失，而应当返还的财产灭失的，应给付相应的赔偿金；财产已经拍卖或者变卖的，给付拍卖或者变卖所得的价款；变卖的价款明显低于财产价值，则应当支付相应的赔偿金。本案中，前述赔偿范围内的财产已灭失，故不能以返还财产的方式处理，根据上述法律规定，某镇政府应向萧某华给付相应赔偿金。具体赔偿价款认定包括以下几点。

第一，对于猪只损失赔偿款的认定。某镇政府主张以其变卖所得款113 820元作为赔偿款，但该变卖价款明显与丙资产评估与房地产估价公司出具的《咨询报告书》确定的猪只种类、数量不符，且基于某镇政府强拆时并没有清点和登记猪只等财产的数量，故认为该变卖价款属于"变卖的价款明显低于财产价值"的情形，不能以该变卖所得款作为猪只损失的赔偿款。而上述《咨询报告书》采用猪只种类与数量与萧某华主张的一致，且评估价值无不妥，采信该《咨询报告书》对猪只损失的评估项目，即某镇政府应向萧某华赔偿猪只损失611 275元。但基于萧某华的上诉请求主张赔偿猪只的损失费为572 130元，属于其对自身利益的处分行为，故以萧某华上诉请求的该损失费572 130元为准，据此确定某镇政府应向萧某华支付猪只损失赔偿款为572 130元。

第二，对于定位栏、水井、产床、水泵、用电设施损失赔偿款的认定。萧某华养猪场的财产因某镇政府违法拆除灭失，萧某华客观上已不能就猪场设施财产进行举证，而基于某镇政府在实施拆除行为时没有及时清点和登记财产的过失，二审法院认为所灭失财产的举证责任应由某镇政府承担。但某镇政府未能对此提供足以认定的证据，应承担举证不能的不利后果，对此，仍采信《咨询报告书》对定位栏、水井、产床、水泵、用电设施损失赔偿款的评估价值，作为此类财产的赔偿数额，即定位栏的评估价值为8100元、水井的评估价值为1400元、产床的评估价值为7800元、水泵的评估价值为2900元、用电设施损失赔偿款的评估价值为7000元，共27 200元；某镇政府应向萧某华支付定位栏、水井、产床、水泵、用电设施损失的赔偿款27 200元。

第三，对于猪舍损失赔偿款的认定。根据本案审理时适用的1998年施行的《建设项目环境保护管理条例》第25条规定："建设项目环境影响报告书、环境影响报告表或者环境影响登记表未经批准或者未经原审批机关重新审核同意，擅自开工建设的，由负责审批该建设项目环境影响报告书、环境影响报告表或者环境影响登记表的环境保护行政主管部门责令停止建设，限期恢复原状，可以处10万元以下的罚款。"养猪场的猪舍属于对环境有影响的建筑项目，应根据实际环境影响的程度，进行对应环境评价。涉案猪舍未经过环境影响评价程序，不具备合法建筑的成立要件，不属于合法建筑；据此，对于该猪舍的赔偿款不应以现存价值作为赔偿标准，根据猪舍材料成新率及猪舍结构，一审法院酌情认定猪舍损失的赔偿标准为 30 元/平方米，并无不妥；另外，猪舍已经因某镇政府违法拆除而灭失，根据《中华人民共和国行政诉讼法》第 38 条的规定，采信萧某华对猪舍面积的主张，即认定猪舍面积为 2000 平方米。因此，某镇政府应向萧某华支付猪舍损失的赔偿款 60 000 元（30 元/平方米 × 2000 平方米 = 60 000 元）。

综上，某镇政府应向萧某华赔偿经济损失659 330元（572 130元 + 27 200元 + 60 000元 = 659 330元）。

另外，对于评估费的问题。本案因某镇政府违法拆除萧某华养猪场产生评估费用，评估目的用于确定或者参考某镇政府作出具体赔偿款的数额，相关评估费用应由某镇政府承担。因萧某华已经预付评估费50 000元，某镇政府应向萧某华返还。

一审法院对于猪只损失的赔偿数额、猪舍面积、水井赔偿款的认定不准确，予以纠正；萧某华上诉主张养猪场两年的利润，不符合《中华人民共和国国家赔偿法》第 36 条第 1 款第 8 项的规定，对该请求予以驳回；某镇政府认为均由萧某华对损失承担举证责任，不符合《中华人民共和国行政诉讼法》第 38 条的规定，也不支持。

综上所述，上诉人萧某华的上诉主张部分成立，对合理部分予以支持，对不合理部分予以驳回；上诉人某镇政府的上诉理由不成立，予以驳回。原审判决认定事实基本清楚，但在行政赔偿举证责任分配上认定有误，予以纠正。二审法院判决：（1）维持原审行政赔偿判决第一项，即撤销市某镇政府于 2015 年 1 月 20 日作出的国家赔偿决定；（2）变更原审行政赔偿判决第二项为某镇政府于本判决发生法律效力之日起 15 日内向萧某华支付赔偿款659 330元。评估费50 000元（萧某华已预付），由某镇政府负担（某镇政府应在上述赔偿款支付期限内一并返还萧某华）。

[案件评析]

本案属于行政行为被确认违法后权利人主张行政赔偿的案件，案例典型之处在于行政机关强拆时程序不当而承担赔偿责任。程序合法是行政法基本原则，行政机关作出任何行政行为，均应按照相应的法定程序进行。即使行政相对人违法在先，行政机关纠正违法行为也应当严格按照法定程序履行职责。本案中，萧某华虽有违法经营猪场的行为，但其经营过程中合法所有的个人财产应当予以保护。萧某华养猪场在内的财产因强拆灭失，某镇政府未就强拆现场的财产范围与权利人协商确定，也未进行清点和登记。强制拆除的对象是违法建筑本身，但组成建筑物的建筑材料及建筑内的物品属当事人的合法财产。行政机关组织强拆时应注意保全证据以证明已尽慎重、妥善的注意义务，对合法财产已予以清空并妥善处理，注重采用公证、见证、拍照、录像等方式，注意清点造册、制作现场笔录、妥善保管并及时移交。如行政机关未依法履行上述程序，造成当事人合法财产损失的，应承担举证不能的不利后果。

（点评人：唐国雄　广东国融律师事务所主任）

30. 对信访人实施规劝跟控是否属行政行为

——黄某发诉某市公安局某分局行政赔偿纠纷案*

[当事人信息]

原告：黄某发

被告：某市公安局某分局

[审理法院]

广东省中山市第二人民法院

[基本案情]

黄某发是某市某镇某村的村民，其于2013年11月12日与同村村民梁某根因反映所属村集体经济受到侵害的事宜到北京上访，某公安分局接到某镇综治维稳中心的反映后，派出警员李某、梁某会同某镇政府工作人员前往北京处理黄某发上访一事。某公安分局及某镇政府工作人员对刚出火车站出站口的黄某发、梁某根进行规劝，要求其返回原住处，遭到黄某发拒绝，黄某发独自离开。同月13日，某公安分局和某镇政府工作人员到黄某发住宿的酒店接回黄某发并一同开车前往河北省保定市，当晚一起入住酒店。同月14日，黄某发与某公安分局和某镇政府工作人员一同坐高铁回到广州市。

2014年7月17日，黄某发以某公安分局在其上访过程中存有非法禁锢，限制人身自由为由，向法院提起诉讼，要求判令：（1）某公安分局赔偿其53 000元（精神伤害费3000元、人身权利非法侵害费10 000元、故意非法禁锢60小时，非法剥夺人身自由赔偿费用40 000元）；（2）诉讼费用由某公安分局负担。

[争议焦点]

某公安分局应否因规劝黄某发上访的行为而产生行政赔偿。

---

* 作者：刘小燕，广东国融律师事务所律师。

[律师意见]

承办律师作为某公安分局委托代理人，向审理法院提交了答辩意见如下。

某公安分局为防止黄某发在上访期间做出扰乱公共秩序、妨害国家和公共安全等违法行为；为预防本地居民在京上访期间采取非法方式，以及到非上访场所作出扰乱社会公共秩序和信访秩序的行为，且作为黄某发户籍所在地公安机关，有义务防止违法行为发生。在劝导及返回过程中，其工作人员没有与黄某发发生任何肢体冲突，不存在非法禁锢的行为。首先，在劝解、劝离整个过程中未使用过手铐、警棍、手枪等警械武器；无强制带走黄某发。其次，黄某发所述被禁锢的情况存在诸多疑点，与常理不符。据原告所述，其受禁锢时间长达60多个小时。然在60多个小时中，从北京至某市2000公里路途，经过不同的城市，完全不在警力可管控的范围内，其完全可以对外求救。途中经过了火车站、宾馆、火车等多处公共场所，其中火车站、火车上人流量极大，而且有其他乘客、公安、保安人员。如果确实存在原告所述的拘禁情况，黄某发完全有机会报警、呼救、逃脱，但黄某发均没有做出上述行为。如黄某发认为其被禁锢，应在回某市前或回某市后立即报警，但其却没有立即报警，也未能提供报警回执。再次，黄某发信访的事项已经不能获得受理，其到北京上访也不能获得受理，因此可以劝服、陪同其回来，完全没有必要使用拘禁手段。最后，黄某发应就其主张的非法禁锢的行为进行举证，而黄某发可以举证却未举证，应承担不利的后果。对黄某发进京上访行为进行说服及劝离，该行为性质并非行政行为，本案不属于行政诉讼。假设黄某发所述的禁锢事实存在，其诉求的项目及金额也不能得到完全支持。这是因为第一，精神伤害费以造成严重后果为赔付前提。第二，原告请求人身权利非法侵害费毫无法律依据。第三，黄某发诉讼请求的第三项非法禁锢、非法剥夺人身自由假设存在，也当以被剥夺人身自由的时间，按国家上年度职工日平均工资计算。

[裁判结果]

法院认为，公安机关为保障治安秩序对信访人进行规劝或一定程度的跟控行为，对信访人不产生约束力，没有损害信访人的合法权益。本案中，黄某发主张某公安分局在其上访过程中存在非法禁锢等违法截访行为，而某公安分局对其主张的事实不予确认，对此，黄某发应对其主张承担举证责任，但其提供的证据不足以证实其主张，应承担举证不能的不利后果。行政赔偿以行政行为违法为前提，因某公安分局不存在非法禁锢黄某发的行政行为，黄某发以此提起行政赔偿丧失了事实基础和法律依据，依法应予驳回。

[**案件评析**]

本案涉及公安部门对非法信访人实施规劝跟控而引发的纠纷，当前部分基层地区仍存在越级甚至进京信访的行为，因政府部门工作人员规劝行为中是否侵害信访人人身权益的纠纷也较为常见。《中华人民共和国宪法》第41条赋予公民批评和建议权，有向有关国家机关申诉、控告或者检举的权利，《信访条例》也规定了公民有权采用多种形式向各级政府反映情况，提出建议、意见或者投诉请求。但任何权利的行使应受到法律的规制，任何人不能滥用权利。根据《中华人民共和国行政诉讼法》规定，公民认为行政机关侵犯其人身权、财产权等合法权益的有权提起行政诉讼，因此，黄某发认为某公安分局对其信访行为实施规劝或管控侵犯了其合法权益，因此黄某发具有本案原告主体资格，但行政赔偿案件仍以"谁主张谁举证"为举证责任分配原则，法院之所以驳回黄某发诉求，正是因为其无法证实某公安分局对其实施了非法禁锢行为。正如法院查明的事实，黄某发在越级进京上访，公安部门为保障治安秩序而对信访人进行规劝或实施一定程度的跟控行为，与行政机关违法行使职权而侵犯公民人身财产权益的行为有本质区别，并未损害信访人黄某发的合法权益。

（点评人：唐国雄　广东国融律师事务所主任）

31. 因政府原因导致行政相对人无法举证时经济损失如何认定

——周某诉某镇政府行政赔偿纠纷案*

[当事人信息]

原告：周某

被告：某镇政府

[审理法院]

广东省中山市中级人民法院

广东省中山市第二人民法院

[基本案情]

周某于某市某镇某社区经营一鱼塘。2015 年 12 月 7 日，周某发现其经营的鱼塘的塘基被施工人员强行推倒。周某认为上述强行推倒塘基的行为由某镇政府实施，故诉至广东省中山市第一人民法院。该院经审理后作出行政判决，认定某镇政府实施了强行推倒周某涉案鱼塘塘基的行为，但未提交证据证明其强行推倒周某涉案鱼塘塘基行为符合法律规定的依据，遂判决确认某镇政府于 2015 年 12 月 7 日确认对周某经营的鱼塘的塘基予以强行推倒的行为违法。某镇政府不服，提起上诉。广东省中山市中级人民法院经审理后于 2017 年 2 月 28 日作出行政判决书，认定某镇政府无实施征地和代他人进行征地的权限，且未举证证明已完成收地手续，遂判决驳回某镇政府的上诉请求，维持原判。2017 年 3 月 6 日，周某就生效行政判决所确认的某镇政府强行推倒其鱼塘塘基的违法行为所造成的经济损失向某镇政府申请行政赔偿，

---

* 作者：林文娟，广东国融律师事务所律师。

并提交了行政赔偿申请书和行政判决书等。2017 年 5 月 2 日，某镇政府作出不予行政赔偿决定书，认为周某并非涉案土地的合法承包经营权人且其亦未提供证据证实其赔偿主张及计算依据，决定对其提出的国家赔偿请求不予赔偿。周某不服，诉至一审法院，请求：（1）撤销某镇政府不予行政赔偿决定书；（2）判令某镇政府向周某赔偿其养殖的鳗鱼经济损失33 650.1元（5500元×3.0591亩×2年）；（3）判令某镇政府向周某赔偿凤眼果树损失60 000元（200棵×300元）；（4）判令某镇政府将涉案鱼塘的塘基恢复原状；（5）判令某镇政府将涉案鱼塘退还周某；（6）判令某镇政府向周某赔偿自2017年12月7日至将涉案鱼塘的塘基恢复原状之日止，每年养殖鳗鱼的经济损失16 825.05元。

周某提交的现场照片反映涉案鱼塘的塘基上连片种植有凤眼果树苗，凤眼果树苗平均树冠在 1 米范围内，且树间距较为稀疏。周某在庭审中亦称鱼塘塘基种植的凤眼果树是打算用于售卖树苗。周某提交的现场照片反映塘基被强行推倒前的涉案鱼塘内杂草丛生。周某的母亲林某以某镇政府、某房地产开发有限公司、梁某、某经济合作社、某社区居民委员会、某股份合作经济联合社、某城镇建设投资发展有限公司（以下简称某城建公司）、陈某为被告，就涉案 3.0591 亩土地的承包经营权纠纷，向一审法院提起民事诉讼，要求上述被告返还其承包地 3.0591 亩。该院经审理后作出民事判决，判决某城建公司、陈某将上述土地返还给林某。某镇政府、某城建公司不服，提起上诉。广东省中山市中级人民法院经审理后于 2017 年 6 月 9 日作出民事判决，查明某城建公司将 302.5943 亩土地（包含涉案 3.0591 亩土地）发包给陈某承包经营，认定林某与周某为同一家庭户成员，涉案 3.0591 亩土地亦是基于以户为单位的家庭承包土地，林某与周某无论以谁的名义提起诉讼，实际均为同一利益主体，林某要求某镇政府等返还 3.0591 亩土地，不属于民事诉讼受理范围，遂裁定撤销原审民事判决，驳回林某的起诉。

庭审中，周某明确以 2012 年 9 月 20 日施行的某市政府《关于某市交通基础设施及公益性建设项目征地补偿的指导意见》作为本案的赔偿标准。周某庭审中称涉案土地是 3.0591 亩，鱼塘占地 2.2591 亩，塘基占地 0.8 亩。周某主张鱼塘养殖鳗鱼每年收入16 825.05元，要求某镇政府支付自 2017 年12 月 7 日至将涉案鱼塘的塘基恢复原状之日的赔偿款，此外还应赔偿其每年鱼塘收入损失16 825.05元，但周某亦未提交证据证明鱼塘每年收入16 825.05元。周某主张其是涉案土地的合法承包经营权人，对涉案土地继续享有使用权，要求某镇政府向其返还涉案3.0591亩土地，但其并未提交充分证据证明涉案3.0591亩土地系由某镇政府实际占有或使用。庭审中，某镇政府确认涉案土地已由某社区居委会委托某城建公司发包给陈某承包经营。

周某、某镇政府在庭审过程中均表示，对涉案强行挖离涉案鱼塘塘基的行为所造成的损失不申请一审法院委托有资质的评估机构进行评估。

2017年3月6日，周某向某镇政府提出赔偿申请，主张因某镇政府2015年12月7日对其承包经营的鱼塘塘基予以强行破坏的违法行为进行赔偿，其主张的赔偿包括：（1）养殖鳗鱼损失33 650.1元（5500元/亩×3.0591亩×2年）；（2）种植凤眼树损失60 000元（200棵×300元）；（3）将涉案鱼塘塘基恢复原状；（4）将涉案鱼塘退还给周某；（5）追究相关人员的相应责任；（6）将处理结果书面通知周某。某市政府2012年9月20日发布的某市政府《关于某市交通基础设施及公益建设项目征地补偿的指导意见》第8条规定："按本意见所定标准无法就补偿费用与被征收人达成补偿协议的，均以具备相应资质评估机构的评估报告作为补偿依据。"上述文件规定：水产养殖搬迁补偿标准表显示养殖鳗鱼补偿金额为5500元/亩。法院调查时，周某明确其诉讼请求包括青苗（鱼）的损失。某镇政府2015年11月10日发布《土地发包招标公告》对涉案鱼塘的进行处置的行为，已经被某市政府行政复议决定书确认违法。

[争议焦点]

某镇政府应否赔偿周某损失及赔偿范围。

[律师意见]

承办律师作为某镇政府委托代理人，向审理法院提交了答辩意见，答辩要点如下。

（1）周某未就其主张的鳗鱼损失以及果树损失进行举证，依法不应赔偿。根据《中华人民共和国国家赔偿法》第15条第1款规定："人民法院审理行政赔偿案件，赔偿请求人和赔偿义务机关对自己提出的主张，应当提供证据。"以及《最高人民法院关于行政诉讼证据若干问题的规定》第5条规定："在行政赔偿诉讼中，原告应当对被诉具体行政行为造成损害的事实提供证据。"因此，周某主张某镇政府赔偿违法推倒其鱼塘塘基的损失，依法应当对某镇政府推倒其鱼塘塘基行为对其造成损害的事实，承担举证责任。但周某在其提交的证据材料中并未就其所主张的鳗鱼及果树经济损失进行举证，包括其赔偿项目以及价值计算依据，依法应当承担举证不利的法律后果。（2）周某第四、五项诉讼请求要求将涉案鱼塘的塘基恢复原状以及退还鱼塘不属于国家赔偿的范围，其要求没有法律依据。关于涉案鱼塘恢复原状以及退还鱼塘问题，周某已通过民事诉讼程序行使了救济权，现再次向法院进行了主张，属于重复诉讼。现该案正在中级人民法院的二审程序中。（3）周某第六项诉讼请求要求某镇政府赔偿自 2017 年 12 月 7 日至将涉案鱼塘的塘基恢复原状止，每年养殖鳗鱼损失16 825.05元属于间接损失，不属于国家赔偿的范围。根据《中华人民共和国国家赔偿法》第 36 条规定，当事人主张行政赔偿的应以直接损失给予赔偿。本案周某以某镇政府对其塘基进行强制推倒造成其财产损失，应以强制推倒行为对其果树造成的直接损失进行确定。而周某的第六项诉讼请求属于预期利益损失，属间接损失，依法不属于国家赔偿的范围。综上，周某的诉讼请求没有事实和法律依据，请求依法驳回其诉讼请求。

[裁判结果]

一审法院对于本案焦点问题作出以下分析及认定。第一，关于是否赔偿问题。根据《中华人民共和国国家赔偿法》第 2 条第 1 款规定："国家机关和国家机关工作人员行使职权，有本法规定的侵犯公民、法人和其他组织的合法权益的情形，造成损害的，受害人有依照本法取得国家赔偿的权利。"第 4 条规定："行政机关及其工作人员在行使行政职权时有下列侵犯财产权情形之一的，受害人有取得赔偿的权利……（四）造成财产损害的其他违法行为。"本案中，某镇政府实施了强行推倒涉案鱼塘塘基的行为，且该行为已被生效的裁判结果文书确认为违法。因此，某镇政府违法强行推倒涉案鱼塘的塘基，就依法应当赔偿因此给周某造成的损失。第二，关于赔偿范围。根据《中华人民共和国国家赔偿法》第 15 条第 1 款规定："人民法院审理行政赔偿案件，赔偿请求人和赔偿义务机关对自己提出的主张，应当提供证据。"

《最高人民法院关于审理行政赔偿案件若干问题的规定》第 32 条规定："原告在行政赔偿诉讼中对自己的主张承担举证责任。被告有权提供不予赔偿或者减少赔偿数额方面的证据。"周某要求某镇政府赔偿其损失，应当对其损害事实承担举证责任，某镇政府认为周某的损失不存在或并非其造成，也应承担相应的举证责任。本案中，周某主张涉案土地 3.0591 亩，其中鱼塘占地 2.2591 亩，塘基上种植的凤眼果树苗占地 0.8 亩。一审法院认为，虽然周某未充分举证证明上述占地面积，但从周某提交的现场照片反映确有鱼塘和凤眼果树苗；某镇政府亦未能举证证明鱼塘以及鱼塘塘基上种植的凤眼果树苗的占地面积，且塘基已被强行推倒，因此周某主张的鱼塘、凤眼果树苗的占地面积，一审法院予以采信。本案中，根据周某提供的现场照片显示，涉案鱼塘塘基上连片种植凤眼果树苗，凤眼果树苗平均树冠每棵在 1 米范围内，参照 2012 年 9 月 20 日施行的某市政府《关于某市交通基础设施及公益性建设项目征地补偿的指导意见》第 1 条第 2 项第 5 点规定"连片种植……（3）其他杂果（包括芒果……黄皮、番石榴、火龙果等）补偿标准……平均树冠每棵 1 米以下的，每亩补偿 0.5 万元……"凤眼果树苗 0.8 亩，平均树冠每棵在 1 米以内，按每亩补偿 5000 元的标准，该项损失为 4000 元。涉案凤眼果树苗是连片种植，周某主张其种植的凤眼果树苗要求按照某市政府《关于某市交通基础设施及公益性建设项目征地补偿的指导意见》中零星青苗补偿的标准，以每棵 300 元的标准进行赔偿没有事实依据和法律依据，一审法院不予支持。《最高人民法院关于行政诉讼证据若干问题的规定》第 5 条规定，在行政赔偿诉讼中，原告应当对被诉具体行政行为造成损害的事实提供证据。本案中，周某主张其承包经营鱼塘养殖鳗鱼，要求某镇政府赔偿因推倒涉案鱼塘塘基造成的鳗鱼损失，但未提交证据证明涉案鱼塘在塘基被强行推倒时养殖有鳗鱼的事实，且从周某提交的现场照片来看，涉案鱼塘内杂草丛生，因此，对周某主张赔偿其鳗鱼损失的诉讼请求，一审法院不予支持。另，根据《中华人民共和国国家赔偿法》第 36 条规定："侵犯公民、法人和其他组织的财产权造成损害的，按照下列规定处理……（八）对财产权造成其他损害的，按照直接损失给予赔偿。"周某主张某镇政府向其赔偿自 2015 年 12 月 7 日至涉案鱼塘恢复原状之日止每年鱼塘经济损失 16 825.05 元。一审法院认为，第一，周某并未提交证据予以证明涉案鱼塘在塘基被强行推倒时养殖有鳗鱼的事实；第二，该项损失属于预期收益而非直接损失，因此，对于周某的该项诉讼请求亦不予支持。本案系基于某镇政府强行推倒涉案鱼塘塘基的违法行为而产生的行政赔偿纠纷，且涉案土地已重新发包他人承包经营，而周某主张其是涉案土地的合法承包经营权人，对涉案土地继续享有使用权，要求某镇政府返还涉案土地和恢复涉案鱼塘的塘基，该主张则属于另一法律关系，不属于本案行政赔偿纠纷的处理范围，周某可另依法循法律途径解决。

综上，某镇政府作出的涉案不予行政赔偿决定明显不当，一审法院依法予以撤销。判决：（1）撤销某镇政府予行政赔偿决定书；（2）判令某镇政府于判决生效之日起30日内赔偿周某财产损失4000元；（3）驳回周某的其他诉讼请求。

周某、某镇政府均不服一审判决，上诉至中山市中级人民法院。

二审法院认为，本案为行政赔偿纠纷。2015年12月7日某镇政府实施的强行推倒涉案鱼塘塘基的违法行为与周某种植的果树、养殖的鳗鱼受损有明显的因果关系，对其造成的损失，应依法赔偿。依据《中华人民共和国行政诉讼法》第38条规定，在行政赔偿、补偿的案件中，原告应当对行政行为造成的损害提供证据。因被告的原因导致原告无法举证的，由被告承担举证责任。涉案鱼塘塘基已经被挖掘机强行推倒，要求周某举证证明鳗鱼、果树的品种、数目、价值已无法完成，依法应由某镇政府承担举证责任。一审法院分配举证责任不当，依法予以纠正。周某主张损失的鳗鱼（3.0591亩）价值16 825.05元，某镇政府并未提供任何相反证据，且其价值与周某提供的照片相比较并没有明显不合理之处，依法予以采信。周某主张毁损凤眼树200棵，某镇政府虽然并未提供任何相反证据，但周某的主张与其提供的照片相比，数量显然过多，存在明显不合理之处，周某主张凤眼树损失60 000元，不予支持，一审法院参考某市政府《关于某市交通基础设施及公益建设项目征地补偿的指导意见》的内容，酌定周某损失的凤眼树价值4000元并无不当，依法予以维持。周某主张的第二年损失16 825.05元（5500元×3.0591亩），及"2017年12月7日至将涉案鱼塘恢复原状之日止每年向周某赔偿养殖鳗鱼的经济损失16 825.05元"，属于期待利益，不属于直接损失，且上述"每年向周某赔偿养殖鳗鱼的经济损失16 825.05元"请求，周某在单独提起赔偿请求时未先行向赔偿义务机关请求处理，依法不予支持。周某主张的"恢复原状"的主张，因涉案土地已重新发包他人承包经营，是否需要恢复原状存在不确定性，周某可待相关权属确定后，另行主张。周某主张的退还涉案鱼塘等其他主张，与某镇政府 2015 年 12 月 7 日实施的强行挖倒塘基的违法行为没有因果关系，依法不予支持。

综上所述，周某的上诉理由部分成立，对其上诉主张依法予以支持。原审判决适用法律不当，依法予以改判。依照《中华人民共和国行政诉讼法》第 89 条第 1 款第 1 项的规定，二审法院判决：（1）维持原审行政判决第一项，即撤销某镇政府不予行政赔偿决定书；（2）撤销原审行政判决第二项，即判令某镇政府于判决生效之日起 30 日内赔偿周某财产损失 4000 元；（3）撤销原审行政判决诉讼费用负担，即案件受理费 50 元由某镇政府负担；（4）某镇政府于本判决生效之日起 30 日内赔偿周某鳗鱼损失 16 825.05 元、凤眼树损失 4000 元，合计 20 825.05 元；（5）中山市第一人民法院收取的原审案件受理费 50 元，由中山市第一人民法院向周某退还。

[案件评析]

本案一审、二审裁判结果的主要差异在于周某养殖鳗鱼损失的举证责任分配。对比分析来看，一审法院认为，周某主张其承包经营鱼塘养殖鳗鱼，要求某镇政府赔偿因推倒涉案鱼塘塘基造成的鳗鱼损失，但周某提供的现场照片看涉案鱼塘杂草丛生，因此在无任何证据证实涉案鱼塘塘基被推倒时鱼塘中养殖有鳗鱼的事实的情况下，故对周某该部分损失主张不予支持。二审则认为，涉案鱼塘塘基已被政府强行推倒，要求周某举证证明鳗鱼的品种、树木、价值已无法完成，一审法院分配举证责任不当，周某主张鳗鱼损失价值与鱼塘面积没有明显不合理之处，某镇政府未提供任何相反证据，故对周某该部分损失全部予以支持。一审、二审裁判结果的逆转，主要涉及对《中华人民共和国行政诉讼法》第 38 条有关举证责任分配的理解。该条规定，在行政赔偿案件中行政相对人应对行政行为造成的损害提供证据。因行政主体的原因导致相对人无法举证的，由行政主体承担举证责任。具体到本案中，周某养殖鱼塘而塘基已被某镇政府强行推倒的事实并无争议，周某负有对鳗鱼损失的举证责任，但周某除鱼塘照片外对鳗鱼损失未提供任何证据，甚至是初步证据也没有提供，故一审法院判决周某承担举证不能的法律后果，二审法院则将举证责任完全分配给某镇政府，由某镇政府承担不能证明周某所主张损失明显不合理的法律后果，可见二审法院在本案损失赔偿问题上赋予政府更严的举证责任。生效判决已确认某镇政府强行推倒涉案塘基的行为违法，某镇政府理应对违法行为所造成的损害承担赔偿责任，在全面推进依法行政与建设法治政府的今天，二审判决无疑更有利于教育和督促某镇政府认真反思曾作出的行政行为，充分保障行政相对人因此所遭受的经济损失。退一步讲，周某虽可通过提供鱼苗进货、养殖、销售记录等证据证实养殖鳗鱼的事实，但"法律不强人所难"，庭审上周某面对的并非与其平等的市场主体，由行政主体对自身违法行为所造成的损害承担更大举证责任，也是立法本意，有利于促使行政主体在实施行政行为时更敬畏和谨慎。

（点评人：唐国雄　广东国融律师事务所主任）

32. 行政赔偿案件中期待利益与直接损失的界分

—— 陈某坤等人诉某镇政府行政赔偿纠纷系列案 [*]

[当事人信息]

原告：陈某坤、吴某带、吴某庆、吴某标

被告：某镇政府

[审理法院]

广东省中山市中级人民法院

广东省中山市第二人民法院

[基本案情]

陈某坤、吴某带、吴某庆、吴某标分别承包了某市某镇某村的土地，分别为13.9亩、5.56亩、9.73亩、5.56亩，承包期均自2008年1月1日至2029年12月31日，分别于2008年1月1日领取了土地承包经营权证。2015年4月14日，陈某坤等人发现其承包土地被施工人员强行填土。陈某坤等人认为上述强制行为系由某镇政府实施，故诉至广东省中山市第一人民法院。该院经审理后行政判决，认定某镇政府实施了强行对涉案土地进行填土的行为，但未提交证据证明其强行填土行为符合法律规定的依据，遂判决确认某镇政府强行填土行为违法。某镇政府不服，提起上诉。中山市中级人民法院经审理后作出行政判决书，另查明陈某坤、吴某带、吴某庆、吴某标承包用地涉及的地块均在中府国用（某）第某903号权属证书涉及地块用地界址点和界址线内，同时认为参照《土地权属争议调查处理办法》第22条规定：

---

[*] 作者：林文娟，广东国融律师事务所律师。

"在土地所有权和使用权争议解决之前，任何一方不得改变土地利用的现状。"某镇政府作为非土地权属争议方，强行进行填土属违法，遂判决驳回某镇政府的上诉请求，维持原判。

2017年4月5日，陈某坤、吴某带、吴某庆、吴某标就行政判决确认的某镇政府强行填土的违法行为所造成的财产损失向某镇政府申请行政赔偿。2017年6月2日，某镇政府作出不予行政赔偿决定书，认为陈某坤、吴某带、吴某庆、吴某标并非涉案土地的合法承包经营权人且其亦未提供证据证实其赔偿主张以及计算依据，决定对其提出的国家赔偿请求不予赔偿。陈某坤、吴某带、吴某庆、吴某标不服，诉至一审法院，请求：（1）撤销某镇政府作出的不予行政赔偿决定书；（2）判令某镇政府向原告陈某坤、吴某带、吴某庆、吴某标分别赔偿养殖鱼塘损失38 920元、134 500元、68 110元、38 920元。

2008年10月8日，某镇某房地产投资有限公司取得了位于某镇某社区47 936平方米土地（包括涉案土地在内）的国有土地使用权，土地证号为中府国用（某）第某9××号。现场照片反映施工人员在现场驾驶钩机作业，对鱼塘进行填土，但未反映出涉案土地上搭建有简易结构的构筑物。庭审中，陈某坤、吴某带、吴某庆、吴某标明确以2012年9月20日施行的某市政府《关于某市交通基础设施及公益性建设项目征地补偿的指导意见》作为本案的赔偿标准，鱼塘损失按每亩3500元进行赔偿。陈某坤、吴某带、吴某庆、吴某标、某镇政府均表示，对涉案强行填土行为所造成的损失不申请法院委托有资质的评估机构进行评估。

[争议焦点]

养殖鱼塘损失属于直接损失抑或期待利益。

[律师意见]

承办律师作为某镇政府委托代理人，向审理法院提交了答辩意见，答辩要点如下：（1）某镇政府具有作出不予行政赔偿决定书的行政职权。根据《中华人民共和国国家赔偿法》第7条的规定，某镇政府作为赔偿义务机关有权在收到陈某坤等人提出的行政赔偿申请书后作出涉案不予行政赔偿决定书。（2）某镇政府作出不予行政赔偿决定书符合法定程序。2017年4月5

日，某镇政府收到陈某坤等人的行政赔偿申请书，并于当天受理其行政赔偿申请，于 2017 年 6 月 2 日作出不予行政赔偿决定书，并邮寄送达给被答辩人，上述程序符合法律规定。（3）某镇政府作出的不予行政赔偿决定书认定事实清楚，适用法律准确。根据《中华人民共和国国家赔偿法》第 15 条第 1 款规定："人民法院审理行政赔偿案件，赔偿请求人和赔偿义务机关对自己提出的主张，应当提供证据。"《最高人民法院关于行政诉讼证据若干问题的规定》第 5 条规定："在行政赔偿诉讼中，原告应当对被诉具体行政行为造成损害的事实提供证据。"因此，陈某坤等人主张某镇政府赔偿其鱼塘的损失，依法应当对某镇政府强行填土行为对其造成损害的事实承担举证责任。但陈某坤等人在其提交的证据材料中并未就其所主张的鱼塘损失进行举证，包括鱼塘养殖鱼类的数量、价值以及计算依据，依法应当承担举证不利的法律后果。

[裁判结果]

一审法院认为，本案系某镇政府对涉案四宗土地强行填土而产生的行政赔偿纠纷。根据《中华人民共和国国家赔偿法》第 2 条第 1 款规定："国家机关和国家机关工作人员行使职权，有本法规定的侵犯公民、法人和其他组织的合法权益的情形，造成损害的，受害人有依照本法取得国家赔偿的权利。"第 4 条规定："行政机关及其工作人员在行使行政职权时有下列侵犯财产权情形之一的，受害人有取得赔偿的权利……（四）造成财产损害的其他违法行为。"本案中，某镇政府实施了涉案强行填土的行为，且该行为已被生效的裁判结果文书确认为违法。因此，某镇政府违法强行填土，就依法应当赔偿因此对陈某坤、吴某带、吴某标、吴某庆造成的损失。根据《中华人民共和国国家赔偿法》第 15 条第 1 款规定："人民法院审理行政赔偿案件，赔偿请求人和赔偿义务机关对自己提出的主张，应当提供证据。"《最高人民法院关于审理行政赔偿案件若干问题的规定》第 32 条规定："原告在行政赔偿诉讼中对自己的主张承担举证责任。被告有权提供不予赔偿或者减少赔偿数额方面的证据。"《最高人民法院关于行政诉讼证据若干问题的规定》第 5 条规定："在行政赔偿诉讼中，原告应当对被诉具体行政行为造成损害的事实提供证据。"陈某坤、吴某带、吴某标、吴某庆要求某镇政府赔偿其损失，应当对其损害事实承担举证责任，某镇政府认为陈某坤、吴某带、吴某标、吴某庆的损失不存在或并非其造成，也应承担相应的举证责任。本案中，虽然陈某坤、吴某带、吴某标、吴某庆未充分举证证明填土行为对涉案鱼塘造成的损失，但基于某镇政府对涉案鱼塘强行推土时，并未履行对鱼塘进行清点登记等义务，且涉案鱼塘被填土的情形在现场照片中确实有反映，因此陈某坤、吴某带、吴某标、吴某庆主张涉案强行填土的行为对鱼塘造成了损失，一审法院予以支持。陈某坤、吴某带、吴某标、吴某庆虽于 2008 年 1 月 1 日领取了涉案土地的土地承包经营权证，但包括涉案土地在内的土地后又于 2008 年 10 月 8 日办理了中府国用（某）第某 903 号国有土地使用权登记，土地的使用权利人为某房地产投资有限公司，也就是说，涉案土地的性质已系国有而非农村集体所有，涉案土地的使用权利人亦发生了变化。陈某坤、吴某带、吴某标、吴某庆在涉案土地上继续经营鱼塘，但未提交证据证明其继续经营涉案鱼塘是已经获得了涉案土地新的使用权利人的承认。基于上述事实，酌情认定某镇政府对陈某坤、吴某带、吴某标、吴某庆的鱼塘损失承担 50% 的责任。参照 2012 年 9 月 20 日施行的某市政府《关于某市交通基础设施及公益性建设项目征地补偿的指导意见》第 1 条第 2 项第 4 点规定的"水产养殖：四大家鱼及其亲鱼、饲料鱼 3500 元/亩"的标准，5.56 亩 × 3500 元/亩 × 50% ＝ 9730 元，故某镇镇政府赔偿陈某坤、吴某带、吴某标、吴某庆鱼塘损失 9730 元、24 325 元、17 027.5 元、9730 元。陈某坤、吴某带、吴某标、吴某庆主张某镇政府赔偿其两年的鱼塘损失，没有事实依据和法律依据，不予支持。

综上，某镇政府作出的涉案不予行政赔偿决定明显不当，依法予以撤销。一审法院判决：（1）撤销某镇政府作出的不予行政赔偿决定书；（2）判令某镇政府于判决生效之日起 30 日内赔偿陈某坤、吴某带、吴某标、吴某庆财产损失 9730 元、24 325 元、17 027.5 元、9730 元；（3）驳回陈某坤、吴某带、吴某标、吴某庆的其他诉讼请求。

陈某坤等人不服一审判决，上诉至中山市中级人民法院。

二审法案查明：2017 年 4 月 5 日，陈某坤、吴某带、吴某标、吴某庆向某镇政府提出赔偿申请，四人主张损失均为 2015 年 4 月 14 日（强行填土之日）至 2017 年 4 月 14 日两年期间给其造成的损失 38 920 元（5.56 × 3500 ×

2），明确其诉讼请求不包括青苗（鱼）的损失。

二审法院认为，本案为行政赔偿纠纷。陈某坤、吴某带、吴某标、吴某庆主张的 2015 年 4 月 14 日至 2017 年 4 月 14 日两年期间给其造成的损失 38 920 元，属于期待利益，不属于直接损失，不符合法律规定，依法应不予支持，一审法院适用法律不当，依法予以纠正。不予行政赔偿决定书以陈某坤、吴某带、吴某标、吴某庆不是土地权属人及未举证证明损失为由决定不予赔偿，虽然认定事实、适用法律均有不当，但处理结果正确，依法予以维持，陈某坤、吴某带、吴某标、吴某庆的赔偿请求依法予以驳回。综上所述，某镇政府的上诉理由部分成立，对其上诉主张依法予以支持。一审判决适用法律不当，依法予以改判。依照《中华人民共和国行政诉讼法》第 89 条第 1 款第 1 项的规定，二审法院判决：（1）撤销一审行政判决；（2）驳回陈某坤、吴某带、吴某标、吴某庆的全部诉讼请求。

[案件评析]

本案争议焦点是陈某坤等四人所主张的鱼塘损失为直接损失抑或期待利益。本案系基层政府对陈某坤等四人承包经营土地强行填土而产生的行政赔偿纠纷，涉案鱼塘被填土的情形在现场照片中确实有反映，陈某坤等四人虽未能提供证据证实鱼塘具体损失，但政府在实施行政行为时未对鱼塘进行清点登记，因此本案存在行政赔偿案件中因政府的原因导致原告无法举证的情形，故依法由政府对鱼塘损失承担举证责任，基于此一审法院参照地方性征地补偿意见对涉案损失进行了判定。但二审中，陈某坤等人进一步明确诉讼请求中的鱼塘损失并非鱼苗损失而是鱼塘被填之后两年的经济损失，因行政赔偿以赔偿直接损失为原则，故二审法院未支持陈某坤等人诉讼请求。但本案值得思考的是，一审、二审法院均确认陈某坤等人鱼塘鱼苗的直接损失客观存在，且由政府违法填土所造成，仅因陈某坤等人法律知识有限而对行政赔偿范围存在某些误解，二审法院则判决驳回陈某坤等人诉求是否恰当。在行政机关违法强行填土鱼塘事实已由生效判决确认的情况下，原告诉讼请求为赔偿鱼塘损失，实际具有一定概括性。为确保当事人获得及时、公平、公正的救济，法院可以结合原告提出的行政赔偿请求，结合案件具体情况，全面、充分考虑当事人的各项经济损失，确定损失数额，直接判决行政机关关于以赔偿。行政赔偿案件审理应坚持以实质性化解纠纷为目标，及时解决行政争议，本案一审判决作出后，陈某坤等人并未上诉，应视为对一审判决赔偿数额的确认，二审改判驳回陈某坤等人诉求，陈某坤等人只能再另行通过司法途径解决，增加了诉累。

（点评人：唐国雄　广东国融律师事务所主任）

33. 地方性规范性文件能否作为渔业船舶不予行政登记的依据

——冼某诉某市海洋与渔业局、某市政府海洋渔业行政登记及行政赔偿纠纷案*

[当事人信息]

原告：冼某

被告：某市海洋与渔业局、某市政府

[审理法院]

广东省中山市中级人民法院

广东省中山市第一人民法院

[基本案情]

2014年12月29日，冼某向某市海洋与渔业局就粤中渔×95号船舶申请所有权、国籍登记，并提交了小型渔业船舶初次检验报告、渔业船舶船名核准书、渔业船网工具指标批准书等材料。其中，小型渔业船舶初次检验报告载明，粤中渔×95号船舶主机总功率为30.9kW（即折合42匹马力）。某市海洋与渔业局经审查，于2015年2月9日作出《关于粤中渔×95号渔业船舶登记入户申请事项的审批意见》，认为根据粤府办〔1990〕76号《关于加强沿海摩托艇管理的通知》的规定，生产用的摩托艇一律限定在40匹马力以内，故认定冼某申请所涉渔业船舶总功率已超出限定范围，冼某的申请不符合审批条件，遂决定不予批准登记。冼某不服，向某市政府申请行政复议，某市政府于2015年5月22日作出行政复议决定，维持某市海洋与渔业局作

---

* 作者：刘小燕，广东国融律师事务所律师。

出的上述审批意见。

2015 年 9 月 24 日，广东省人民政府办公厅作出粤办函〔2015〕470 号《广东省人民政府办公厅关于废止粤府办〔1990〕76 号文件的通知》，载明粤府办〔1990〕76 号《关于加强沿海摩托艇管理的通知》已经广东省人民政府同意废止，现予公布，自公布之日起施行。该通知未载明废止原因。

冼某提供的加盖"广东省渔业捕捞许可审批专用章"的《渔业船网工具指标批准书》〔编号：（粤）船网（2014）Y－000 某×号〕显示：冼某被准予制造国内捕捞渔船 1 艘，双控功率 31.6 千瓦，批准时间为 2014 年 11 月 18日。冼某与珠海香洲玻璃钢船厂签订的建造合同显示涉案渔船造价 27 000元。在一审诉讼过程中，某市海洋与渔业局主张：因马力（功率）超过限制，冼某使用无效的边防派出所的证明，通过了船舶检验，涉案渔船的船舶检验证书（证书编号：××）为无效证书，并提供了广东渔业船舶检验局香洲检验站复函，拟证明上述船舶检验证书为无效证书。广东渔业船舶检验局香洲检验站的上述复函显示：广东渔业船舶检验局香洲检验站作为具体检验单位，认为上述船舶检验证书有效，且公安边防部门的证明材料不属于新造船舶船检审查文件。2015 年 11 月 3 日，在未提交新材料的情况下，冼某所有的涉案渔船由某市海洋与渔业局完成了所有权、国籍登记。2016 年 2 月 26日法庭调查时，冼某一方明确：依法渔船登记应在 20 个工作日内完成，故损失计算从 2014 年 12 月 24 日至 2015 年 11 月 3 日。损失包括：（1）生产损失 141 250 元（按每月 12 500 元计算）；（2）渔业油价补助 107 500 元（按每年53 750 元计算）；（3）休渔补助 3000 元（按每人每年 1500 元计算，船员 2人，计 1 年）；（4）渔船看守费用 11 300 元（每人每月 5000 元标准计算，共2 人）；（5）渔船保养费用 11 300 元（按每月 1000 元标准计算）；（6）渔船贬值费用 9416 元（50 000 元购买，按每年贬值 10 000 元计算）。

从 2014 年 12 月 29 日起（不计算本日），依照法律渔船登记期限为 20 个工作日，故办理期限至 2015 年 1 月 28 日截止。涉案渔船完成了所有权、国籍登记，迟延约 10 个月。冼某申请登记的船籍港为横门，涉案渔船证书载明：某某的小型船舶检验证书，"准许航行作业区域：沿海，不超过 5 公里"。2015 年南海伏季休（禁）渔期时间为期 2.5 个月（2015 年 5 月 1 日 12时至 8 月 16 日 12 时），冼某自认南海伏季休（禁）渔内，涉案渔船不能出海作业。

证人程某出具了一份证明，证明从 1996 年开始向冼某收鱼，收购其渔船粤中渔×88 号打的鱼，前一两年一般每天收鱼货 1300 元到 1800 元，多的时候有 2000 元到 3000 元，一个月约有 3 万元、4 万元交易。2014 年 12 月 10 日，某社区居民委员会出具的证明（该证明同时加盖某边防派出所印章，该证明为冼某提交给某市海洋与渔业局办理渔船登记的资料）载明：冼某为某镇某社区居民委员会冲口门渔村渔民。

2014 年，某市海洋与渔业局曾向冼某所有的粤中渔×88 号船员发放共计 3000 元（1500 元/每人）休（禁）渔补助金。某市人力资源和社会保障局公布的 2014 年中山市部分行业工资指导价位中渔业的标准为：高位月薪 4169 元，中位月薪 2834 元，低位月薪 1909 元。某市人力资源和社会保障局公布的 2015 年某市部分行业工资指导价位中渔业的标准为：高位月薪 4457 元，中位月薪 3218 元，低位月薪 2262 元。

冼某诉至法院，请求：（1）撤销某市海洋渔业局作出的《关于粤中渔×95 号渔业船舶登记入户申请事项的审批意见》，判令某市海洋渔业局对冼某的粤中渔×95 号渔业船舶准予登记；（2）撤销某市政府作出的行政复议决定书；（3）判令由某市海洋渔业局、某市政府共同对冼某进行国家赔偿，赔偿冼某自 2014 年 12 月 24 日（申请之日）起计至某市海洋与渔业局审批登记时止，因粤中渔×95 号渔业船舶未能及时登记造成的损失 178 416 元；（4）请求对规范性文件粤府办〔1990〕76 号《关于加强沿海摩托艇管理的通知》进行合法性审查；（5）判令由某市海洋与渔业局、某市政府承担本案的诉讼费用。

[争议焦点]

某市海洋与渔业局作出不予登记的行政行为是否具有合法性。

[律师意见]

承办律师作为某市海洋与渔业局委托代理人，向审理法院提交了答辩意见，答辩要点如下。

（1）上位法并未对摩托艇作出特别规定，涉案的粤府办〔1990〕76 号《关于加强沿海摩托艇管理的通知》是广东省专门针对摩托艇的特别规定，在本省范围是合法有效且应当适用的。

（2）《最高人民法院关于执行〈中华人民共和国行政诉讼法〉若干问题的解释》第62条规定："……人民法院审理行政案件，可以在裁判文书中引用合法有效的规章及其他规范性文件。"在冼某申请办理登记时，涉案的粤府办〔1990〕76号《关于加强沿海摩托艇管理的通知》尚未失效，是针对反走私的特别规定，而渔业船舶登记办法并没有相关内容。

（3）冼某提供的证据有边防派出所的证明，可见其明确知道粤府办〔1990〕76号《关于加强沿海摩托艇管理的通知》对摩托艇马力的限制，而且冼某在办理船检手续时，船检机构也明确告诉其粤府办〔1990〕76号《关于加强沿海摩托艇管理的通知》的内容及对摩托艇马力的限制。

（4）广东省人民政府打击走私综合治理办公室在2009年的3月2日出具的粤打私办〔2009〕14号文表明了省政府在2009年重新审视了粤府办〔1990〕76号《关于加强沿海摩托艇管理的通知》的规定并作出了暂不修改的决定，因此冼某主张的与事实不符。

（5）冼某关于国家赔偿的请求没有足够的证据支持，其主张的赔偿项目属于间接损失，依法不应予以支持。

［裁判结果］

一审法院认为，因上位法未对摩托艇的马力作出具体要求，故广东省人民政府办公厅基于反走私管理工作的需要，制定粤府办〔1990〕76号《关于加强沿海摩托艇管理的通知》，要求生产用的摩托艇一律限定在40匹马力以内，该通知制定主体适格，内容合法。2014年12月29日，在冼某就粤中渔×95号船舶申请所有权、国籍登记时，上述文件尚且有效，而粤中渔×95号船舶的总功率确为42匹，在此情况下，某市海洋与渔业局依据上述规定，认定该船舶总功率已超出限定范围，从而作出不予批准登记的审批意见，并无不当。因此，对冼某要求撤销某市海洋与渔业局作出的《关于粤中渔×95号渔业船舶登记入户申请事项的审批意见》的诉讼请求，理据不充分，一审法院予以驳回。因市政府作出的行政复议决定程序合法，结果正确，故对冼某要求撤销市政府作出的中府行复〔2015〕123号行政复议决定书的诉讼请求，一审法院予以驳回。对冼某要求某市海洋与渔业局、某市政府共同对冼某的损失赔偿 178 416 元的诉讼请求，无事实和法律依据，一审法院一并予以驳回。

对冼某要求判令某市海洋与渔业局对冼某的粤中渔×95 号渔业船舶准予登记的诉讼请求，因对渔业船舶进行所有权、国籍登记并非属行政审判权限范围，故对该诉讼请求，一审法院予以驳回。但需要指出，因粤府办〔1990〕76 号《关于加强沿海摩托艇管理的通知》于 2015 年 9 月 24 日因情势变更已被废止，因此，目前，冼某可另行向某市海洋与渔业局申请船舶所有权、国籍登记，某市海洋与渔业局应依法审查后另行作出是否准予登记的决定。依照《中华人民共和国行政诉讼法》第 69 条的规定，一审法院判决驳回冼某的诉讼请求。案件受理费 50 元，由冼某承担。

冼某不服一审判决，上诉至中山市中级人民法院。

冼某上诉认为：（1）一审法院认定对于摩托艇的马力无上位法的具体规定，故可以适用粤府办〔1990〕76 号《关于加强沿海摩托艇管理的通知》，但实际上上位法《渔业捕捞许可管理规定》中对渔船功率进行了明确规定，由省级渔业行政主管部门核准，而本案中冼某的船舶已经获得广东省海洋与渔业局核发的《渔业船网工具指标批准书》；（2）冼某的登记申请完全符合《中华人民共和国渔业船舶登记办法》，一审法院适用粤府办〔1990〕76 号《关于加强沿海摩托艇管理的通知》属于适用法律错误，粤府办〔1990〕76 号《关于加强沿海摩托艇管理的通知》在《中华人民共和国渔业船舶登记办法》之外增设条件，是对冼某权利的限制，违反了《广东省行政机关规范性文件管理规定》第 9 条规定："没有法律、法规和规章的规定，规范性文件不得作出影响公民、法人和其他组织合法权益或者增加公民、法人和其他组织义务的规定。"（3）粤府办〔1990〕76 号《关于加强沿海摩托艇管理的通知》不是公开文件，不能作为行政管理的依据；（4）粤府办〔1990〕76 号《关于加强沿海摩托艇管理的通知》已经发布 25 年，已经失去适用的背景，违反了规范性文件有效期的规定；（5）某市海洋与渔业局对功率的要求高于依法核发的《渔业船网工具指标批准书》中的标准，属于超越职权；（6）某市海洋与渔业局违法不予审批，导致了冼某的损失，故依法应该承担国家赔偿责任。故请求二审人民法院：（1）撤销一审行政判决书；（2）撤销某市海洋与渔业局作出的《关于粤中渔×95 号渔业船舶登记入户申请事项的审批意见》；（3）撤销某市政府作出的中府行复〔2015〕123号行政复议决定书；
（4）判令由某市海洋与渔业局、某市政府共同对冼某进行国家赔偿，赔偿冼
某自2014年12月24日（申请之日）计至市海洋渔业局审批登记，因粤中渔
×95号渔业船舶未能及时登记造成的损失178 416元；（5）请求对规范性文
件粤府办〔1990〕76号《关于加强沿海摩托艇管理的通知》进行合法性审
查；（6）判令由某市海洋与渔业局、某市政府承担本案的诉讼费用。

某市海洋与渔业局辩称：第一，上位法并未对摩托艇作出特别规定，涉
案的粤府办〔1990〕76号《关于加强沿海摩托艇管理的通知》是广东省专
门针对摩托艇的特别规定，在本省范围是合法有效应当适用的；第二，《最
高人民法院关于执行〈中华人民共和国行政诉讼法〉若干问题的解释》第62
条规定："……人民法院审理行政案件，可以在裁判文书中引用合法有效的
规章及其他规范性文件。"在冼某申请办理登记时，涉案的粤府办〔1990〕
76号《关于加强沿海摩托艇管理的通知》尚未失效，是针对反走私的特别规
定，而《渔业船舶登记办法》并没有相关内容；第三，冼某一审提供的证据
有边防派出所的证明，可见其明确知道粤府办〔1990〕76号《关于加强沿海
摩托艇管理的通知》对摩托艇马力的限制，而且冼某在办理船检手续时，船
检机构也明确告诉其粤府办〔1990〕76号《关于加强沿海摩托艇管理的通
知》的内容及对摩托艇马力的限制；第四，广东省人民政府打击走私综合治
理办公室在2009年的3月2日出具的粤打私办〔2009〕14号文表明了广东
省人民政府在2009年重新审视了粤府办〔1990〕76号《关于加强沿海摩托
艇管理的通知》的规定并作出了暂不修改的决定，因此冼某主张的与事实不
符；第五，冼某关于国家赔偿的请求没有足够的证据支持，其主张的赔偿项
目属于间接损失，依法不应予以支持。综上，请求二审法院维持一审判决，
驳回冼某全部上诉请求。

某市政府辩称：第一，同意某市海洋与渔业局的答辩意见；第二，某市
政府作出的行政复议决定书认定事实清楚，证据充分，程序合法，主体合法。
综上，请求法院维持一审判决，依法驳回冼某全部请求。

二审法院认为，本案为海洋渔业行政登记及行政赔偿纠纷，本案的争议
焦点包括以下两点：一是某市海洋与渔业局援引粤府办〔1990〕76号《关于
加强沿海摩托艇管理的通知》作出不予登记的行政行为是否合法；二是冼某

的赔偿请求能否得到支持。

关于焦点一，第一，《中华人民共和国船舶登记条例》第1条规定："为了加强国家对船舶的监督管理，保障船舶登记有关各方的合法权益，制定本条例。"船舶的登记具有双重属性，一方面，登记行为具有公法属性，船舶登记是船舶获得一国船籍的必经程序，涉及政府对公民、组织行为的管理，船旗国需要通过登记的方式来宣示其权力；另一方面，船舶登记也具有私法属性，是各方登记人保障船舶相关物权的方法。第二，《中华人民共和国船舶登记条例》第2条规定："……军事船舶、渔业船舶和体育运动船艇的登记依照有关法规的规定办理。"《中华人民共和国渔业船舶登记办法》第15条第2款规定："申请渔业船舶所有权登记，应当填写渔业船舶所有权登记申请表，并提交下列材料……（九）农业部规定的其他材料。"《中华人民共和国渔业船舶登记办法》第17条第2款规定："申请国籍登记，应当填写渔业船舶国籍登记申请表，并提交下列材料……（九）农业部规定的其他材料。"第56条规定："各省、自治区、直辖市人民政府渔业行政主管部门可依据本办法，结合本地实际情况，制定实施办法，报农业部备案。船长在十二米以下的小型渔业船舶的登记程序可适当简化，具体办法由各省、自治区、直辖市人民政府渔业行政主管部门在制定实施办法时规定。"渔业船舶登记同样必须考虑登记的公法属性和私法属性，地方渔业行政主管部门在没有制定实施办法并报农业部备案的情况下，不能援引地方性规范性文件对渔业船舶船籍登记进行限制。具体到本案，某市海洋与渔业局不能援引粤府办〔1990〕76号《关于加强沿海摩托艇管理的通知》作为不予登记行为合法性的依据，冼某已经提供了《中华人民共和国渔业船舶登记办法》规定的所有权、国籍登记的必备文件，作为登记机关的某市海洋与渔业局应依法登记发证。该院依法认定，某市海洋与渔业局2015年2月9日作出《关于粤中渔×95号渔业船舶登记入户申请事项的审批意见》没有法律依据，因2015年11月3日涉案渔船已由某市海洋与渔业局完成了所有权、国籍登记，撤销前述不予登记回复已经没有意义，依据《中华人民共和国行政诉讼法》第74条第2款第3项的规定，该院依法确认某市海洋与渔业局2015年2月9日作出《关于粤中渔×95号渔业船舶登记入户申请事项的审批意见》行为违法。

关于焦点二，《中华人民共和国船舶登记条例》第4条规定："船舶不得具有双重国籍。凡在外国登记的船舶，未中止或者注销原登记国国籍的，不得取得中华人民共和国国籍。"《中华人民共和国渔港水域交通安全管理条例》第13条规定："渔业船舶必须经船舶检验部门检验合格，取得船舶技术证书，并领取渔港监督管理机关签发的渔业船舶航行签证簿后，方可从事渔业生产。"《中华人民共和国渔业船舶登记办法》第16条规定："渔业船舶应当依照本办法进行渔业船舶国籍登记，方可取得航行权。"同时，参照《农业部办公厅关于进一步明确渔船船网工具指标审核有关事项的通知》（农办渔〔2012〕159号）规定："渔船主机总功率……不仅与渔船安全紧密相关，还是控制捕捞强度、渔船规范管理和享受国家惠渔政策的重要依据。"识别渔业船舶国籍登记行为具有一定行政许可性质，根据《中华人民共和国行政许可法》第76条规定："行政机关违法实施行政许可，给当事人的合法权益造成损害的，应当依照国家赔偿法的规定给予赔偿。"市海洋与渔业局应对其违法行为给冼某造成的损失进行赔偿。对于具体赔偿数额，该院作出如下分析：根据《中华人民共和国国家赔偿法》第36条的规定，冼某所主张的渔业油价补助107 500元（按每年53 750元计算共2年）、休渔补助3000元（按每人每年1500元计算，船员2人，计1年）属于可得利益期待，不属于法定损失，且相关船员可以获得的休渔补助不属于冼某的损失，该院依法不予支持。关于冼某所主张的生产损失141 250元（按每月12 500元计算），其亦具有可得利益期待的属性，但综合考虑到以下方面：（1）冼某为渔民，涉案渔船为其自有的谋生工具；（2）涉案渔船为原粤中渔×88号淘汰后申请制造的渔船；（3）冼某已经遵照2002年起施行的《渔业捕捞许可管理规定》第9条规定："制造、更新改造、购置、进口海洋捕捞渔船，必须经本规定第十一条和第十二条规定的审批权主管机关批准，由主管机关在国家下达的船网工具控制指标内核定船网工具指标。"取得了渔船船网工具指标，制造的涉案渔船功率符合船网工具指标限制；（4）船网工具指标与渔业船舶登记、渔业捕捞许可证密不可分，且以船网工具指标为基础；（5）2015年11月3日，涉案渔船在未变更任何申请资料的情况下完成了所有权、国籍登记。该院认为，在涉案渔业船舶已经完成渔业船舶检验的情况下，某市海洋与渔业局以马力（功率）超过限制为由不予进行渔业船舶国籍登记，已实质性改变了其上级机关广东省海洋与渔业局核发的《渔业船网工具指标批准书》，使冼某迟滞获得法律上的渔业捕捞权，基于"信赖利益保护"的基本原则，市海洋与渔业局对其造成的客观性损害应当给予赔偿。冼某所主张的生产损失141 250 元包括部分客观性损害，对于这部分客观性损害，该院依法予以支持。参考某市人力资源和社会保障局公布的 2015 年某市部分行业工资指导价位中渔业的标准（高位月薪 4457 元），综合考虑涉案渔船的造价情况（27 000 元）、证人程某的证明，该院酌定客观性损害部分为 33 427.5 元［4457元×（迟延约 10 个月 - 2.5 个月休渔期）］。对于冼某所主张的渔船看守费用11 300 元（每人每月 5000 元标准计算，共 2 人）、渔船保养费用 11 300 元（按每月 1000 元标准计算），均属于可以证明具体财产损失情况的项目，但冼某未对上述两项主张提供任何相关证据，且涉案渔船为小型渔业船舶，正常使用与停航并不会发生保养费用、看守费用的巨大差异，对以上两项主张，该院依法不予支持。对于冼某所主张的渔船贬值费用 9416 元，其性质属于渔业捕捞的必要性支出，因该院酌定客观性损害赔偿数额时，已经包括了该部分费用，该院不再重复支持。

关于粤府办〔1990〕76 号《关于加强沿海摩托艇管理的通知》的合法性，依据《中华人民共和国行政诉讼法》第 79 条的规定，该院认为，行政案件的审理对规范性文件仅进行附带性审查，如前所述，市海洋与渔业局作出《关于粤中渔×95 号渔业船舶登记入户申请事项的审批意见》并不能援引粤府办〔1990〕76 号《关于加强沿海摩托艇管理的通知》证明其合法性，且粤府办〔1990〕76 号文已被粤办函〔2015〕470 号《广东省人民政府办公厅关于废止粤府办〔1990〕76 号文件的通知》废止，故该院不再对粤府办〔1990〕76 号《关于加强沿海摩托艇管理的通知》作附带性审查。另，市政府作出的中府行复〔2015〕123 号行政复议决定书，属适用法律不当，该院一并予以撤销。

综上，冼某的上诉理由成立部分，依法予以采纳，一审法院判决适用法律不当，该院依法予以改判。根据《中华人民共和国行政诉讼法》第 79 条第 1 项、89 条第 1 款第 2 项的规定，二审法院判决：（1）撤销广东省中山市第一人民法院作出的（2015）中一法行初字第 246 号行政判决书；（2）撤销某市政府作出的中府行复〔2015〕123 号行政复议决定书；（3）确认某市海洋与渔业局作出的《关于粤中渔×号渔业船舶登记入户申请事项的审批意见》违法；（4）某市海洋与渔业局于本判决生效之日起 60 日内赔偿冼某损失 33 427.5 元；（5）驳回冼某的其他诉讼请求。

[**案件评析**]

本案涉及渔业船舶登记性质的认定以及地方性规范性文件能否援引的问题，十分典型。首先，对于某市海洋与渔业局能否援引地方性规范性文件即粤府办〔1990〕76 号《关于加强沿海摩托艇管理的通知》作为行政行为依据的问题，一审、二审法院持截然相反的态度。在上位法未作出明确要求时，省级政府根据特殊工作需要而制定地方性规范性文件，文件内容相关要求直接影响到冼某能否对其船舶申请所有权及国籍登记。一审法院认为可援引的理由是上位法未作出规定且援引时仍然合法有效，二审法院则认为地方渔业行政主管部门在没有制定实施办法并报农业部备案情况下不能援引地方性规范性文件。能否援引地方性规范性文件作为行政行为的依据，关键之处在于对涉案行政行为性质的界定。二审法院即以此作为释法说理的逻辑原点，根据《中华人民共和国船舶登记条例》的相关规定，船舶登记具有获得国籍、确认物权的公法及私法属性，而《中华人民共和国渔业船舶登记办法》则明确进行国籍登记方可取得航行权，因此，渔业船舶国籍登记行为具有一定许可性质。根据《中华人民共和国行政许可法》的规定，法律、行政法规、地方性法规及省级政府规章可设定行政许可，其他规范性文件一律不得设定行政许可。事实上，涉案行政行为所援引的规范性文件，以船舶马力超过限制为由不予进行渔业船舶船籍登记，增设了许可条件。基于行政许可行为的违法，根据《中华人民共和国行政赔偿法》规定，冼某有权获得行政赔偿，但以直接损失为限，不包括可期待利益。冼某所主张的生产损失并非直接损失，但二审法院主要考虑到冼某职业身份以及为进行船舶登记所进行的一系列必要准备，如已完成船舶检验，故基于"信赖利益保护"原则，酌定判令某市海洋与渔业局对所造成的客观性损害予以赔偿，符合公平公正的法律精神。

（点评人：唐国雄　广东国融律师事务所主任）

'07

其他行政案例

34. 厂房承租人能否对发展和改革部门道路建设项目核准
    意见提起诉讼

35. 土地行政征收无效起诉期限的认定

36. 对政府信访处理结果不服是否属于行政诉讼受案范围

37. 行政行为对相对人合法权益不产生实际影响的司法认定

38. 居民小组组长与乡镇政府是否有劳动法意义上的管理关系

39. 将商品标识仅作为装潢使用而缺乏作为商标使用意图的
    是否构成商标侵权

40. 职业打假人就行政机关未对其投诉举报事项作出处理的
    诉讼是否具有原告主体资格

34. 厂房承租人能否对发展和改革部门道路建设项目核准意见提起诉讼

——李某虎诉某省发展和改革委员会、某市交通发展集团有限公司其他行政纠纷案*

[当事人信息]

原告：李某虎

被告：某省发展和改革委员会、某市交通发展集团有限公司

[审理法院]

广东省广州市越秀区人民法院

[基本案情]

2005 年 9 月 29 日，某省发展和改革委员会（以下简称某省发改委）作出《关于省道某市某路段改建工程项目申请报告的核准意见》，核准意见包括以下几方面。

（1）统一对省道某市某路段进行改建。

（2）建设规模及技术标准。改建工程线路全长 18.77 公里，除起点路段约 1.4 公里沿旧路加宽外，其余为新建路线。全线采用设计速度 100 公里/小时一级公路标准，路基宽度 33.5 米，双向六车道。全线设置互通式立交 4 处。桥涵与路基同宽，设计汽车荷载等级为：公路 I 级。

（3）投资估算及资金来源。

（4）工程招标核准意见附后。李某虎于 2005 年 8 月 9 日及 2007 年 10 月 21 日分别与罗某签订关于某镇某工业区某路×号厂房的租赁合同。2009 年 6

---

* 作者：刘小燕，广东国融律师事务所律师。

月 10 日，第三人某市交通集团公司与罗某签订×号厂房的拆迁补偿预付款合同，并经某市征地拆迁管理办公室见证。李某虎对上述核准意见不服，后申请复议，认为该核准意见与李某虎不存在法律上利害关系，李某虎复议申请不符合法定受理条件，予以驳回。据省道某路段改建工程两阶段施工图设计显示，涉案核准意见所核准的工程项目建设规模及技术标准等范围并不涉及李某虎厂房。图中注明李某虎所使用的厂房边与某立交 C 匝道边距离为3.5 米。

李某虎认为，某省发改委作出涉案核准意见，没有经过国土部门的预审意见，欠缺环境影响评价文件、城市规划意见等核准立项的法定要件，未履行听证并告知利害关系人陈述、申辩、申请听证的权利，违反法定程序。请求法院确认涉案核准意见违法并撤销。

承办律师作为某市交通集团公司委托代理人，向一审法院提交了陈述意见如下：李某虎所使用的厂房位于省道某路段改建工程项目的中交立交旁，C 匝道边的人行道（尚未开工）再往外延伸的位置。涉案核准意见并不包括辅道（人行道）范围（从设计图可看出 C 匝道边距离厂房最边角尚有 3.5 米距离）。另李某虎使用的厂房未办理规划及施工报建，属于违反《中华人民共和国城乡规划法》的违法建筑物，其使用权不受法律保护，因此李某虎与核准意见不存在法律上利害关系，法院应裁定驳回李某虎的起诉。涉案项目申请时已依照《企业投资项目核准暂行办法》第 8 条规定提交法律所要求的有关文件，故涉案核准意见不仅权限合法，而且符合行政许可的要求，程序合法。

一审法院认为，与具体行政行为有法律上利害关系的公民、法人或者其他组织对该行为不服的，可以依法提起行政诉讼。本案李某虎所使用的×号厂房并不在某省发改委作出的核准意见所涉及的工程项目建设规模及技术标准等范围内，因此李某虎与该核准意见没有法律上的利害关系，不是本案适格的诉讼主体。李某虎以其所使用的厂房在上述建设项目用地范围内而认为其与某省发改委的核准行为具有法律上利害关系的依据不足，对其起诉应予驳回。综上所述，驳回李某虎的起诉。

李某虎不服一审裁定，向该院申请再审。申请再审理由主要为在一审诉讼中，某省发改委提供了"某半互通立交"平面图作为证据，证明李某虎厂房不在省道某路段改建工程项目的规划施工范围内，最终一审法院认为李某虎与涉案核准意见无利害关系，驳回其起诉。李某虎于 2013 年 12 月 11 日向某市规划局申请信息公开得知，某省发改委向法院提交的"某半互通立交"平面图系修改后的图纸，严重影响裁判结果，侵害其合法权益，应重新审理。

[争议焦点]

涉案厂房承租人李某虎对某省发改委就道路建设核准意见是否享有行政诉权。

[律师意见]

在李某虎对该案申请再审时，承办律师作为某市交通集团公司委托代理人，提交答辩意见如下：广州市越秀区人民法院（2010）越法行初字第 350 号行政裁定完全正确，应驳回李某虎的再审申请。

（1）经与现场及其他资料进行对照，某市交通集团及某省发改委提交的图纸与完工现场、其他资料完全吻合，不存在李某虎称某市交通集团及省发改委一审时提交图纸系伪造的情况。

（2）一审法院认定李某虎与本案无利害关系完全正确。涉案核准意见并不包括辅道（人行道），未占用李某虎使用的厂房，项目实际上也未占用李某虎使用的×号厂房。项目已于 2011 年 12 月 28 日交工验收，通过现场情况可以看出，项目并未占用李某虎使用的×号厂房。李某虎与罗某的租赁关系已于 2009 年 8 月 20 日终止，其与此后提出的行政复议、行政诉讼一审及本次的再审案件均无利害关系。某市交通集团与罗某签订的厂房预付款合同，其中×号厂房部分已经法院确认解除，该厂房定不会再拆迁，任何使用该厂房的人均与本案无利害关系。项目批复是针对项目是否符合政策进行的行政审批，对李某虎并无产生权利、义务的影响。对公民、法人或者其他组织权利义务不产生实际影响的行为不属于人民法院受案范围。李某虎所举证的 2008 年图纸为某省发改委 2005 年作出涉案核准意见之后出具的，显然不是某省发改委核准的依据，而且该图纸并非最终修改的图纸，李某虎不能据此认为其与本案存在利害关系。

（3）李某虎申诉已经超过法定的申请再审的 2 年期限。

［裁判结果］

再审法院查明，李某虎申请再审时提交了其于 2013 年 11 月 7 日向某市规划局申请信息公开后获取的某省道互半互通立交平面布置图复印件，该图显示制作时间为 2008 年 5 月，图上显示的公路主线路基宽度为 33.5 米，匝路和人行道均在公路主路线以外范围。某省发改委、某市交通集团公司向法院提交建成验收并通车的某段公路涉及李某虎厂房路段照片，证明并没有占用李某虎正在使用的厂房。李某虎对某省发改委、某交通集团提供的照片并无异议，但认为涉案厂房在规划范围内迟早要拆，现未拆原因系手续未完善。

再审法院认为，李某虎在再审申请中提供的证据不能证明某省发改委于 2005 年 9 月 29 日作出的核准意见同其有法律上的利害关系，不影响原审案件事实的认定。另各方当事人均在原审裁定书作出当天即 2010 年 10 月 19 日签收相关裁判文书，但李某虎直至 2014 年 1 月 2 日才提出申诉，已超过 2 年申请再审期限。故驳回再审申请人李某虎再审申请。

［案件评析］

本案涉及行政行为利害关系人范围的判定，《中华人民共和国行政诉讼法》第 25 条明确规定了行政诉讼原告为行政相对人及其他与行政行为有利害关系的人，该法律及相关司法解释对何谓利害关系均未明确，但通说认为此利害关系是指行政行为对当事人权益能产生、变更、消灭行政法上权利义务的法律关系。因缺乏具有可操作性的标准，司法实践中对于利害关系人的认定通常有较大差异。2018 年 2 月 8 日施行的《最高人民法院关于适用〈中华人民共和国行政诉讼法〉的解释》第 12 条首次采用列举式将"与行政行为有利害关系"予以明确，具体指：（1）被诉的行政行为涉及其相邻权或者公平竞争权的；（2）在行政复议等行政程序中被追加为第三人的；（3）要求行政机关依法追究加害人法律责任的；（4）撤销或者变更行政行为涉及其合法权益的；（5）为维护自身合法权益向行政机关投诉，具有处理投诉职责的行政机关作出或者未作出处理的；（6）其他与行政行为有利害关系的情形。本案中，李某虎租赁的涉案厂房在某省发改委核准建设的省道某路段改建项目附近，但在案证据证实道路工程项目建设规模及技术标准范围并不涉及涉案厂房，而且李某虎在提起本案行政复议及诉讼时已非涉案厂房的合法承租人，本案行政行为并不会对李某虎合法权益产生实质影响，即李某虎对本案行政行为不具有诉的利益，因此其提起诉讼不具有原告主体资格适格。

（点评人：唐国雄　广东国融律师事务所主任）

35. 土地行政征收无效起诉期限的认定

——某镇某经济合作社诉某镇政府行政征收行为无效纠纷案*

[当事人信息]

原告：某镇某经济合作社

被告：某镇政府

[审理法院]

广东省中山市中级人民法院

广东省中山市第一人民法院

[基本案情]

2016年1月20日，周某强起诉某镇政府，要求确认该政府于2009年6月9日与某镇某经济合作社（以下简称某经济合作社）签订的《某镇某社区征地补偿及实行社区一级经济核算股份制确认书》无效。同年7月1日，一审法院作出行政裁定，查明某镇政府与某经济合作社的居民户代表于2009年6月签订《某镇某社区征地补偿及实行社区一级经济核算股份制确认书》，约定某社区推行社区一级农村股份合作制，实行社区一级经济统一核算，按某经济合作社224.3476亩的土地面积兑现土地补偿款和青苗补偿款给该社。该院还查明某镇政府于2010年8月4日对周某强作出《关于某社区某三组周某强信访问题的回复意见》，该回复意见称"据了解，镇政府为经济发展需要，于2009年5月拟征收某社区某三组土地224.3476亩。经某社区三组农民集体开会表决，超过90%村民同意实施征地，并已经全额兑现征地补偿款及青

苗补偿款……"某市政府于 2010 年 9 月 15 日作出复查意见书,维持某镇政府的该回复意见。上述行政裁定同时查明,某镇某经济联合社于 2011 年 3 月 2 日支付了周某强因"没参加社区一级核算征地耕种面积 2010 年租金(3.045 亩)"的误耕补偿款 3654 元,周某强签名确认收取了该款。因周某强的起诉已过起诉期限,一审法院驳回了周某强的起诉。周某强不服并提起上诉,法院作出行政裁定书,认为从周某强向某镇政府信访以及收取不愿意参股人员的误耕补偿款的事实可以看出,原审裁定认定周某强最迟于 2010 年 6 月 4 日已经知道了 2009 年某镇政府与某经济合作社的居民户代表签订确认书理据充分,故周某强的起诉已超过法定的起诉期限,遂裁定驳回上诉,维持原审裁定。现行政裁定已经发生法律效力。2017 年 7 月 24 日,周某强当选为某镇某社区某三组居民小组组长。同年 10 月 23 日,过半数村民以某经济合作社的名义向法院提起本案诉讼,并推选周某强为诉讼代表人。同日,某第三经济合作社诉至一审法院,请求法院确认某镇政府依据 2009 年 6 月 9 日与某镇某社区居民委员会签订的《某镇某社区征地补偿及实行社区一级经济核算股份制确认书》征收其 224.3476 亩土地的行为无效。《某镇某社区征地补偿及实行社区一级经济核算股份制确认书》载明:"……经过户代表会议讨论,一致同意某社区推行社区一级农村股份合作制,实行社区一级经济统一核算,为确认本小组的土地面积,经测量,核实小组本次征地总土地面积为 224.3476 亩。某社区承诺推行社区一级经济核算,在农村股份合作制签名确认户代表超过百分之八十的时候,在三十天内,由本社区兑现每亩土地补偿款40 000元……但青苗补偿款必须待收地之后起一个月内支付……"该确认书由某经济合作社超过 80% 的户代表予以签名确认,且加盖了某镇某社区居民委员会以及某镇政府的印章,落款日期为 2009 年 6 月 9 日。

[争议焦点]

某镇政府与某社区居委会签订的征收土地行为效力以及本案起诉是否超过诉讼时效。

[律师意见]

承办律师作为某镇政府的委托代理人,向审理法院提交了以下答辩意见:本案起诉时间已超法定的 2 年起诉期限,依法应当驳回起诉。《最高人民法院关于执行〈中华人民共和国行政诉讼法〉若干问题的解释》第 41 条第 1 款规定:"行政机关作出具体行政行为时,未告知公民、法人或者其他组织诉权或者起诉期限的,起诉期限从公民、法人或者其他组织知道或者应当知道诉权或者起诉期限之日起计算,但从知道或者应当知道具体行政行为内容之日起最长不得超过 2 年。"而本案某经济合作社早在 2009 年 6 月 9 日与某市某镇某社区居民委员会签订涉案确认书时便已知悉诉称的征地事宜。根据前述司法解释规定,某经济合作社的法定起诉时限最迟不得迟于 2011 年 6 月 9 日。而本案的起诉时间为 2017 年 10 月 23 日,显然已超过法定的起诉期限,《最高人民法院关于执行〈中华人民共和国行政诉讼法〉若干问题的解释》第 44 条第 1 款第 6 项规定:"有下列情形之一的,应当裁定不予受理;已经受理的,裁定驳回起诉:(六)起诉超过法定期限且无正当理由的。"据此,应依法驳回其起诉。

[裁判结果]

一审法院认为,某经济合作社超过 80% 的户代表于 2009 年 6 月 9 日在《某镇某社区征地补偿及实行社区一级经济核算股份制确认书》签名确认,核实本小组本次征地总土地面积为 224.3476 亩。即某经济合作社早在 2009 年已知道涉案确认书的内容,结合前述的某市政府早于 2010 年 9 月 15 日出具的复查意见书已维持了某镇政府关于"经某社区三组农民集体开会表决,超过 90% 村民同意实施征地,并已经全额兑现征地补偿款及青苗补偿款"的回复意见,可知,某经济合作社早已知悉土地被征收之行为,且已收取了相应的征地补偿款和青苗补偿款。现某经济合作社迟至 2017 年 10 月 23 日才向一审法院提起本案诉讼,已超过法定的起诉期限。因行政诉讼对行政行为的违法性审查要建立在原告的起诉是否符合法定受理条件的基础上,故对某经济合作社的诉讼,一审法院予以驳回。依照《最高人民法院关于适用〈中华人民共和国行政诉讼法〉若干问题的解释》第 3 条第 1 款第 2 项的规定,一审法院裁定驳回某经济合作社的起诉。

某经济合作社不服一审判决,上诉至中山市中级人民法院。

某经济合作社上诉认为:(1)一审法院认定事实不清。涉案行政行为因违反了《中华人民共和国土地管理法》第 2 条第 3 款及《中华人民共和国合同法》第 52 条第 5 项的强制性规定而无效，无效的行为自始无效，不存在时效问题，一审法院以某经济合作社的起诉超过时效为由不予审理欠妥。（2）一审法院适用程序不当。是否超过时效属于实体问题，案件经过审理后，发现已超过时效的，应驳回诉讼请求，即使已过时效，亦不影响某经济合作社的诉权。一审法院以某经济合作社的起诉超过时效为由驳回起诉欠妥。综上，请求二审法院撤销原审裁定，指令一审法院对本案进行审理。

二审法院认为，行政诉讼的起诉期限是一种不同于民事诉讼时效的除斥期间，立法将其作为原告提起行政诉讼的条件规定在《中华人民共和国行政诉讼法》的起诉和受理章节内。故对于起诉超过法定起诉期限且无正当理由的，一审法院适用的《最高人民法院关于适用〈中华人民共和国行政诉讼法〉若干问题的解释》第 3 条第 1 款第 2 项，将其作为人民法院应裁定驳回起诉的法定理由。某经济合作社将行政诉讼的起诉期限混淆于民事诉讼时效般的概念，认为起诉超过期限的应是驳回诉讼请求的条件，属于对法律理解有误，不予支持。就本案某经济合作社的起诉而言，虽然某经济合作社提起的是要求确认涉案行政行为无效的诉讼，基于上述行政诉讼的起诉期限是行政诉讼起诉和受理的法定前提的理由，起诉期限是人民法院在行政诉讼中必须先行审查的条件，一审法院先行对某经济合作社的起诉期限进行审查合法有据。同时，从本案事实看，某经济合作社超过 80% 的户代表是在 2009 年 6 月 9 日签订涉案行为所附的征地补偿及股份制确认书的，或者至迟于 2010 年 9 月 15 日某市政府以复查意见书回复其诉讼代表周某强时，某经济合作社亦应知道涉案行为影响其权利，却迟至 2017 年 10 月 23 日提起本案诉讼，且未向法院提供耽误起诉期限应予扣除期限的合法事由，早已超过现行《最高人民法院关于执行〈中华人民共和国行政诉讼法〉若干问题的解释》第 41 条第 1 款规定的 2 年起诉期限，一审法院对其起诉予以驳回理据充分，予以维持。依照《中华人民共和国行政诉讼法》第 89 条第 1 款第 1 项的规定，二审法院裁定驳回上诉，维持原审裁定。

[案件评析]

本案涉及土地行政征收无效起诉期限的认定。民事诉讼与行政诉讼均设立了起诉期限制度，但二者有较大差异。民事诉讼时效存在中止、中断，但行政诉讼只有期限扣除及延长的问题，并且因当事人起诉的对象与程序不同而有所不同。《中华人民共和国行政诉讼法》将符合法定起诉期限作为法院受理的前提条件，而且即使被告不提出期限抗辩，法院也应依职权进行审查，这与民事诉讼时效制度有很大不同。本案虽是要求确认土地行政征收行为无效的诉讼，但起诉期限是行政诉讼起诉和受理的法定前提，法院须先行审查。此外，周某强也未向法院证实其存在因不可抗力或其他不属于自身原因而耽误起诉期限的情形。

（点评人：唐国雄　广东国融律师事务所主任）

36. 对政府信访处理结果不服是否属于行政诉讼受案范围

——袁某仔等人诉某镇政府履行信访处理职责纠纷案[*]

[当事人信息]

原告：袁某仔等人

被告：某镇政府

[审理法院]

广东省中山市第一人民法院

[基本案情]

袁某仔等人于 2017 年 5 月 10 日向某镇政府提出"某村第七届村民委员会选举存在舞弊行为"的信访事项。该政府于同年 7 月 10 日就上述信访事项作出信访事项处理意见书，又于同年 8 月 11 日依据复查申请作出信访事项复查意见书。袁某仔等人不服，诉至法院，称 2017 年第七届某村民代表选举和村民委员会选举存在舞弊行为，选举是违法的，因为没有召开村民会议和村民代表会议，也没有召开村民小组会议和户代表会议。请求法院判令：确认某镇政府行政不作为，没有履行其法定职责。在庭审过程中，袁某仔等人陈述其诉讼请求中所涉的某镇政府"行政不作为、没有履行法定职责"是指某镇政府没有处理三人提出的信访事项。

[争议焦点]

村委会选举引发的纠纷以及政府信访处理决定是否属于行政诉讼范围。

---

* 作者：林文娟，广东国融律师事务所律师。

[律师意见]

承办律师作为某镇政府委托代理人，向审理法院提交了以下答辩意见。

（1）信访处理意见具有不可诉性，法院依法应予驳回其起诉。2005 年 12 月 12 日，最高人民法院立案庭对湖北省高级人民法院《关于不服县级以上人民政府信访行政管理部门、负责受理信访事项的行政管理机关以及镇（乡）人民政府作出的处理意见或者不再受理决定而提起的行政诉讼人民法院是否受理的请示》作出答复，意见如下：①信访工作机构是各级人民政府或政府工作部门授权负责信访工作的专门机构，其依据《信访条例》作出的登记、受理、交办、转送、承办、协调处理、督促检查、指导信访事项等行为，对信访人不具有强制力，对信访人的实体权利义务不产生实质影响。信访人对信访工作机构依据《信访条例》处理信访事项的行为或者不履行《信访条例》规定的职责不服提起行政诉讼的，人民法院不予受理。②对信访事项有权处理的行政机关依据《信访条例》作出的处理意见、复查意见、复核意见和不再受理决定，信访人不服提起行政诉讼的，人民法院不予受理。据此，袁某仔等人不服某镇政府就涉案信访事项作出的处理意见，或认为某镇政府未履行信访条例规定的法定职责向法院提起本案诉讼，法院依法应当不予受理，驳回袁某仔等人的起诉。

（2）某镇政府已依据《信访条例》以及《广东省信访条例》依法处理了袁某仔等人的涉案信访事项。2017 年 5 月 10 日，袁某仔等人通过网上信访平台向某镇政府的职能部门提出涉案信访事项，某镇政府职能部门经审查后于 2017 年 5 月 19 日受理，并依法出具书面的《信访事项受理告知书》。某镇政府的职能部门在受理袁某仔等人的信访事项后，对袁某仔等人提出的信访问题进行了调查、了解，并于 2017 年 7 月 10 日就袁某仔等人提出的信访事项作出《信访事项处理意见书》。袁某仔等人在收到该《信访事项处理意见书》后向某镇政府信访事项复查委员会办公室（以下简称复查委员会办公室）申请了复查，复查委员会办公室于 2017 年 8 月 1 日向袁某仔等人作出《信访复查事项受理情况告知书》，并于 2017 年 8 月 11 日作出《信访复查事项处理意见书》。

综上所述，某镇政府认为袁某仔等人的诉讼请求无法律依据，请求依法驳回袁某仔等人的诉讼请求。

[裁判结果]

一审法院认为：第一，《中华人民共和国村民委员会组织法》第2条第1款规定："村民委员会是村民自我管理、自我教育、自我服务的基层群众性自治组织，实行民主选举、民主决策、民主管理、民主监督。"第5条第1款规定："乡、民族乡、镇的人民政府对村民委员会的工作给予指导、支持和帮助，但是不得干预依法属于村民自治范围内的事项。"据此，村民委员会的选举事项属于村民委员会自治事项，村民对村民委员会选举工作的监督属于民主监督；镇人民政府应对村民委员会的选举工作给予指导。因此，村民对村民委员会选举工作有所质疑因而引发的纠纷，不属于人民法院行政诉讼的受案范围，镇人民政府对村民委员会的选举作出行政指导，也不属于行政诉讼受案范围。第二，本案中，袁某仔等人认为某镇政府没有处理其提出的信访事项是行政不作为、没有履行法定职责。而根据《最高人民法院关于不服信访工作机构依据《信访条例》处理信访事项的行为提起行政诉讼人民法院是否受理的复函》中规定："信访人对信访工作机构依据《信访条例》处理信访事项的行为或者不履行《信访条例》规定的职责不服提起行政诉讼的，人民法院不予受理。"袁某仔等人的起诉并不属于人民法院行政诉讼的受案范围。综上所述，对袁某仔等人的起诉，予以驳回。依照《最高人民法院关于适用〈中华人民共和国行政诉讼法〉若干问题的解释》第3条第1款第1项的规定，法院裁定驳回原告袁某仔等人的起诉。

[案件评析]

本案涉及村委会选举程序引发的纠纷，因当事人不服基层政府对信访事项的处理决定而引发本案诉讼。案件的争议焦点是村民对村委会选举及对基层政府信访处理决定不服能否提起行政诉讼，这涉及行政诉讼的受案范围，即何种行政争议可纳入法院司法审查的问题。《中华人民共和国行政诉讼法》对行政诉讼受案范围采用肯定式列举和否定式排除的方式进行了明确，均表明法院只受理由行政主体实施的行政行为。通说认为，行政行为是指行政主体在行政管理中根据职权，针对公民、法人或其他组织的权利义务作出的法律行为。根据法律规定，村委会属于基层自治组织，实行民主选举，村民可民主监督，故袁某仔等人无权就村民自治事项提起行政诉讼。袁某仔就村委选举问题向基层政府信访，基层政府信访处理不属于行政行为，因为信访处理行为并不具备行政行为的行政性、法律性和外部性，并不影响信访人行政法意义上的权利义务。最高人民法院相关批复就指出，信访工作机构是各级人民政府或政府工作部门授权负责信访工作的专职机构，其依据《中华人民共和国信访条例》作出的登记、受理、交办、转送、承办、协调处理、监督检查、指导信访事项等行为，对信访人不具有强制力，对信访人的实体权利义务不产生实质影响。信访人对信访工作机构依据《信访条例》处理信访事项的行为或者不履行《信访条例》规定的职责不服提起行政诉讼的，人民法院不予受理。

（点评人：唐国雄　广东国融律师事务所主任）

37. 行政行为对相对人合法权益不产生实际影响的司法认定

——梁某光等人诉某市水务局税务行政纠纷案*

[当事人信息]

　　原告：梁某光等人

　　被告：某市水务局

[审理法院]

　　广东省中山市中级人民法院

　　广东省中山市第一人民法院

[基本案情]

　　某镇政府向某市水务局了解中小河流治理重点县综合整治和水系连通试点中山市某镇某项目区工程施工范围内的土地、建筑性质情况。某市水务局于 2015 年 12 月 1 日向某镇政府书面回复了《关于梁某光等人在中小河流治理重点县综合整治和水系连通试点某市某镇某项目区工程施工范围内建筑、土地性质的证明》。该证明载明："根据中小河流治理重点县综合整治和水系连通试点某市某镇某项目区工程施工范围以及镇国土部门提供的梁某光等人土地使用证范围。经我单位核查，梁某光等人在中小河流治理重点县综合整治和水系连通试点市某镇某项目区工程施工范围内建筑、土地均属违章、无证。"

　　梁某光等 8 人对该证明不服，诉至法院，请求撤销某市水务局于 2015 年 12 月 1 日出具的《关于梁某光等人在中小河流治理重点县综合整治和水系连

---

　　* 作者：林文娟，广东国融律师事务所律师。

通试点中山市某镇某项目区工程施工范围内建筑、土地性质的证明》。

梁某光等 8 人的房屋没有办理土地使用权证和房产证。2016 年 5 月 27 日，某市水务局向某镇政府发出《关于撤销〈梁某光等人在中小河流治理重点县综合整治和水系连通试点某镇某项目区工程施工范围内建筑、土地性质的证明〉的函》，告知某镇政府，涉案证明超越权限作出，故决定予以撤销。

[争议焦点]

某市水务局向某镇政府书面回复的证明是否对梁某光等人权益产生实际影响。

[律师意见]

承办律师作为某市水务局委托代理人，向审理法院提交了以下答辩意见。

（1）证明未对梁某光等 8 人的权利义务产生实质性影响，不具有可诉性。出具证明仅因就中小河流治理重点县综合整治和水系连通试点某市某镇某项目区工程的拆迁补偿标准申请某镇政府进行信息公开，而某镇政府为明确其信息公开内容的以及该内容是否存在等问题，进而向某市水务局了解情况，为配合某镇政府的信息公开工作，遂将梁某光等 8 人的房屋情况以书面的形式告知某镇政府，以便某镇政府明确公开的信息内容。目前，相关部门并未针对梁某光等 8 人的房屋正式启动拆迁补偿程序，发放拆迁补偿款，仅初步拟定了协商洽谈标准。换而言之，梁某光等 8 人的房屋并未因涉案证明而少或多地取得拆迁补偿款。因此，在梁某光等 8 人的房屋未正式进入拆迁补偿程序前，证明均未对其的权利义务造成实质性的影响。

（2）证明是向某镇政府出具的内部文件，不是针对梁某光等 8 人作出的具体行政行为。2015 年 12 月 1 日，证明仅陈述梁某光等 8 人在中小河流治理重点县综合整治和水系连通试点某市某镇某项目区工程施工范围内有关建筑、土地状况，该证明不是针对梁某光等 8 人作出的行政行为，仅将该文件提交给某镇政府，没有送达给梁某光等 8 人，也未对外公布，因此该证明不具有可诉性。

（3）证明的内容是对梁某光等 8 人在中小河流治理重点县综合整治和水系连通试点某市某镇某项目区工程施工范围内有关建筑、土地状况的客观真实陈述。因工程建设需要，某镇水利所及工程建设单位对中小河流治理重点县综合整治和水系连通试点某市某镇某项目区工程施工范围的有关建筑物进行了核查，并向有关部门查询，结果反映梁某光等8人在上述项目区工程施工范围内的相关建筑物无土地使用证、房产证和相关建设审批文件，该证明的内容正是对上述情况的客观真实陈述。

（4）证明没有对梁某光等8人创设新的权利和义务。该证明是针对梁某光等8人在中小河流治理重点县综合整治和水系连通试点某市某镇某项目区工程施工范围内有关建筑、土地状况的客观真实陈述，没有对梁某光等8人创设新的权利和义务。某镇政府将该证明作为其之前所涉与梁某光等8人的政府信息公开一案的证明材料提交给法院，目的是说明其仅可提供《中小河流治理某镇1–6及8项目区工程自行拆违人工补助标准》和《中小河流治理项目区工程青苗搬迁人工补助标准》相关信息。所以证明不是终局性行为，不产生法律效果。

［裁判结果］

一审法院认为，证明是某市水务局应某镇政府要求而出具的书面回复，是对有关建筑、土地状况的客观陈述，属于咨询意见的复函，不影响梁某光等8人的权利义务，且某市水务局也已将该证明予以撤销，梁某光等8人亦未提交证据证明有行政机关根据该证明对其涉案的土地、房屋作出处理以及该证明对其合法权益造成的影响。很明显，证明对梁某光等8人的合法权益明显不产生实际影响。根据《最高人民法院关于适用〈中华人民共和国行政诉讼法〉若干问题的解释》第3条第1款第8项规定："有下列情形之一，已经立案的，应当裁定驳回起诉……（八）行政行为对其合法权益明显不产生实际影响的。"对梁某光等8人的起诉，一审法院依法予以驳回。综上，依照《最高人民法院关于适用〈中华人民共和国行政诉讼法〉若干问题的解释》第3条第1款第8项的规定，一审法院裁定驳回原告梁某光等人起诉。

梁某光等人不服一审判决，上诉至中山市中级人民法院。

梁某光等人上诉认为，一审法院以某市水务局改变原行政行为为由驳回原审原告的起诉于法无据，请求二审法院撤销原审裁定，指令一审法院继续审理本案。

二审法院认为，一审法院认定某市水务局的涉案证明对梁某光等8人的合法权益明显不产生实际影响,遂根据《最高人民法院关于适用〈中华人民共和国行政诉讼法〉若干问题的解释》第3条第1款第8项的规定,一审法院裁定驳回梁某光等8人的起诉,符合法律规定,依法应予维持。梁某光等人上诉所称的理由无事实和法律依据,不予采信。综上所述,上诉人梁某光等人的上诉理由不能成立,其上诉请求不予支持。依照《最高人民法院关于适用〈中华人民共和国行政诉讼法〉若干问题的解释》第89条第1款第1项的规定,二审法院裁定驳回上诉,维持原裁定。

[案件评析]

本案涉及"行政行为对其合法权益明显不产生实际影响"的司法认定,裁判结果有值得深入探讨的价值。法院认为某市水务局已将涉案证明撤销,且梁某光等人未举证证实有行政机关根据证明内容对其涉案土地、房屋作出处理以及证明内容对其合法权益造成损害,因此援引相关司法解释关于"行政行为对其合法权益明显不产生实际影响"的规定,驳回了梁某光等人的起诉。认真分析该款法律规定,其适用前提为某市水务局向某镇政府出具涉案证明的行为属于行政行为。根据行政法学理,行政行为是指行政主体根据行政职权针对公民、法人或其他组织的权利义务作出的法律行为,具有行政性、法律性和外部性。事实上,某市水务局应某镇政府的书面了解需求而出具的含有对梁某光等人建筑、土地性质的证明,属于咨询意见的复函,某市水务局作出该行政行为并无建立、变更或消灭某正行政法上的权利义务关系的法律意思,而且属不同行政主体之间的工作联系,并不具有针对外部对象、外部事务而作出的行为,因此,某市水务局的出具涉案证明的行为实际不属于行政行为。综上所述,法院认为行政行为对梁某光等人合法权益不产生实际影响,并以此为由驳回起诉,实际上已把某市水务局出具涉案证明的行为当作了行政行为,这一问题值得商榷。

（点评人：唐国雄　广东国融律师事务所主任）

38. 居民小组组长与乡镇政府是否具有劳动法意义上的管理关系

——苏某球诉某镇政府追索劳动报酬纠纷案*

[当事人信息]

原告：苏某球

被告：某镇政府、某镇某社区居委会

[审理法院]

广东省中山市第一人民法院

[基本案情]

苏某球是某居委会居民，在 2014 年广东省第五届村（居）民委员会换届选举中，当选为某镇某社区居委会（以下简称某居委会）某队某居民小组长，某镇政府于 2014 年 8 月 1 日为苏某球颁发了当选证书。2017 年 10 月 19 日，苏某球以某镇政府为被申请人，申请劳动仲裁。仲裁委员会作出不予受理通知书，以苏某球仲裁请求不属于劳动人事争议处理范围为由决定不予受理。诉讼中，苏某球主张与其与某镇政府、某居委会成立劳动关系，但二者不予确认；各方确认没有签订过劳动合同。某居委会确认：如组织组长开会，给组长发放参会误工补贴、年底会根据组长工作情况发放误工补贴（又称资金补贴，每岗位约 2000 元）。2002 年 2 月，某镇某村委员会改制为某居委会。苏某球认为，其当选在任期间为某镇政府和某社区办事，由于国家政令传达到生产小组这一级的日常事务非常多，某镇政府、某居委会没有按照某市最低工资对其补偿，行为违法。

※ 作者：林文娟，广东国融律师事务所律师。

苏某球起诉至法院，请求按照最低工资标准要求向其支付 3 年的工资 47 160 元。

[争议焦点]

小组长苏某球是否有权利向某镇政府要求支付劳动报酬。

[律师意见]

承办律师作为某镇政府委托代理人，向审理法院提交了以下答辩意见。

（1）苏某球与某镇政府之间不存在劳动关系，某镇政府不是适格的劳动关系主体。《中华人民共和国村民委员会组织法》第 2 条第 1 款规定："村民委员会是村民自我管理、自我教育、自我服务的基层群众性自治组织，实行民主选举、民主决策、民主管理、民主监督。"村民小组是农村基层群众性自治组织村民委员会的延伸组织，村民小组组长作为村民小组的组成部分，是通过自我管理、自我服务、民主选举产生的。《广东省村民委员会选举办法》第 36 条规定："村民选举委员会确认选举有效并进行资格审查后，当场公布选举结果，并报乡、民族乡、镇村民委员会换届选举工作指导小组和不设区的市、市辖区、县、自治县人民政府主管部门备案。不设区的市、市辖区、县、自治县人民政府主管部门应当在十日内颁发统一印制的村民委员会主任、副主任和委员当选证书。"第 52 条规定："村民代表的推选，以及村民小组长和副组长的选举参照本办法执行。"因此，某镇政府对苏某球的村民小组组长身份予以确认、颁发当选证，是某镇政府基于法律规定而履行的职责，并非基于聘用与受聘而产生的劳动或劳务关系。所以，综合村民小组的组织性质、小组长的产生过程以及某镇政府向苏某球颁发当选证的原因，苏某球与某镇政府之间不属于劳动者与用人单位的关系，某镇政府亦不是适格的劳动关系主体。

（2）苏某球请求某镇政府、某居委会支付劳动报酬没有事实和法律依据。苏某球的服务场所和服务对象是某市某镇某社区某队某居民小组，其从未向某镇政府、某社区居委会提供过劳动服务。根据《广东省实施〈中华人民共和国村民委员会组织法〉办法》第 13 条第 2 款规定："村民小组组长、副组长（以下简称村民小组长）应当及时收集本村民小组村民的意见和建议，并向村民委员会反映。"苏某球基于村民小组长的身份，其有代表小组村民参会的义务，完成相关工作是在履行村民小组长（收集该小组意见和建议，并向村民委员会反映）的法定职责，而不是向某镇政府、某居委会提供劳动服务。因此，苏某球要求某镇政府向其支付劳动报酬没有事实依据。某市某镇某社区某队作为农村基层群众性自治组织，应当由该自治组织自行解决其人员的补贴、收入问题。《中华人民共和国村民委员会组织法》第 24 条规定："涉及村民利益的下列事项，经村民会议讨论决定方可办理：（一）本村享受误工补贴的人员及补贴标准……"因此，苏某球是否获得补贴以及补贴的标准，应由村民会议决定，苏某球要求某镇政府向其支付劳动报酬没有法律依据。

（3）苏某球履行村民小组组长职责的付出，已获应有合理报酬。据庭审查明，苏某球担任小组长非专职，其参加有关村民会议等履行村民小组长职责后，某居委会均在会后及时向其发放误工补贴，以弥补苏某球履行小组长法定职责而对自身正职工作产生的影响。某居委会亦会每年根据苏某球履行职责的综合表现给予适当奖励，对于其履行宣传计划生育政策、完善土地发包等职责亦会给予对应的计划生育误工补贴、门诊误工补贴、土地发包完善补贴，苏某球基于村民小组长身份履行法定职责已获相应合理报酬。

某居委会答辩意见主要为：苏某球担任的是某镇某社区某队生产队长，其服务的对象也是某镇某社区某队而不是某居委会。某队虽是某居委会下属集体组织，但其也是独立的集体组织，经济独立、责任独立。苏某球是否应当取得报酬及报酬的多少应当由某队集体成员经法定程序表决后确定，并由其所在的集体组织自行承担。苏某球没有为某居委会提供过任何劳务服务，没有责任为其支付工资报酬。

[裁判结果]

一审法院认为，《中华人民共和国劳动法》第 2 条规定："在中华人民共和国境内的企业、个体经济组织（以下统称用人单位）和与之形成劳动关系的劳动者，适用本法。国家机关、事业组织、社会团体和与之建立劳动合同关系的劳动者，依照本法执行。"《劳动和社会保障部关于确立劳动关系有关事项的通知》第 1 条规定："用人单位招用劳动者未订立书面劳动合同，但同时具备下列情形的，劳动关系成立。（一）用人单位和劳动者符合法律、法规规定的主体资格；（二）用人单位依法制定的各项劳动规章制度适用于劳动者，劳动者受用人单位的劳动管理，从事用人单位安排的有报酬的劳动；（三）劳动者提供的劳动是用人单位业务的组成部分。"因此，劳动关系的成立必须符合 3 个条件：一是用人单位和劳动者要符合法律、法律规定的主体资格；二是劳动者遵守用人单位的规章制度，用人单位支付劳动报酬；三是劳动者的劳动是用人单位的业务组成部分。

《中华人民共和国城市居民委员会组织法》第 2 条规定："居民委员会是居民自我管理、自我教育、自我服务的基层群众性自治组织。不设区的市、市辖区的人民政府或者它的派出机关对居民委员会的工作给予指导、支持和帮助。居民委员会协助不设区的市、市辖区的人民政府或者它的派出机关开展工作。"第 7 条规定："居民委员会由主任、副主任和委员共五至九人组成。多民族居住地区，居民委员会中应当有人数较少的民族的成员。"第 14 条规定："居民委员会可以分设若干居民小组，小组长由居民小组推选。"第 17 条第 1 款规定："居民委员会的工作经费和来源，居民委员会成员的生活补贴费的范围、标准和来源，由不设区的市、市辖区的人民政府或者上级人民政府规定并拨付；经居民会议同意，可以从居民委员会的经济收入中给予适当补助。"根据上述规定可知，居民委员会属于基层群众自治组织，居民委员会成员均由选举产生，其获得的是"生活补贴"而不是工资或劳务报酬；居民小组长是由居民小组推选产生，居民小组长不属于居民委员会或政府直接雇用或者聘用，也不能由居委会或政府予以解雇。综上，苏某球与某镇政府、某居委会之间未签订劳动合同，苏某球担任居民小组组长，并非经由劳动力市场双向、自由选择的方式任职，而是通过居民选举的方式推荐任命，某镇政府、某居委会与苏某球之间并无劳动法意义上的支配与被支配、管理与被管理的关系，不存在劳动关系，苏某球起诉的某镇政府、某居委会并非本案适格主体，对苏某球的起诉，依法应予以驳回。综上所述，裁定驳回苏某球的起诉。

苏某球不服一审判决，上诉至中山市中级人民法院。

二审法院认为，居民委员会是居民自我管理、自我教育、自我服务的基层群众性自治组织，依照法律居民委员会可以分设若干居民小组。本案中，苏某球于 2014 年广东省村（居）民委员会换届选举中，当选为某居委会某队居民小组组长，参与小组各项管理工作。上述事实表明苏某球是按照《中华人民共和国城市居民委员会组织法》的相关规定，由居民小组推选产生，对居民小组负责。而苏某球提供的某镇政府所颁发的当选证书，仅是对其所在居民小组选举结果的确认，因此，由此可知，苏某球担任居民小组组长并非由某镇政府、某居委会雇用或者聘用，双方之间并不存在管理和被管理的劳动关系。故一审根据苏某球诉求及本案查明的事实认定某镇政府、某居委会并非本案纠纷的适格主体并无不当。因本案纠纷不属于受理范围，故苏某球提出的调查取证等申请不予采纳。综上，驳回上诉，维持原判。

[案件评析]

本案涉及村（居）民小组长与基层政府、村（居）委会法律关系性质的判定，正是基于二者存在支配与被支配、管理与被管理的关系，致使苏某球误认为其被某镇政府、某居委会雇用开展工作而具有主张劳动报酬的请求权基础。村（居）民小组长与基层政府、村（居）委会的管理关系具有行政色彩，这主要由村（居）委员会的性质所决定即基层群众性自治组织，坚持自我管理、自我教育、自我服务，实行民主选举、民主决策、民主管理、民主监督，并接受基层政府对其工作的指导、支持和帮助。根据法律规定，居民委员会工作经费及成员生活补贴费由政府规定并拨付，也可由居委会经济收入给予适当补助，苏某球经民主选举当选并任命为居民小组组长，并非由某居委会或某镇政府聘任，其因开展居民工作而获得的生活补贴并非工资或劳务报酬，苏某球与政府之间的行政指导关系并非人事管理，因此双方之间不存在劳动法律关系。《劳动和社会保障部关于确立劳动关系有关事项的通知》明确了成立劳动关系的条件即具有主体资格、存在劳动隶属关系、劳动属于单位业务组成，因此，判断劳动者与用人单位是否存在劳动关系，可结合劳动关系的内外特征予以识别，工作证、工资表、社保记录、出入证等是判定劳动关系的主要外在特征，单位对劳动者安排工作、运用如考勤等劳动纪律进行实质性的管理是主要内在特征。因此，劳动仲裁、法院均未认定苏某球不存在劳动法律关系，关于生活补贴的争议也不属于劳动报酬争议。

（点评人：唐国雄　广东国融律师事务所主任）

39. 将商品标识仅作为装潢使用而缺乏作为商标使用意图的是否构成商标侵权

——某商会诉某市工商行政管理局工商行政处罚及行政赔偿案*

[当事人信息]

原告：某市某商会

被告：某市工商行政管理局

第三人：王某

[审理法院]

中山市中级人民法院

中山市第一人民法院

[基本案情]

第三人王某是第 9089880 号和第 7702847 号注册商标的所有人，其也是中山市博爱酒业有限公司（以下简称博爱酒业公司）的法定代表人，王某许可博爱酒业公司在核准范围内使用上述商标。其中，第 9089880 号注册商标的商标是"博爱"文字商标，经核准使用于第 33 类的果酒（含酒精）、蒸煮提取物（利口酒和烈酒）、葡萄酒、白兰地、威士忌酒、烧酒、酒精饮料（啤酒除外）、米酒、清酒、酒（饮料）等商品，注册有效期为 2012 年 2 月 7 日至 2022 年 2 月 6 日。第 7702847 号注册商标是"'博爱'文字 + BOA1（博爱的拼音）+图形商标"，经核准使用于第 33 类的果酒（含酒精）、蒸激提取物（利口酒和烈酒）、葡萄酒、白兰地、威士酒、烧酒、酒精饮料（啤酒

---

* 作者：唐丽斌，广东国融律师事务所律师。

除外）、米酒、清酒、酒（饮料）等商品，注册有效期为 2010 年 12 月 7 日至 2020 年 12 月 6 日。

某市某商会（以下简称某商会）是由在某市经商的四川省宜宾地区籍的企业家自行组织成立的以联谊交流性质为主的异地商会，该商会已于 2014 年 6 月 1 日在某市民政局注册登记，登记的业务范围为促进会员交流、规范会员行为、为会员服务促进经济交流、推动经济合作和发展。该商会具备社会团体法人资格，并由刘某担任首届会长。某商会筹备于 2014 年 9 月 19 日举办该商会的成立庆典，其在庆典筹备会议上提出，要专门订制一批成立庆典专用酒，该批专用酒上需标注某商会的名称和"博爱"的字样，以契合庆典的主题，彰显其博爱精神，体现对新中山人对中山的感激之情。某商会的副会长伍某系石海洞天酒业公司在中山地区的业务负责人，因某商会的成立庆典需要用酒，伍某表示可以利用自身的资源为该商会提供成立庆典的赞助用酒。伍某以拓宽公司的销售渠道为由，向其公司申请以公司的名义赞助某商会成立庆典的用酒，并获该公司的批准。但石海洞天酒业公司要求在成立庆典上指定一定的广告区域以供宣传，某商会同意了该请求。经协商，石海洞天酒业公司同意向某商会提供 100 件共计 800 瓶白酒（规格：酒精度为 52 度，每瓶净含量为 500 毫升）作为商会成立庆典用酒，双方商定了庆典用酒所使用的外观装潢的样式。石海洞天酒业公司委托凯乐名豪酒业公司生产该批庆典用酒，并于 2015 年 9 月 19 日前向某商会交付了该批 100 件白酒以及用于装该批酒瓶的礼品袋。

2015 年 9 月 19 日，某商会召开了以"中国梦宜商情宾汇中山"为主题的商会成立庆典暨关爱新中山人子弟成长计划启动仪式。据报道，当日有各级官员、商会会员单位代表、会员单位邀请代表等约 1500 人参加了该庆典。该庆典上使用了某商会订制的上述庆典用酒，并专门指定一定的广告区域供石海洞天酒业公司进行宣传。在庆典现场派发的石海洞天酒业公司产品的宣传资料上，突出地对"石海洞天"品牌进行宣传，而未对被控侵权的"博爱"标识进行宣传，产品宣传资料上印刷的"石海洞天"产品照片上有被控侵权的产品，但有关产品并未摆放在照片中最核心的位置，且照片上显示的被控侵权的"博爱"标识尺寸较小，比较不显眼。

2014 年 10 月 23 日，某市工商行政管理局（以下简称某市工商局）某分局收到王某和博爱酒业公司的投诉，其反映王某受某某商会的会员单位的邀请，偕博爱酒业公司的销售经理穆某（别名某小兵）一并参加了某商会的成立庆典，并在成立庆典上发现某商会、凯乐名豪酒业公司、石海洞天酒业公司在相同类别的白酒产品上使用与其第9089880号和第7702847号注册商标相近似的标识进行生产、运营、销售，侵犯了其商标专用权，其已购得1件涉嫌侵权的白酒。某市工商局小榄分局收到上述举报后，即于当日对位于某市某镇某道西12号1幢的场所进行核查，现场发现了存放于此处的被控侵权的带有"博爱"标识的白酒共计85件（共680瓶），在场还发现了一些"石海洞天"土罐酒。某市工商局于当日对上述85件带有"博爱"标识的白酒实施扣押。某商会确认上述白酒是其存放于该处，并反映其总共订制了100件共计800瓶白酒，已在成立庆典上使用了14件，余下的86件和一些石海洞天酒业公司在成立庆典上用于宣传的"石海洞天"土罐酒被送至该处，该处是某商会的副会长单位某市圣上光电科技公司的饭堂。有1件订制白酒被一个自称"小兵"的人购买，余下85件准备分发给商会内部约80个理事级别以上的单位，每个单位1件，作为商会的答谢礼物。自称"小兵"的人于2014年10月2日打电话给伍某，称其是参加庆典的受邀请嘉宾单位，在商会成立庆典上品尝了庆典订制用酒，希望购买些用于接待，次日就需要。伍某告知某商会可能还有没用完的酒，如果是友好嘉宾单位，可以与该商会协商购买，并将某商会秘书处人员的电话告知"小兵"。次日下午，"小兵"等二人来到中山宜宾商会，要求购买1件庆典用酒，某商会秘书处的杨某（别名杨洋）接待了他们。杨某告知其庆典用酒不对外出售，他们可以购买同一生产商生产的"石海洞天"土罐酒，两者品质是一样的，并同意以192元的价格让对方买1件"石海洞天"土罐酒，并安排员工黄某带其去拿酒。杨某向"小兵"出具了一张收据，载明收到"酒钱"192元，酒名为"石海洞天"。由于黄某工作的失误，误将庆典用酒当作"石海洞天"土罐酒拿给了对方。对方在把酒拿走后，又派一个人去某商会要求另行出具一张收据，并在收据上载明酒名为"博爱酒"，杨某告知其该酒的名称是"石海洞天酒"，而不是"博爱酒"，并同意重新向对方出具一张收据，确认收到"穆总"交来某商会"石海洞天酒钱"1192元。这时，某商会的秘书长刘某去到商会处，得知因黄某误将庆典用酒当作"石海洞天"酒提供给了对方返还，新写的收据也没有提供给对方。某市工商局委托甲工商局对石海洞天酒业公司赞助某商会成立庆典用酒的情况进行调查，另委托了乙工商局对凯乐名豪酒业公司生产该批庆典用酒的情况进行调查。

石海洞天酒业公司对有关情况向甲工商局出具了一份说明，其主要内容是：伍某是该公司在某市的业务代表，其报请公司刘总同意，决定赞助"石海洞天酒"100件作为中山宜宾商会成立庆典用酒，本批次100件产品是定制酒，委托凯乐名豪酒业公司生产，瓶子、盒子、外箱上的"博爱""博爱中山""某商会"文字均是应某商会的要求标示，该公司的其他产品均无此文字标示。石海洞天酒业公司还提交了该公司的营业执照副本、食品流通许可证、"石海洞天"商标注册受理通知书、委托加工协议、某商会确认的庆典用酒外包装的设计稿。其中，某商会确认的庆典用酒外包装的设计稿上显示庆典用酒的酒瓶及礼品袋的外观与被控侵权商品的酒的酒瓶及礼品袋基本一致，但其确认的设计稿的酒瓶上标注的品名为"石海洞天酒·博爱"，而被控侵权商品的酒的酒瓶及外包装盒上标注的品名为"石海洞天·博爱酒"。

凯乐名豪酒业公司就有关情况向乙工商局出具了一份说明，其主要内容是：2014年8月23日，石海洞天酒业公司刘总一行到凯乐名豪酒业公司洽谈为某商会成立庆典提供100件赞助酒事宜，双方签订了委托加工协议，协议约定，定制用酒的所有包装材料由石海洞天酒业公司采购，并发送到凯乐名豪酒业公司库房，在有关包装材料中，瓶子、盒子、外箱已有订制酒的相关文字"博爱""博爱中山""某商会"标识，公司的其他产品均无此文字标示。2014年12月19日，某市工商局解除对带有"博爱"标识的上述85件白酒的扣押，某市工商局先后于2015年1月18日、2015年2月17日两次作出延长办案期限决定。在案件调查过程中，某市工商局曾向王某核实其经营的使用"博爱"注册商标的酒的销售区域、销售数量、获奖和荣誉情况，王某却以有关情况与本案无关为由拒不提供，其只是向该局提供了4款产品包装的外观图片，其中有3款产品上使用了第7702847号注册商标，有2款上突出显示了"博爱"文字标识，但有关文字的字体与外观与第9089880号注册商标外观有较大差别。2015年2月10日，某商会向商标评审委员会提出第9089880号注册商标的无效宣告申请。

2015年6月17日，某市工商局向某商会送达中工商罚告字（2015）第

46 号行政处罚告知书,告知拟对其作出行政处罚的事实、理由依据及处罚内容,但未告知其有权就处罚事宜申请进行听证。

2015 年 7 月 24 日,某市工商局作出中工商处字(2015)第 46 号行政处罚决定,并于当日向某商会送达了该行政处罚决定书。该行政处罚决定书认定,涉案"博爱"酒的整体外包装箱正面使用"博爱"标识,侧面及顶面使用"博爱"标识,侧面标注"品名:石海洞天·博爱酒"字样;瓶身正面使用"博爱"标识,背面及瓶盖使用"博爱"标识,背面标注"品名:石海洞天·博爱酒"字样;礼品袋正面使用"博爱"标识,侧面使用"博爱"标识,某商会作为涉案"博爱"酒的订制方,未经注册商标权利人许可,擅自在定制的白酒外包装、瓶身、礼品袋上使用"博爱"标识,品名标注"博爱酒"字样,与"博爱"注册商标(商标注册第 9089880 号)相近似,容易导致混淆,其行为是《中华人民共和国商标法》第 57 条第 2 项所规定的侵害商标专用权的行为。某商会销售涉案"博爱"酒的实际销售价格为 1192 元/件,涉案"博爱"酒数量合共 100 件,商标侵权行为的违法经营额合共 119 200 元。《中华人民共和国商标法》第 60 条第 2 款规定,违法经营额 5 万元以上的,可以处违法经营额 5 倍以下的罚款。考虑到除某商会在其成立庆典上使用过涉案"博爱"酒及销售给投诉人外,该局未发现某商会在其他场合上使用过涉案"博爱"酒,也未发现涉案"博爱"酒有在市场上流通;虽然涉案"博爱"酒的外包装箱、瓶身、礼品袋使用了"博爱"标识以及品名上使用"博爱酒"字样,但"博爱"标识及"博爱酒"字样的字体不大,而"博爱"标识上的"博爱"字体也不容易分辨。同时,该局亦充分考虑到某商会在涉案酒上标注"博爱"二字是诠释孙中山先生的博爱精神,不存在主观故意性等情节,对"博爱"(商标注册第 9089880 号、核定使用商品第 33 类)商标造成的损害较轻,按照实施行政处罚与违法行为的事实、性质、情节以及社会危害程度相当的原则,对某商会的行为予以从轻处罚,决定责令其立即停止商标侵权行为,并对其处罚如下:(1)没收商标侵权的"博爱"商标的"博爱酒"白酒 85 件(共 680 瓶)罚款 3 万元。2015 年 7 月 27 日,某市工商局将举报案件处理结果告知书邮寄送达投诉人王某。2015 年 8 月 6 日,某市工商局对上述涉嫌侵权的白酒 85 件(共 680 瓶)执行没收。2015 年 9 月 8 日,某宜宾商会缴纳了罚款 3 万元。后某商会向某市政府申请行政复议，但在行政复议期间提出撤回行政复议申请，某市政府已于 2015 年 12 月 15 日作出终止行政复议审查决定，终止该案的审查。

凯乐名豪酒业公司成立于 2012 年 9 月 6 日，经核准的经营范围为酒类生产、销售等，其法定代表人是周某，独资股东为四川泸州名豪酒业有限公司。2013 年 7 月 17 日，石海洞天酒业公司成立，其经核准的经营范围为酒类生产销售、旅游产业，其法定代表人是周某，周某也是该公司的股东之一。石海洞天酒业公司于 2013 年 9 月 2 日向国家商标局申请注册用于第 33 类商品的"石海洞天"文字商标，该商标已于 2015 年 1 月 7 日获注册，商标注册号为第 1317754 号，获准使用于第 33 类的果酒（含酒精）、葡萄酒、利口酒、含水果酒精饮料、酒精饮料（啤酒除外）、白兰地、苹果酒、威士忌、米酒、清酒等商品。

商标评审委员会于 2015 年 11 月 30 日作出商评字〔2015〕第 00004857 号关于第 9089880 号"博爱"商标无效宣告请求裁定书，以争议商标已构成修改前《中华人民共和国商标法》第 10 条第 2 款所指的县级以上行政区划的地名不得作为商标使用的情形，裁定宣告第 9089880 号"博爱"商标无效，但认定申请人的其他无效宣告理由不成立。王某不服该裁定，已向北京知识产权法院提出起诉，该案至今尚未终审。

某商会提起本案诉讼请求如下：（1）撤销某市工商局作出的行政处罚决定书；（2）某市工商局返没收的白酒 85 件（共计 680 瓶）；（3）某市工商局返还已经缴纳的罚款 3 万元；（4）确认某商会使用"博爱""博爱中山"字样是合理使用，未构成商标侵权。

[争议焦点]

1. 涉案行政处罚未告知听证申请权利是否违反法定程序；

2. 将商品标识仅作为装潢使用而缺乏作为商标使用意图是否构成商标侵权。

[律师意见]

承办律师作为某商会的委托代理人，向法院提交以下代理意见。

（1）某市工商局未告知某商会申请听证的权利，作出被诉行政行为程序不合法，应予以撤销。

《中华人民共和国行政处罚法》第42条规定："行政机关作出责令停产停业、吊销许可证或者执照、较大数额罚款等行政处罚决定之前，应当告知当事人有要求举行听证的权利；当事人要求听证的，行政机关应当组织听证……"《工商行政管理机关行政处罚案件听证规则》第6条规定："工商行政管理机关作出下列行政处罚决定之前，应当告知当事人有要求举行听证的权利……（三）对公民处以三千元、对法人或者其他组织处以三万元以上罚款；（四）对公民、法人或者其他组织作出没收违法所得和非法财物达到第（三）项所列数额的行政处罚。各省、自治区、直辖市人大常委会或者人民政府对前款第（三）项、第（四）项所列罚没数额有具体规定的，从其规定。"《广东省行政处罚听证程序实施办法》第5条规定："行政机关以及法律、法规授权的具有管理公共事务职能的组织（以下简称行政机关）作出下列行政处罚（以下简称适用听证程序的行政处罚）决定之前，应当告知当事人有要求举行听证的权利；当事人要求听证的，行政机关应当组织听证：（一）责令停产停业；（二）吊销许可证或者执照；（三）较大数额罚款；（四）法律、法规规定可以要求听证的其他行政处罚。本条前款的较大数额罚款，是指对公民处以1000元以上罚款，对法人或者其他组织处以5万元以上罚款。"从上述法律规定可以看出，虽然罚款3万元属于可以不履行告知听证的义务的范畴。但在没收财物方面，某市工商局在对某商会作出没收财物的金额高达119 200元的行政处罚决定时，应当告知某商会有要求举行听证的权利，某市工商局实际并未告知，故其程序违法，应予以撤销。

（2）某商会使用"博爱"二字不是作为商标使用。

某市工商局所提供的证据不足以证实某商会使用"博爱"二字是作为商标使用，某市工商局作出的行政处罚无事实依据。

其一，根据《中华人民共和国商标法》的相关规定，商标的功能是区分商品和服务的来源，涉案白酒酒瓶及包装上均明确突出显示其商标为"石海洞天"，运营商是"兴文石海洞天酒业有限公司"，商标和企业名称一致，相关公众已经足以确认来源是与"石海洞天"相关的商标持有人或者生产企业，已经足以使消费者与其他同类产品相区分开来。从相关证据可以看出定制白酒的商标为"石海洞天"，从涉案白酒的实际成品看，所使用的商标亦是"石海洞天"。

其二，在第三人向某市工商局投诉时提供的当时的三张收据均明确写明"石海洞天"，也可充分证明某商会使用的商标是"石海洞天"，而非"博爱"。

其三，某商会在涉案白酒上使用"博爱"二字除了是精神文化诉求之外，在品名处标明"石海洞天·博爱酒"是作为产品型号使用。涉案白酒的运营商石海洞天酒业有限公司专门经营白酒定制，会根据客户的实际需求生产出不同型号的石海洞天酒，某商会在定制涉案白酒时所明确的品名是"石海洞天酒·博爱"，因此此处使用"博爱"二字是作为型号使用，至于在本案实物上出现的是"石海洞天·博爱酒"，经核实，是因为生产商生产的失误所导致。

其四，退而言之，假定涉案白酒酒瓶上的"石海洞天·博爱酒"为品名且作为商品名称或者商品装潢使用，那也不是作为商标使用，某市工商局认定某商会使用"博爱"是作为商标使用无依据。

其五，即便"石海洞天·博爱酒"可能涉嫌侵权，那么在作出处罚时，适用法律也应当适用《中华人民共和国商标法实施条例》第76条规定"在同一种商品或者类似商品上将与他人注册商标相同或者近似的标志作为商品名称或者商品装潢使用，误导公众的，属于商标法第五十七条第二项规定的侵犯注册商标专用权的行为。"某市工商局直接适用《中华人民共和国商标法》第57条第2项的规定，也是错误的。

综上，某市工商局认定某商会使用"博爱"二字是作为"商标"使用，并未提供相应的证据予以证实，而是简单地认为涉案白酒上出现"博爱"二字即是作为商标使用，其作出的行政处罚缺乏证据支持。

（3）从主观及客观分析，某商会在涉案白酒上使用"博爱"不构成侵权。

主观上，某商会在涉案白酒上使用"博爱"二字主观上不具有侵权的故意。从某市工商局对涉案相关人员做的询问笔录、协助调查函、委托加工协议、庆典当天的录像等证据可以看出，某商会是以弘扬博爱精神、进行慈善义举为目的的商会组织，在涉案物品上使用"博爱"二字是为满足文化精神诉求，主观上不具有侵权的故意。此一点，某市工商局在本案的行政处罚决定书中已经予以确认。

客观上，某商会在涉案物品上使用"博爱"二字不会导致消费者混淆。其一，经比对涉案白酒与第三人所持有的"博爱"商标，不存在混淆可能。《中华人民共和国商标法》第 57 条规定："有下列行为之一的，均属于侵犯注册商标专用权……（二）未经商标主持人的许可，在同一种商品上使用与其注册商标近似的商标，或者在类似商品上使用与其注册商标相同或者近似的商标，容易导致混淆的……"具体到本案，判断是否侵权的落脚点为是否容易导致混淆。通常情况下，容易导致混淆是指以具有一般谨慎程度的消费者，用普通注意力观察时，易于对商品或服务的来源或者相关信息产生混淆或者误认的可能性作为判断标准。判断是否导致混淆的第一要点是商标的显著性及知名度。首先，本案中"博爱"商标因为其广为人知的作为精神引领和文化诉讼的含义，本身不具备作为商标特性的显著性。其次，第三人在案件审理过程中从未提供任何证据证明涉案商标的知名度，说明"博爱"二字在酒类上是并不为相关公众所知晓。判断是否导致混淆的第一要点是将涉案商标与涉案物品上实际使用的标识进行整体对比。本案中，涉案酒瓶、礼品袋、包装箱均在明显位置突出显示"石海洞天"商标，相关公众加以一般注意力便可以对商品的来源加以区分，不会导致混淆。将涉案白酒与第三人产品图片进行对比，发现不管是瓶身设计、"博爱"字体以及位置等均存在明显差异，不会导致消费者混淆。其二，涉案物品并未进入商品流通领域，不存在导致消费者混淆的可能，也不可能误导公众。

根据《中华人民共和国商标法》的立法精神，商标保护的本意是保护商品在流通交换过程中，使消费者能够区分商品来源，对商品来源不产生混淆，其注重的是商品流通过程中商标的使用。在本案中，某商会订制涉案的白酒，其目的并非为了盈利销售，而且实际上也不存在对外盈利销售的行为（从庆典当至被告查封之日，时隔 1 个月有余，涉案白酒并未进行任何实质销售），涉案白酒并未在市场上流通交换，不能认定为商品，仅是某商会及会员单位自行使用的物品。既然非商品，不存在流通，不会面对特定的消费者，也自然不可能导致消费者混淆的可能，也不可能误导公众。

（4）涉案商标所核准注册的商品没有"白酒"，亦即王某在白酒上不享有"博爱"二字的专用权，在白酒上没有使用过涉案商标，根本不存在保护范围，更不可能构成侵权。

（5）某商会使用"博爱"二字是合法使用，不应认定为侵权。

《中华人民共和国商标法》第59条第1款规定："注册商标中含有的本商品的通用名称、图形、型号，或者直接表示商品的质量、主要原料、功能、用途、重量、数量及其他特点，或者含有的地名，注册商标专用权人无权禁止他人正当使用。"其一，"博爱"是一个县级地名。1927年从沁阳析出，取孙中山先生倡导的"自由、民主、平等、博爱"中之博爱，设置博爱县。博爱县位于太行山南麓，焦作市西北部，北与山西省城市泽州县毗邻。东与焦作市区、武陟县、修武县接壤，西隔丹河与沁阳市相连，南与温县隔沁河相望。其二，某商会系正当使用"博爱"二字。①上文已经详细阐述，某商会所使用的庆典酒有自己的商标"石海洞天"，并且作为与其他同类商品区分的标志而在酒瓶上突出使用，足以使消费者将其与其他同类商品相区分开来。②某商会使用"博爱"二字是描述性使用、非突出使用、非显著位置使用、非商业营利性使用，其宣传"博爱"二字仅使用了该词汇为大众所熟知的第一含义，即一种精神文化的宣传，故构成合理正当使用。

综上，某市工商局在作出本案的具体行政处罚时，因未告知申请听证的权利而程序违法，并且其实体审理认定事实错误，适用法律错误，恳请法院依法撤销涉案行政处罚决定书，支持某商会的全部诉讼请求。

某市工商局向法院提交答辩意见包括以下几方面。

第一，某商会侵犯"博爱"注册商标专用权的违法行为事实清楚、证据充分，对某商会商标侵权违法行为作出行政处罚的定性准确。经查明，某商会未经"博爱"注册商标（商标注册号为第9089880号，核定使用分类第33类）所有人的授权许可，擅自向他人定制与该商标相近似的"博爱"商标白酒，某商会共定制上述商标的白酒100件（共800瓶），上述商标白酒的外包装箱、瓶身、礼品袋上使用"博爱"商标标识，品名使用"博爱酒"字样。某商会已销售上述商标的白酒1件（共8瓶）获销售收入1192元，于2014年10月23日被某分局查获，同时查获上述"博爱"商标的"博爱酒"85件（共680瓶），合计违法经营额119 200元。涉案酒多处使用"博爱"字样或图样，足以造成相关公众混淆和误认，某商会侵犯"博爱"注册商标专用权的违法行为事实清楚、证据充分，所作出的行政处罚定性准确。

第二，对某商会商标侵权违法行为量罚适当。《中华人民共和国商标法》

第60条第2款规定:"……违法经营额五万元以上的,可以处违法经营额五倍以下的罚款,没有违法经营额或者违法经营额不足五万元的,可以处二十五万元以下的罚款……"某商会销售涉案"博爱"酒的实际销售价格为1192元/件,涉案"博爱"酒数量合计100件,认定某商会商标侵权行为的违法经营额合计119 200元,符合上述规定,某商会认为对于"违法经营额"的认定错误没有依据。考虑到除某商会在其成立庆典上使用过涉案"博爱"酒及销售给"小兵"一行人外,未发现某商会在其他场合上使用过涉案"博爱"酒,也未发现涉案"博爱"酒在市场上流通;虽然涉案"博爱"酒的外包装箱、瓶身礼品袋使用了"博爱"标识以及品名上使用"博爱酒"字样,但"博爱"标识及"博爱酒"字样的字体不大,而标识上的"博爱"字体也不容易分辨。同时,充分考虑到某商会在涉案酒上标注"博爱"二字是诠释孙中山先生的博爱精神,不存在主观故意性等情节,对"博爱"(商标注册第9089880号、核定使用商品第33类)商标造成的损害较轻,按照实施行政处罚与违法行为的事实、性质、情节以及社会危害程度相当的原则,对某商会的行为予以从轻处罚,量罚适当。

第三,对某商会商标侵权违法行为作出行政处罚的程序合法。根据《工商行政管理机关行政处罚案件听证规则》第6条第1款第3项规定,对法人或其他组织处以3万元以上的罚款的情况,相关当事人是享有听证权利的,而对原告作出的处罚金额是3万元,不属于听证范畴。

[裁判结果]

一审法院认为本案系工商行政处罚及工商行政赔偿纠纷。《工商行政管理机关行政处罚案件听证规则》第6条第1款规定:"工商行政管理机关作出下列行政处罚决定之前,应当告知当事人有要求举行听证的权利……(三)对公民处以三千元、对法人或者其他组织处以三万元以上罚款;(四)对公民、法人或者其他组织作出没收违法所得和非法财物达到第(三)项所列数额的行政处罚。"《工商行政管理机关行政处罚程序规定》第88条规定:"本规定中的'以上''以下''以内',均包括本数。"由于某市工商局对某商会所处罚款的数额已达到3万元,且其认定的所没收白酒的价值也超过了该数额,根据《工商行政管理机关行政处罚案件听证规则》第6条的规定，某市工商局对某商会作出行政处罚决定之前，应告知其有权就处罚事宜申请进行听证。虽然某市工商局向某商会送达了行政处罚告知书，告知了拟对其作出行政处罚的事实、理由依据及处罚内容，但未告知其有权就处罚事宜申请进行听证，其行为违反了《工商行政管理机关行政处罚案件听证规则》第6条的规定。

此外，从本案查明的事实来看，中山宜宾商会并无将"博爱"标识作为商标进行使用的意图，其只是将上述标识作为被控侵权白酒的装潢进行使用，某市工商局也在处罚决定书中认定某商会在涉案酒上标注"博爱"字样是诠释孙中山先生的博爱精神，不存在主观故意性等情节，除某商会在其成立庆典上使用过涉案白酒及销售给王某外，该局未发现某商会在其他场合上使用过涉案白酒，也未有发现涉案白酒在市场上流通。此外，对于为何甲工商局代为调取的某商会确认的庆典用酒外包装的设计稿上显示酒瓶上标注的品名为"石海洞天酒·博爱"，而被控侵权商品的酒瓶及外包装盒上实际标注的品名为"石海洞天·博爱酒"，某市工商局并未就该问题进行核实。被控侵权商品的酒瓶及外包装盒上实际标注的品名为"石海洞天·博爱酒"，此处的"石海洞天·博爱酒"是作为商品的名称出现，而并非是作为商标出现。由于被控侵权白酒的装潢上最显著的位置更为突出地使用了"石海洞天"标识，虽然当时"石海洞天"商标尚未获准注册，但在"石海洞天"标识旁标注了一个"酒"字，该标识的使用更加符合商标的使用特征，而从"博爱"标识在被控侵权白酒的装潢上实际使用的位置、标识大小、显著程度来看，并不足以被相关公众认定为"博爱"标识是被控侵权白酒所使用的商标。综合上述情况分析，某商会的被控侵权行为均不属于《中华人民共和国商标法》第57条所规定的"未经商标注册人的许可，在同一种商品上使用与其注册商标近似的商标，或者在类似商品上使用与其注册商标相同或者近似的商标，容易导致混淆的"的行为，故某市工商局认定某商会的被控侵权行为属于《中华人民共和国商标法》第57条第2项所规定的侵害商标专用权的行为属于适用法律错误。综上所述，某市工商局作出的涉案行政处罚决定违反法定程序，且适用法律错误，依法应予撤销，某市工商局应重新作出具体行政行为，已没收的白酒85件（680瓶）及已缴纳的罚款3万元应待某市工商局重新作出具体行政行为时一并处理，另某商会起诉要求确认其使用"博爱""博爱中山"字样是合理使用,未构成商标侵权,其该项诉讼请求不属于本案行政诉讼的审理范围,该院在本案中不作处理。依照《中华人民共和国行政诉讼法》第70条第2项、第3项的规定,一审法院判决:(1)撤销某市工商行政管理局于2015年7月24日作出的涉案行政处罚决定;(2)驳回某宾商会的其他诉讼请求。

某市工商局不服一审判决,上诉至中山市中级人民法院。

二审法院认为,某市工商局因某商会已申请撤回起诉而自愿撤回上诉,属于当事人对其权利的自由处分,且无违反法律、法规的禁止性规定,亦不损害公共利益和他人合法权益,应予准许,裁定准许某市工商局撤回上诉。

[案件评析]

当前"私人定制""量身定做"商品越发成为一种新型消费模式,但所定制的商品可能侵害他人注册商品专用权,本案所引发的争议与诉讼具有十分具有典型性。某商会为联谊交流将涉案标识标注在商品酒瓶及外包装礼盒,主观上是否具有侵害注册商标的故意性,以及涉案标识为商品名称还是商标决定了案件结果。

第一,从某商会使用涉案标识的主观意思角度分析。"博爱"作为某市的一种精神象征,某商会作为在某市成立的社会团体组织,为联谊交流活动所准备的酒瓶及外包装箱上使用"博爱""博爱中山"字样,是为诠释孙中山先生提倡的博爱精神,为丰富庆典内容、突出商会文化精神诉求,因此其仅作为文化宣传,并非作为商标使用。某市工商局在处罚决定书上亦认定某商会不存在主观故意性等情节。从某商会仅在成立庆典上使用涉案酒及销售给商标权利人一瓶之外,并未在市场上流通的事实分析,进一步印证某商会不存在假冒、仿冒注册商标的主观过错。因此,某商会不具有侵犯王某注册商标专用权的主观意图。

第二,从某商会使用涉案标识的具体表现形式分析。某商会在涉案酒瓶及包装礼盒上实际标注的是"石海洞天·博爱酒"。"石海洞天"四个字在白酒装潢位置上更为突出和显著,更符合商标使用特征,而涉案标识的位置、大小、显著程度都相对不明显,不足以被公众认为在涉案商品上使用的标识属于该商品的商标。根据《商标审查与审理标准》规定,两商标或其中之一由两个或者两个以上相对独立的部分构成，但整体含义区别明显，不易使相关公众对商品或者服务的来源产生误认的则不应当认定为商标近似。因此，某商会不属于假冒、仿冒王某注册商标。

第三，本案还涉及工商行政处罚的程序是否合法的问题。本案中某市工商局作出的行政罚款为3万元，并没收了涉案白酒，根据《工商行政管理机关行政处罚案件听证规则》相关规定，罚款在3万元及以上的应当告知当事人有要求举行听证的权利，因此某市工商局的行政处罚行为程序违法。

代理律师在办理该案之前还为某商会办理了涉案商标无效案，争议商标是否构成县级以上行政区划的地名还在争议之中，商标评审委员会与知识产权法院观点也有差异。综合运用各种手段维护自身合法权益，某商会切实感受到代理律师的专业价值和独特作用，尤其在本案胜诉判决之后，某商会向代理律师及所在律所送来"维护民企合法权益 推动法治营商环境"锦旗。该案历经三年有余，经过行政复议、一审、二审及商标无效复核等多个程序，终于尘埃落定。

（点评人：唐国雄　广东国融律师事务所主任）

40. 职业打假人就行政机关未对其投诉举报事项作出处理的诉讼是否具有原告主体资格

——张某与某市食品药品监督管理局、广东省食品药品监督管理局食药行政答复纠纷案*

[当事人信息]

原告：张某

被告：某市食品药品监督管理局、广东省食品药品监督管理局

[审理法院]

广东省中山市中级人民法院

广东省中山市第一人民法院

[基本案情]

2017年1月5日，某市食品药品监督管理局（以下简称某市食药监局）收到张某关于众合商行生产销售"玛咖固体饮料"涉嫌生产假冒伪劣产品的投诉举报，要求某市食药监局进行查处。同年1月10日，某市食药监局执法人员对众合商行所在地址进行检查，现场未发现"玛咖固体饮料"等产品。同年1月11日，某市食药监局受理了张某的投诉举报申请。同日，某市食药监局对众合商行的经营者王某进行调查并制作了调查笔录，该商行经营者承认曾委托广东正当年生物科技有限公司（以下简称正当年公司）生产"玛咖固体饮料"，并提供了生产加工委托书、食品委托加工合同，产品报价单、正当年公司的全国工业产品生产许可证和营业执照、众合商行的营业执照和食品流通许可证、发票，检验报告、检测报告的复印件。同年1月16日，某

---

* 作者：唐国雄、王林波，广东国融律师事务所律师。

市食药监局向涉案产品生产厂家的所在地广州市南沙区市场和质量监督管理局发出协查函。同年 3 月 3 日，广州市南沙区市场和质量监督管理局复函称，正当年公司是该局辖区内登记注册的企业，正当年公司受众合商行委托生产过"玛咖固体饮料"（生产日期为 20151102）；广州市天河区人民法院（2016）0106 民初 17882 号民事判决书认定，依据正当年公司生产许可范围其可以生产"玛咖固体饮料"。同年 4 月 25 日，某市食药监局作出函号为 KFQ2017042501《某市食品药品监督管理局投诉举报答复函》，告知张某"一、2017 年 1 月 10 日，执法人员对该公司所在地进行检查，未发现'玛咖固体饮料'等产品。二、经对该公司负责人调查，该负责人承认曾委托正当年公司生产'玛咖固体饮料'（生产日期为 20151102），并提供了生产加工委托书、食品委托加工合同、正当年公司的资质资料、交易发票、产品的检测报告的复印件。三、我局于 2017 年 1 月 16 日发函到上述产品生产厂家的所在地广州市南沙区市场和质量监管局协查，广州市南沙区市场和质量监管局于 2017 年 3 月 3 日复函称正当年公司是该局辖区内登记注册的企业，受众合商行委托生产过'玛咖固体饮料'（生产日期为 20151102），并根据上述复函附件广州市天河区人民法院民事判决书［编号：（2016）粤 0106 民初 17882 号］的内容可见，玛咖固体饮料符合《中华人民共和国国家标准固体饮料》（GB/T29602—2013）的标准技术要求，在正当年公司生产许可范围内。四、综上，你所反映的'玛咖固体饮料'（生产日期为 20151102）是众合商行委托正当年公司生产的合法产品。五、你举报的内容不属实，不符合《某市举报食品药品违法行为奖励办法（试行）》。你不服本答复的，可在收到本答复之日起 60 日内向某市政府行政复议委员会或广东省食品药品监督管理局申请行政复议，也可以在收到本回复之日起 6 个月向中山市第一人民法院提起行政诉讼……"张某不服，向广东省食品药品监督管理局（以下简称某省食药监局）申请行政复议。某省食药监局于同年 6 月 26 日作出行政复议决定书，维持某市食药监局作出的上述答复函。

张某提起诉讼，请求：（1）撤销某市食药监局于 2017 年 4 月 25 日作出的函号为 KFQ2017042501 某市食药监局投诉举报答复函，并责令某市食药监局对原告张某的投诉举报重新作出答复；（2）撤销广东省食药监局于 2017 年 6 月 26 日作出的涉案行政复议决定书；（3）判令某市食药监局、广东省食药监局共同承担本案诉讼费用。

[争议焦点]

张某就某市食药监局未对其投诉、举报事项作出处理的诉讼是否具有原告主体资格。

[律师意见]

原告张某认为，依照《中华人民共和国食品安全法》第5条、第115条等规定，某市食药监局依法承担辖区食品安全监督管理职责。张某依法向其提起举报投诉，某市食药监局应依法限期予以处理。就起诉案件而言，张某向某市食药监局主张，其所购得由众合商行所销售的涉案产品为超生产许可证范畴的产品，那么某市食药监局只需要验证或确定涉案产品是否属于超生产许可范畴的产品即可认定张某所主张的事实是否成立。而判定张某所主张的事实，其认为某市食药监局应当依照《中华人民共和国行政处罚法》第36条、《食品药品行政处罚程序规定》等对举报线索进行核实即可。然而某市食药监局并未对举报线索进行核实或自行全方位调取证据，而是单方面向被举报产品生产地辖区食品药品监督管理部门请求协查，而被请求协查的药监部门同样未对举报线索进行核查，只是简单地引用了一份天河区人民法院未生效的判决，显属其未依法全方位调取证据。应当视为某市食药监局在处置举报线索时未依法履行法定职责。此外，某市食药监局主张，涉案产品即玛咖固体饮料为植物蛋白固体饮料并执行了固体饮料的国家推荐性材料标准。经查阅张某了解到，涉案产品所执行的国家标准 GB/T29602—2013 中固体饮料第4.3.2项对于植物蛋白固体饮料的定义为：以含有一定蛋白含量的植物果实、种子或果仁或其制品为原料，可添加糖果（包括食粮和淀粉糖）和（或）甜味剂等一种或几种其他食品原辅料和食品添加剂，经加工制成的固体饮料。张某同时查阅了涉案产品配料玛咖粉的定义，发现卫生部2011年第13号公告将玛咖粉的定义为："人工种植的玛咖，使用部位：根茎，以玛咖（根茎）为原料，经切片、干燥、粉碎、灭菌等步骤制成。"根据以上解释，可见玛咖粉并非植物玛咖果实、种子或果仁或其制品所加工而成。并不符合标准中植物蛋白固体饮料的定义。也就是说，涉案产品显属超生产许可证范畴生产的产品。某市食药监局主张涉案产品为植物蛋白固体饮料显属认定事实不清。张某经查阅了解到，在广东省食药监局官网数据显示，广东省食药监局已明确玛咖粉仅可用于新资源食品，不可以作为 GB/T29602—2013 中植物蛋白固体饮料的原料。在省局业务指导市局，市局业务指导区局的前提下，某市食药监局引用协查答复作出涉案答复，明显缺乏相应的事实基础。在这里需要强调一点，对于南沙区市场和质量监督管理局援引天河区人民法院判决的事实，经张某了解，广州市天河区人民法院（2016）粤 0106 民初 17882 号案，原告已依法提起了民事上诉，目前案件尚在二审审理中，并未生效，其不能作为南沙区市场和质量监督管理局认定事实的依据。同时，依照《最高人民法院关于行政诉讼证据若干问题的规定》第 70 条规定："生效的人民法院裁判文书或者仲裁机构裁决文书确认的事实，可以作为定案依据。但是如果发现裁判文书或者裁决文书认定的事实有重大问题的，应当中止诉讼，通过法定程序予以纠正后恢复诉讼。"在本案处理中，有一个重点问题，就是其引用的判决尚未生效，不可以作为认定事实的依据。况且广州市天河区人民法院所出具的判决中，查明事实部分并没有特别说明涉案产品符合该公司生产许可范畴。综上，张某认为，无论是行政机关抑或司法机关均应在法律授权范围内进行相应的行政或司法确定。由于食品是否符合其生产许可证范畴，目前仅有《中华人民共和国行政许可法》及《中华人民共和国食品安全法》第 33 条、第 35 条第 2 款作出了相应的约束和规定，即未经法律授权，广州市天河区人民法院亦不可能对判决之前产品生产商所生产广州市的产品是否符合生产许可证进行认定。为此，张某请求：（1）撤销某市食药监局就张某于 2017 年 1 月 1 日向其举报众合商行生产销售玛咖固体饮料线索的处置决定并重新作出；（2）撤销广东省食药监局作出的涉案行政复议决定书；（3）判令某市食药监局、广东省食药监局共同承担本案诉讼费。

承办律师作为某市食药局代理人，向法院提出以下答辩意见。

（1）某市食药监局依法调查举报投诉内容，并依法向张某告知处理情况，确已履行法定职权，某市食药监局于 2017 年 1 月 5 日受悉张某投诉举报众合商行销售玛咖固体饮料涉嫌为假冒伪劣产品的材料，并与 2017 年 1 月 11 日正式受理投诉举报。2017 年 1 月 10 日，执法人员对该公司所在地址进行检查，未发现"玛咖固体饮料"等产品；2017 年 1 月 11 日，某市食药监局对被投诉单位公司负责人进行询问调查，该负责人承认曾委托正当年公司生产"玛咖固体饮料"（生产日期为20151102），并提供了生产加工委托书、食品委托加工合同、正当年公司的资质资料、交易发票、产品的检测报告的复印件；某市食药监局于2017年1月16日向涉案产品生产厂的所在地广州市南沙区市场和质量监管局发出《关于协查"玛咖固体饮料"有关问题的函》协查，广州市南沙区市场和质量监管局于2017年3月3日复函某市食药监局，复函称正当年公司是该局辖区内登记注册的企业，受众合商行委托生产过"玛咖固体饮料"（生产日期为20151102），并根据上述复函附件广州市天河区人民法院民事判决书［编号：（2016）考0106民初1782号］的内容可见，"玛咖固体饮料"符合《中华人民共和国国家标准固体饮料》（GB/29602—2013）的标准技术要求，在正当年公司生产许可范围内。广东省广州市中级人民法院于2017年4月13日作出民事判决书［编号：（2017）粤01民终3561号］，其内容为"根据涉案产品的标签内容、生产许可证信息以及GB/T29602—2013《中华人民共和国国家标准固体饮料》等证据，一审法院认定涉案产品属于固体饮料即属于其生产许可证的许可范围，合法合理，且理由述充分，该院予以确认。"2017年4月25日，某市食药监局作出《某市食品药品监督管理局投诉举报答复函》，告知张某有关调查处理情况。

（2）某市食药监局作出的处置决定合法合理。从广州市南沙区市场和质量监督管理局出具的回函《关于协查"玛咖固体饮料"有关问题的复函》可知，被投诉产品的生产厂家正当年公司是该局辖区内登记注册的合法企业，其发证、监管均由广州市南沙区市场和中国质量监督管理局负责。某市食药监局于2017年1月16日向涉案产品生产厂家的所在地广州市南沙区市场和质量监管局发出《关于协查"玛咖固体饮料"有关问题的函》要求协查，已将相关情况告知该生产企业的管理部门，广州市南沙区市场和质量监管理局回函认定正当年公司生产许可范围内可生产"玛咖固体饮料"，因此，某市食药监局根据该回函认定"玛咖固体饮料"不属于超生产范围生产。

综上所述，某市食药监局对张某的投诉举报内容依法进行了核实，处理程序合法，已履行法定职责。某市食药监局认为，张某的诉讼请求不符合法律法规的规定，建议法院驳回其诉讼请求。

[裁判结果]

一审法院认为，《中华人民共和国行政诉讼法》第25条第1款规定：

"行政行为的相对人以及其他与行政行为有利害关系的公民、法人或者其他组织，有权提起诉讼。"第49条规定："提起诉讼应当符合下列条件：（一）原告是符合本法第二十五条规定的公民、法人或者其他组织……"公民、法人或者其他组织可以就何种事项向哪个行政机关投诉举报，取决于法律、法规或者规章的具体规定；与此相应的，能否就投诉举报事项提起行政诉讼，也需要根据法律、法规或者规章对于投诉举报请求权的具体规定作出判断。投诉的规范目的在于保障消费者自身的合法权益，如果行政机关对于消费者的投诉不予受理或者不履行法定职责，消费者可以依法提起履行职责之诉。本案中，张某在举报及复议过程中均未提出保障其自身合法权益的申请，而是要求对众合商行销售玛咖固体饮料的行为进行查处，属举报性质。举报的作用主要在于为行政机关直接查处违法行为提供线索或者证据，因此其规范目的在于维护公共利益，而非保障消费者自身的合法权益。某市食药监局是否对众合商行作出处理，不对张某自身合法权益产生影响，张某与该处理结果之间不存在利害关系，不具有原告主体资格，本案中张波的起诉不符合《中华人民共和国行政诉讼法》第49条规定的立案条件。根据《最高人民法院关于适用〈中华人民共和国行政诉讼法〉的解释》第69条规定："有下列情形之一，已经立案的，应当裁定驳回起诉：（一）不符合行政诉讼法第四十九条规定的……"对张某的起诉予以驳回，综上，依照《最高人民法院关于适用〈中华人民共和国行政诉讼法〉的解释》第69条第1款第1项的规定，一审法院裁定驳回原告张某的起诉。

张某不服一审判决，上诉至中山市中级人民法院。

张某上诉称：（1）张某于2017年6月29日向一审法院起诉，但一审法院直至2018年7月24日才向张某送达一审裁定，审理期限超过了法定期限；（2）张某依法具有原告主体资格。张某起诉时仍有效的《最高人民法院关于执行〈中华人民共和国行政诉讼法〉若干问题的解释》和现行的《最高人民法院关于适用〈中华人民共和国行政诉讼法〉的解释》都规定"要求行政机关依法追究加害人法律责任"属于"与行政行为有利害关系"。因此，张某具有提起本案诉讼的原告资格。综上，请求二审法院（1）撤销原审裁定，将本案发回一审法院重审或者直接撤销本案原审销市食药监局的处置决定并责令其重做；（2）撤销广东省食药监局审查的行政复议决定；（3）由某市食药监局、广东省食药监局承担本案诉讼费用。

某市食药监局答辩称：（1）张某并非本案适格的原告，应驳回起诉。某市食药监局对张某举报事项的查处结果并不影响张某不同于其他公众的个体权利义务；（2）某市食药监局对张某所举报事项处理合法。请求二审法院驳回上诉，依法维持原审裁定。

广东省食药监局答辩称：（1）广东省食药监局受理张某的行政复议申请并作出行政复议决定的程序合法，所作行政复议决定依据事实清楚，适用法律正确，一审法院定性准确，合法有据；（2）张某对某市食药监局的处理结果不存在利害关系，不具备原告主体资格，一审法院裁定驳回其起诉合理合法。请求二审法院依法驳回张某的上诉请求，维持原审裁定。

二审法院认为，张某在作出涉案举报行为时，已提交证据证明其已经购买了众合商行生产销售的玛咖固体饮料，故张某仍是基于认为该产品侵害了其自身的合法权益而进行的举报。张某的举报虽然包含了要求某市食药监局对众合商行涉嫌违法的行为处理要求，但其自身也可能是被举报行为的受害者，其与举报处理行为具有法律上的利害关系，根据《中华人民共和国行政诉讼法》第25条规定："行政行为的相对人以及其他与行政行为有利害关系的公民、法人或者其他组织，有权提起诉讼……"张某具有提起本案行政诉讼的资格。因此，张某上诉有理，对于其提出撤销原审裁定的上诉请求，该院予以支持，其他上诉主张该院不作审查。一审法院适用法律错误，该院予以纠正。综上，张某请求撤销原审裁定的上诉理由成立，该院予以支持。依照《最高人民法院关于适用〈中华人民共和国行政诉讼法〉的解释》第109条第1款的规定，二审法院裁定：（1）撤销广东省中山市第一人民法院（2017）粤2071行初616号行政裁定；（2）指令广东省中山市第一人民法院继续审理本案。

[评析意见]

本案涉及行政诉讼中"其他与行政行为有利害关系"的原告主体资格认定问题。张某向负有食品监督管理职责的某市食药监局举报要求对第三人销售玛咖固体饮料的行为进行查处。根据已公开的法院裁判文书显示，张某曾就类似事项在不同城市提起相关诉讼。张某提起本案诉讼，要求某市食药监局履行法定职责，关键在于其投诉是保障消费者自身合法权益抑或是为行政机关提供线索而维护公共利益。

2017 年 6 月 27 日，修改后的《中华人民共和国民事诉讼法》明确了人民检察院提起民事公益诉讼制度，至此，法律规定的机关、社会组织、人民检察院可依据《中华人民共和国民事诉讼法》第 55 条规定对侵害众多消费者合法权益等损害社会公共利益的行为提起民事公益诉讼。2017 年 6 月 27 日，修改后的《中华人民共和国行政诉讼法》亦明确了人民检察院提起行政公益诉讼制度，人民检察院可就行政机关不履行法定职责而损害社会公共利益的行为提起行政公益诉讼。因此，可以看出我国法律并未赋予公民个人提起民事公益诉讼或行政公益诉讼的权利，如公民发现侵害众多消费者合法权益的违法行为，可向行政机关投诉、举报，提供线索或证据，但不能以自己名义提起公益诉讼。具体至本案，如张某提起的是具有行政公益诉讼性质的行政诉讼，则一审法院驳回其起诉，并无不当。如张某是作为消费者个体，提起行政诉讼是因某市食药监局对其维护自身合法权益的投诉不履行法定职责，则其与行政行为具有利害关系。该请求权基础的诉讼法依据是《最高人民法院关于适用〈中华人民共和国行政诉讼法〉的解释》第 12 条规定："有下列情形之一的，属于行政诉讼法第二十五条第一款规定的'与行政行为有利害关系'：（一）被诉的行政行为涉及其相邻权或者公平竞争权的；（二）在行政复议等行政程序中被追加为第三人的；（三）要求行政机关依法追究加害人法律责任的；（四）撤销或者变更行政行为涉及其合法权益的；（五）为维护自身合法权益向行政机关投诉，具有处理投诉职责的行政机关作出或者未作出处理的；（六）其他与行政行为有利害关系的情形。"

因此，作为消费者、服务的接受者、受害人等利害关系人，为维护自身合法权益向有法定查处职权的行政机关举报经营者的违法行为；对行政机关就投诉、举报事项作出的处理或者不作为行为申请行政复议或提起诉讼，因行政行为对其权利义务产生了实际影响即具有诉的利益，具有行政复议申请人和诉讼原告资格。但如以普通公民身份行使宪法、法律赋予公民的控告、检举权，行政机关未对控告、检举事项作出处理，均不对举报人权利义务产生实际影响，否则会导致滥诉的不良后果。

（点评人：唐国雄　广东国融律师事务所主任）